编译文库

马克思恩格斯经典细读丛书

鲍 金 主编 陈 鹏 著

《哥达纲领批判》细读

Detailed Reading of
Critique of the Gotha Programme

中央编译出版社
Central Compilation & Translation Press

图书在版编目（CIP）数据

《哥达纲领批判》细读／陈鹏著. —北京：中央编译出版社，2023.9
ISBN 978-7-5117-4466-1

Ⅰ.①哥⋯ Ⅱ.①陈⋯ Ⅲ.①哥达纲领批判－马克思著作研究 Ⅳ.①A811.24

中国国家版本馆CIP数据核字（2023）第126685号

《哥达纲领批判》细读

责任编辑	周孟颖
责任印制	李　颖
出版发行	中央编译出版社
地　　址	北京市海淀区北四环西路69号（100080）
电　　话	（010）55627391（总编室）　（010）55627318（编辑室） （010）55627320（发行部）　（010）55627377（新技术部）
经　　销	全国新华书店
印　　刷	北京文昌阁彩色印刷有限责任公司
开　　本	850毫米×1168毫米　1/32
字　　数	198千字
印　　张	10.75
版　　次	2023年9月第1版
印　　次	2023年9月第1次印刷
定　　价	98.00元

新浪微博：@中央编译出版社　　微　　信：中央编译出版社（ID: cctphome）
淘宝店铺：中央编译出版社直销店（http://shop108367160.taobao.com）
　　　　　（010）55627331

本社常年法律顾问：北京市吴栾赵阎律师事务所律师　闫军　梁勤
凡有印装质量问题，本社负责调换，电话：（010）55626985

总　序

无论是对于马克思主义理论研究和教学的深入推进，还是对于马克思主义理论学科专业人才的规范化培养，抑或是对于坚持马克思主义在哲学社会科学领域的指导地位，阅读马克思主义经典著作始终是一项极为重要、久久为功、持久见效的基础性工作。习近平总书记多次强调阅读马克思主义经典著作的重要性，"党的各级领导干部特别是高级干部，要原原本本学习和研读经典著作，努力把马克思主义哲学作为自己的看家本领"，① "共产党人要把读马克思主义经典、悟马克思主义原理当作一种生活习惯、当作一种精神追求，用经典涵养正气、淬炼思想、升华境界、指导实践"。②

---

① 习近平：《推动全党学习和掌握历史唯物主义　更好认识规律更加能动地推进工作》，载《人民日报》，2013年12月5日。
② 习近平：《在纪念马克思诞辰200周年大会上的讲话》，载《人民日报》，2018年5月5日。

对于阅读马克思主义经典著作这一问题，学界和教育界伴随着马克思主义理论研究与建设工程的实施、马克思主义理论学科建设的加强而形成越来越多的共识，从而孕育出阅读马克思主义经典著作的良好氛围。

然而，领导人的重视、宏大工程的实施和读书氛围的培育，更多地是为阅读马克思主义经典著作奠定政策支持和外部环境，接下来重要的工作是深入开展阅读马克思主义经典著作的工作。我们发现，从20世纪80年代起至今，国内已经出版上百本关于马克思主义经典著作的解读性著作，这些著作对马克思主义经典著作已经从宏观和中观层面做了比较系统的背景梳理、内容介绍、思想评析、意义阐发等工作，但是多数著作还没有深入到马克思主义经典著作的重要概念、重要语句、重要段落等层面的微观工作，而如果没有经典著作解读的微观工作，那么经典著作解读的宏观和中观工作都是不踏实、不稳固的。众所周知，马克思主义经典著作常读常新，但是读经典的困难之处不在于宏观上把握经典著作的主要内容和思想大意，而在于微观上解读出重要句段的文本原意和思想意蕴，这是最考验解读者学术功力的方面，更是对阅读者阅读经典最有价值的文本"梯子"和思想"拐杖"。马克思主义经典著作博大精深，蕴含着巨大的思想力量和广博的思维宽度，再加上众多专业化的学术术语和繁杂的背景知识，这对于快餐阅读时代成长起来的读者以及多数想要读懂马克思主义经典著作的人来说，都不啻一场相当难度的阅读挑战。人们阅读马克思主义经典著作过程中的一个常见现象是，经典著作的每一个字词都认识，但是把这些字词连成一句话之后，人们不知道马克思在说什么。这一困难是马克思主义经典著作阅读的常见困难，这就要求我们需要针对阅读者的实际困难来编选和撰写马克思主义经典著作的解读。正是出于解决读者实际困难的初衷，我们重点针对马克思和恩格斯的经典著作——马克思主义创始人的著作是马克思主义经典著作中理解最困难的——进行解读。在解读过程中，本丛书力求遵循以下两个原则：

一、坚持"文本细读"的解读方法。文本细读是指对马克思恩格斯经典著作进行深入细致的解读，突出经典著作的微观解读和思想辨析，深入挖掘、立体呈现马克思恩格斯经典著作的文本内容、思想意蕴和当代价值。具体来说，文本细读需要实现两种细：一是解读层次上的"细致"，即对经典的重要部分，如重要概念、重要语句和重要段落等进行细读。经典的重要部分不仅包括马克思恩格斯经典中高引用率的语句或段落，而且包括具有比较重要思想意蕴的语句或段落，哪怕这些部分的引用率不是很高。不难看到，马克思主义经典的多数解读性著作是在文本大意、思想主旨和整体内容上进行解读，但本丛书将解读层次从文本整体落实到文本细节，这是本丛书之所以是"细读"的依据所在。二是解读结构上的"详细"，即不仅对经典著作的文本原意进行细读，而且对其思想史和学术史的意蕴进行阐发，对其在现代社会中的效应进行辨析。马克思主义经典的很多解读性著作虽然也有思想史意蕴和现代价值的阐发，但这些内容均是大而化之，着眼于文本整体的，而本丛书的解读部分均是着眼于每一个概念、每一个语句和每一个段落，这使得本丛书的解读更加丰富、立体和多面。

二、坚持"深入浅出"的表述方式。本丛书定位于经典的解读，面向具有一般阅读水平或大学阅读水平的阅读者，而不是定位于经典的研究，不是面向具有较深和较高理解水平的经典专业研究者，这就要求本丛书在保证学理性和准确性的前提下，力争从深奥晦涩的马克思恩格斯经典原文中解读出读者一看就明白、一想就理解的通俗理论语言。为实现此目标，对每一部分的细读均在起始处以简明扼要的论断来概括经典的原意或意蕴。这一论断有两重作用：一是揭示出该经典部分的核心意旨，以便读者能够一目了然地掌握该经典部分；二是将马克思恩格斯非常精深、非常拗口的表述转化成通俗易懂的语言，以便读者能够比较快速地理解该经典部分。与很多同类著作相比，本丛书着眼于经典阅读者在实际阅读过程中出现的困难、障碍和不足之处，针对阅读者面对马克思恩格斯经典时常常出现的跳读、浅读、泛读、不求甚解地阅读等方式，力求以比较通俗的语言表达出经典中的深刻思想和丰富意蕴，从而为解决读者的实际阅读困难提供一个可以依靠、愿意依靠的解读著作。

习近平总书记指出:"马克思主义经典作家眼界广阔、知识丰富,马克思主义理论体系和知识体系博大精深,涉及自然界、人类社会、人类思维各个领域,涉及历史、经济、政治、文化、社会、生态、科技、军事、党建等各个方面,不下大气力、不下苦功夫是难以掌握真谛、融会贯通的。"① 我们深知,阅读和解读马克思主义经典著作绝非一时之事,而是一生一世之大事。如果说当代社会因其各类资源的相对匮乏而难言无限的话,那么马克思主义经典著作则是可以言说"取之不尽、用之不竭"的极为有限的事物之一,而对马克思主义经典著作的解读则更是永无止境、永远在路上的一项工作。本丛书在马克思恩格斯经典著作的解读方面进行了一定的探索和创新,希望对读者有所助益、有所启迪。

是为序。

编者
2022 年 3 月 12 日

---

① 习近平:《在哲学社会科学工作座谈会上的讲话》,载《人民日报》,2016年5月17日。

目录

马克思《哥达纲领批判》

导　语 …………………………………………（ 1 ）
　一、《哥达纲领批判》的内容和问题谱系………（ 2 ）
　二、《哥达纲领批判》的写作背景………………（ 5 ）
　三、《哥达纲领批判》的传播情况………………（ 17 ）
恩格斯写的1891年版序言 ………………………（ 21 ）
给威廉·白拉克的信 ……………………………（ 31 ）
德国工人党纲领批注 ……………………………（ 46 ）
　一 …………………………………………………（ 46 ）
　二 …………………………………………………（153）
　三 …………………………………………………（160）
　四 …………………………………………………（169）

弗·恩格斯给奥·倍倍尔的信 …………………（221）

恩格斯有关书信选编

恩格斯致威廉·白拉克（1875年10月11日）……（248）
恩格斯致奥古斯特·倍倍尔（1875年10月12日）……（259）
恩格斯致卡尔·考茨基（1891年1月7日）………（267）
恩格斯致卡尔·考茨基（1891年1月15日）………（270）
恩格斯致卡尔·考茨基（1891年2月3日）………（273）
恩格斯致弗里德里希·阿道夫·左尔格
（1891年2月11日）……………………………（278）
恩格斯致卡尔·考茨基（1891年2月11日）………（287）
恩格斯致卡尔·考茨基（1891年2月23日）………（292）
恩格斯致弗里德里希·阿道夫·左尔格
（1891年3月4日）………………………………（294）
恩格斯致奥古斯特·倍倍尔（1891年5月1—2日）…（299）

附录

德国社会民主工党纲领（1869年在爱森纳赫通过）…（314）
德国社会主义工人党纲领（1875年在哥达通过）……（317）
社会民主党一八九一年纲领（爱尔福特纲领）………（320）

参考文献 ……………………………………………（326）

后　记 ………………………………………………（330）

马克思《哥达纲领批判》

导　语

　　经典著作是马克思主义思想理论的主要载体，无论什么时候马克思主义的经典著作都是我们学习掌握先进立场、观点和方法的根本。对马克思主义经典著作的研究既不能把马克思主义经典作家在特定社会历史条件下得出的个别结论当作僵化的教条，强行要求当下现实削足适履；也不能把经典中原本没有的基于当下社会现实生成的新内涵硬塞到经典中去，随心所欲地解读马克思主义的经典著作。应当采取科学的、实事求是的态度，将其放到具体的历史环境中去把握。当今的社会主义中国，已经破除了对马克思主义经典的教条式迷信，致力于把马克思主义基本原理同本国的具体实际相结合，同本国的传统优秀文化相结合，走出了具有本国特色的社会主义道路。这不是对马克思主义的放弃或背离，而是对马克思主义真正的坚持和发展。

今天我们重读马克思主义的经典著作，关键在于领悟和把握马克思主义的精髓，并以之来指导实践，解决实践中的矛盾问题。我们只有始终坚持实践（辩证—历史）唯物主义的世界观和方法论，不偏离科学社会主义的正道，马克思主义活的灵魂就能在实践中不断实现结合和具体化，科学社会主义的理论发展就能始终处于人类追求真理的最前沿。

一、《哥达纲领批判》的内容和问题谱系

《哥达纲领批判》是马克思的一篇经典文献。这篇文献的主要内容是批判拉萨尔机会主义的观点和德国社会民主工党爱森纳赫派领导人在政党合并纲领上的无原则让步，在批判的同时正面阐述了科学社会主义的重要基本原理。科学社会主义的一系列基本原则：共产主义社会发展的阶段性、无产阶级专政、共产主义社会的生产力高度发展、生产资料公有制、消灭阶级、按劳分配、有计划调节社会生产、共同富裕、社会主义社会是变化和改革的社会、无产阶级政党是社会主义事业的领导核心、人的自由全面发展是最高目标等，在《哥达纲领批判》中都有体现。

《哥达纲领批判》共分为四个部分：

第一部分：第 1 节，马克思批驳了"劳动是一切财富的源泉"的论点；剖析了"有益的劳动只有在社会中和通过社会才是可能的"论点；分析了"而因为有益的劳动只有在社会中和通过社会才是可能的，所以劳动所得应当不折不扣和按照平等的权利属于社会一切成员"这一结论。第 2 节，马克思主要批驳了"在现代社会，劳动资料为资本家阶级所垄断"的论点。指出劳动资料不只被资本家垄断，还被土地所有者垄断。第 3 节，马克思批驳了"劳动的解放要求把劳动资料提高为社会的公共财产，要求集体调节总劳动并公平分配劳动所得"的主张。他划分了未来社会的不同发展阶段及对应的分配方式，深刻揭示了生产和分配之间的辩证关系。第 4 节，马克思批驳了"对它（工人阶级）说来，其他一切阶级只是反动的一帮"的谬论。第 5 节，马克思批判哥达纲领从狭隘民族主义观点理解工人运动以及对国际主义的放弃。

第二部分：马克思批驳了拉萨尔派主张的所谓"铁的工资规律"。他指出只要废除了雇佣劳动制度，也就废除了它的规律。

第三部分：马克思批驳了试图"依靠国家帮助建立生产合作社长入社会主义"的幻想。

第四部分：第 A 节，马克思批驳了"国家的自由的基础"说，辨析了"现代社会""现代国家"等概念，强调无产阶级专政。第 B 节，马克思批驳了哥达纲领提出的"作为国家的精神的和道德的基础"及在教育、信仰、工作日、妇女儿童劳动、国家监督、监狱劳动、责任法等方面的要求的含混性。

《哥达纲领批判》涉及的主要问题谱系如下：

1. 劳动和价值问题。主要在：正文第一部分的第1节和第2节，正文第二部分。

2. 社会分配、工资规律和分配的平等问题。主要集中在：正文第一部分的第3节，正文第二部分。

3. 共产主义社会的发展阶段。主要集中在：正文第一部分的第3节。

4. 对未来共产主义社会的设想。主要集中在：正文第一部分的第3节。

5. 无产阶级专政、生产合作社和国家形态问题。包括国家在不同社会历史发展阶段的不同形式，国家和社会、专政和民主的关系。主要集中在：正文第三部分，正文第四部分的A节。

6. 政党纲领、政党关系处理、无产阶级政党建设问题。主要集中在：恩格斯写的1891年版序言，马克思1875年5月5日给威廉·白拉克的信。

7. 先进阶级与其他阶级的统一战线问题。主要集中在：正文第一部分的第4节。

8. 思想理论科学性与策略性的关系。主要集中在：正文第四部分的B节，恩格斯写的1891年版序言，马克思

1875 年 5 月 5 日给威廉·白拉克的信。

9. 民族主义与国际主义相关问题。主要集中在：第一部分的第 5 节。

10. 教育、宗教信仰、工时、妇女和儿童劳动等具体问题。主要集中在第四部分的 B 节。

二、《哥达纲领批判》的写作背景

《哥达纲领批判》是马克思晚年思想的代表作，这篇著作在清算拉萨尔机会主义的同时，正面阐述了科学社会主义的基本理论以及工人阶级政党的战略策略思想。虽然它是针对当时德国的两个派别的工人政党的合并纲领而写的批注，但却发挥了更为深远和广泛的理论和实践影响力。其思想内涵激励着后人从中不断获得思想指导并奋斗，探索建立和发展社会主义的道路。这篇经典文献有着深刻的历史背景。

19 世纪 60 年代德国工人运动高涨，拉萨尔于 1863 年建立了全德工人联合会（称拉萨尔派），他所提出的一系列观点被称为拉萨尔主义。拉萨尔主义是德国工人运动中以拉萨尔的理论主张为核心的机会主义思潮，从 19 世纪 60 年代初在德国产生到 70 年代后一直影响着德国社会民主工党。1862 年 4 月，拉萨尔发表了《论当前历史时期与工人等级思想的特殊联系》的演说，提出了所谓"普鲁士王国政府的社会主义"主张，这是拉萨尔机会主义路线的提出。1863年，他又撰写了《给筹备全德工人代表大会的莱比锡中央委员会的公开答复》，把其观点理论化、系统化，这标志着拉萨尔主义的产生。1863年5月，拉萨尔当选全德工人联合会首任主席。他在位期间同德国政府首相俾斯麦密谋并乞求俾斯麦政府对工人阶级的支持。拉萨尔和马克思有过通信联系并曾到伦敦拜会过马克思。虽然他自称是马克思的学生，但他从未真正接受马克思主义。他的机会主义观点也受到马克思的当面训斥。拉萨尔机会主义思想的主要内容有：

1. 铁的工资规律

拉萨尔认为，在资本主义社会中工人工资无论上升还是下降，都遵循所谓铁的工资规律，即工人工资总会保持一个平均值。当工人工资长期超过这一平均值时，工人因生活状况改善会加速生育，使人口增加，导致工资降到平均值；而当工人工资长期低于平均值，工人因生活状况恶化就会外流国外或者节制节育，导致人口减少，这样工人工资又会恢复到平均值。按照这个"铁的工资规律"，工人的生活状况将取决于工人的人口，或者说工人的贫困是因为工人人口增加造成的，而与资本主义制度无关。这个观点导致无产阶级贫困的真正根源——资本主义私有制下资产阶级对工人的雇佣剥削制度被掩盖。

2. 依靠国家帮助建立工人生产合作社

拉萨尔认为,"国家是个人在道德整体上的统一","是通过一切人和为了一切人而存在的","国家的宗旨就是使人的本质能够积极地发展和不断地完善","就是教育和推动人类走向自由","就在于实现这种自由的发展,实现人类向自由的发展"。[①] 国家不是阶级压迫的工具,而是"受苦阶级的大合作社"。"'普鲁士国家'会实行直接的社会主义干涉"。他认为,在普鲁士,工人获得解放最公平、最合法而又最简单的办法,就是依靠普鲁士国家的帮助在工农业中广泛建立生产合作社,使工人成为企业的主人,获得全部劳动所得,消除贫困,进而从生产合作社里产生总劳动的社会主义组织。

3. 通过争取普选权实现社会主义

拉萨尔认为,"只有通过普遍的直接的选举权才能实现"[②] 社会主义。工人只要有了普选权,就可以把自己的代表选进国会,如果"工人等级在德国的立法机构中拥有代表资格",就有了"利用一切合法手段进行合法的鼓动"的条件,从而把普鲁士专制国家变成"自由国家"。于是乎国家也就可以拿出钱来帮助工人建立生产合作社。普遍的、

---

① 《拉萨尔言论》,北京:三联书店1976年版,第71—239页。
② 《拉萨尔言论》,北京:三联书店1976年版,第141页。

直接的选举权"是改善工人阶级物质状况的唯一手段"。[①]因此组织建立"全德工人联合会",使工人在其领导下争取"普遍的、直接的选举权",是工人的政治原则,是获得社会帮助的基本条件。

4."反动的一帮"理论

拉萨尔歪曲《共产党宣言》的思想,否定农民、手工业者、小业主的革命性,认为"对它(工人阶级)说来,其他一切阶级只组成反动的一帮"。

拉萨尔主义的核心内容是主张在国家帮助下建立工人合作社,争取普选权,在不触动资本主义制度的前提下通过和平方式实现社会主义。拉萨尔机会主义观点在德国工人运动中的影响很大。19世纪60年代以后,德国工人运动的领导权一直掌握在拉萨尔派分子手中。他死后,其门徒哈森克莱维尔等人继续推行这一机会主义路线。后来到19世纪90年代,伯恩施坦的修正主义也可以说继承了拉萨尔的衣钵。

拉萨尔机会主义路线严重背离了科学社会主义原则。在马克思和恩格斯的指导下,一批先进的工人退出了全德工人联合会。他们在倍倍尔、白拉克等人领导下于1869年建立了德国社会民主工党(称爱森纳赫派),接受第一国际的指导。1871年,德意志帝国实现了统一,封建容克贵族和资产阶级加大了对德国工人阶级的镇压,拉萨尔派迫于

[①] 《拉萨尔言论》,北京:三联书店1976年版,第142页。

压力接受与爱森纳赫派合并。两党准备于 1875 年 5 月在德国哥达城签署合并的共同纲领，即《德国工人党纲领》。由于两派仍存在分歧，马克思和恩格斯主张爱森纳赫派在保持科学社会主义原则的基础上与拉萨尔派先达成一个反对共同敌人的纲领。1875 年 3 月，由于德国社会民主工党爱森纳赫派领导人李卜克内西等既缺乏深入的理论素养又急于促成两党合并，并没有采纳马克思和恩格斯的建议，而是同拉萨尔派的哈塞尔曼起草了充满拉萨尔机会主义内容的《德国社会主义工人党纲领草案》。这个草案于 1875 年 3 月 7 日在报纸上发表。马克思在报纸上看到这个草案非常愤慨。为了避免这个放弃原则的纲领损害党的利益，恩格斯给倍倍尔和李卜克内西各写了一封信，批评哥达纲领草案内容上的错误，但李卜克内西并不接受恩格斯的批评，他甚至表示为了实现两党顺利合并，"即使再作一些让步，我都是愿意的"。① 1875 年 4 月初，马克思受爱森纳赫派另一位领导人白拉克的邀请对纲领草案进行评注。李卜克内西等人的态度使得马克思尽快完成了对哥达纲领草案的批判。他抱病写下了《德国工人党纲领批注》，对哥达纲领的荒谬内容进行了严厉批判。马克思在 1875 年 5 月 5 日写给德国社会

---

① 《工人运动史论丛》杂志，柏林，1976 年第 6 期，第 1042—1043 页。转引自梅荣政、王冲：《指导国际共产主义运动健康发展的纲领性文献——读马克思的〈哥达纲领批判〉》，《高校理论战线》2007 年第 10 期，第 14—22 页。

民主工党的领导人之一的威廉·白拉克的书信里附上了他抱病完成的《哥达纲领草案》批注。但李卜克内西没有公开马克思的信的内容,哥达纲领被略作修改后便作为两党合并的新修订纲领于同年5月在哥达城召开的两党合并大会上通过。《哥达纲领批判》原本准备公开发表,但考虑到当时哥达纲领中的错误观点在工人中间影响并不大,甚至被人们做了积极的正面理解。鉴于这种复杂的形势,这份"批注"未能及时公开发表。

爱森纳赫派领导人由于抛弃了科学社会主义的原则,接受了拉萨尔主义,在工人运动中推行改良主义,最终导致德国工人运动在19世纪80年代末陷入低潮。到19世纪90年代,德国社会民主党内又出现了以福尔马尔为代表的右倾机会主义思想。时隔15年后的1891年,虽然这时马克思已经逝世,但恩格斯为了和右倾机会主义进行斗争并教育全党,他排除干扰在德国社会民主党的爱森纳赫代表大会准备期间,在《新时代》上以《哥达纲领批注》为标题公开发表了马克思的这篇著作,并为其写了序言。因为这次代表大会是在当时德国《反社会党人非常法》被废除之后,德国社会民主党召开的非常重要的会议。恩格斯认为这时发表马克思这篇批注不仅对于德国无产阶级政党,而且对于国际工人运动都具有非常重要的意义。

《哥达纲领批判》的发表引发了德国社会民主党内的激烈争论。争论的焦点在于这篇批注中的思想内容是否还有效以及是否应该发表。恩格斯坚定认为这篇文献所阐发的基本思想内容及将其发表是正确的。李卜克内西和国会党团指责《新时代》的编辑考茨基没有事先告知党的中央领导人就擅自发表这篇文献,给敌人提供了破坏工人运动的把柄,伤害了党内同志。考茨基回应说:第一,他不认为自己有义务把文章提前交给党的领导人审阅;第二,发表之前也事先告诉了包括党的领导人倍倍尔在内的两个国会党团成员,并给他寄去了清样,所以不是背着党干的。但国会党团还是决定在中央机关报《前进报》发表题为《马克思关于纲领的一封信》的社论,谴责《新时代》私自发表《哥达纲领批判》。考茨基在《新时代》转载这篇社论时针对性地加了一个注释,在坚持上述两条的前提下承担了发表的责任,并坚持认为这件事从意图到方式是光明正大的。恩格斯说这个注加得"非常好"。《哥达纲领批判》发表后,考茨基在不违背立场的前提下,以《新时代》编辑部的名义发表了一篇文章《我们的纲领》,使国会党团不至于公开发表谴责。恩格斯允许并支持了这个策略性的行动。随后这篇文献引发的震动逐渐平息。恩格斯对通过这篇文献的发表实现无产阶级政党的"无情的自我批判"表达了充分的自信。针对当时德国社会主义工人党内的一些人担心《哥达纲领批判》的发表会给党带来伤害的观点,恩格斯指出,如果这时再不发表《哥达纲领批判》,"就要犯隐匿罪了"①。这一方面是同党内又出现的机会主义思想苗头作斗争，同时也是对无产阶级政党自我革命精神的自信。恩格斯指出："恶意的诽谤当然是借任何事由都可以进行的。但是总的说来，这种无情的自我批评引起了敌人极大的惊愕，并使他们产生这样一种感觉：一个能够这样做的党该具有多么大的内在力量啊！……哪里还有另外一个政党敢于这样做呢？"②

《哥达纲领批判》是一部科学共产主义最重要的纲领性文献，同时是对机会主义进行不调和斗争的典范，恩格斯发表它，是为了给德国社会民主党内活跃起来的改良主义分子以打击，这在党即将在爱尔福特代表大会上讨论并通过新的纲领来代替哥达纲领的时候是特别重要的。恩格斯在发表《哥达纲领批判》时，不得不克服来自德国社会民主党的领导人方面的某种反对。这一著作发表后，虽然社会民主党德意志帝国国会党团和《前进报》编辑部对它不表示欢迎。但是，正如恩格斯所预见的，无论是在德国党内，还是在其他国家的社会主义者当中，马克思的这一著作都受到了欢迎，其他国家的社会主义者把这一著作看作整个国际社会主义运动的纲领性文献。

《哥达纲领批判》公开发表后，德国社会民主党爱尔福

---

① 《马克思恩格斯选集》第3卷，北京：人民出版社1995年版，第293页。
② 《马克思恩格斯选集》第4卷，北京：人民出版社1995年版，第706页。

特代表大会于1891年10月14日至21日举行。出席大会的代表有258名。这次代表大会以前,党的革命核心反对大肆活动的右的和"左"的机会主义分子的思想斗争已经激化,这些分子在德国社会民主党内造成了严重的党内危机。巴伐利亚社会民主党人的首领福尔马尔的演说,成了在会议和报刊上对纲领性和策略性问题进行激烈争论的导火线。福尔马尔企图使党离开无产阶级的阶级立场,硬要党接受机会主义的改良主义策略。所谓的"青年派"——1890年在德国社会民主党内形成的小资产阶级的半无政府主义反对派,利用福尔马尔的演说,再次向党发动进攻。"青年派"的支柱是柏林的社会民主党组织,因此又称柏林反对派。"青年派"的主要核心是由那些以党的理论家和领导者自居的大学生、年轻的文学家组成的。其主要首领是保·恩斯特、汉·弥勒、保·康普夫麦尔、布·维勒、卡·维耳德贝尔格、威·威纳尔等人。"青年派"忽视在非常法废除后党的活动条件发生的变化,否认利用合法斗争形式的必要性,反对社会民主党参加议会选举和利用议会的讲坛,蛊惑人心地指责党及其执行委员会维护小资产阶级利益,奉行机会主义,破坏党的民主。柏林反对派的首领特别攻击党的领导人倍倍尔和李卜克内西。"青年派"的言行带有宗派主义的无政府主义的性质,对党的统一也是巨大的危险。爱尔福特代表大会面临着的极为重大的任务,是克服党内危机、巩固德国党的队伍。代表大会讨论了下列问题:党的执行委员会的总结报告、社会民主党国会党团的活动、党的策略、新纲领草案、组织问题。

代表大会前的思想斗争也在大会上继续进行，特别是围绕着党的策略问题。奥·倍倍尔就这一问题作了报告。倍倍尔在自己的报告和发言中，以及其他在大会上发言的代表（首先是辛格尔、李卜克内西、费舍）给"左"的和右的机会主义分子以坚决反击。大会的多数代表赞同倍倍尔提出的关于党的策略的决议。决议着重指出：工人运动的主要目的是由无产阶级夺取政权，而达到这一目的绝不是意外的巧合，而是在群众中坚持不渝地进行工作和巧妙地运用无产阶级阶级斗争的一切途径和手段的结果。决议指出：德国党是斗争的党，它坚持过去的革命策略。福尔马尔及其支持者陷于孤立，不得不实行退却。大会通过了关于把"青年派"首领威纳尔和维耳德贝尔格开除出党的决议，因为他们进行了给党带来危害的分裂和诽谤活动；柏林反对派一些积极活动的成员自动宣布脱离党，闭幕前即离开了大会。大会一项极重要的决议是通过德国社会民主党的新纲领。威·李卜克内西在大会上作了关于纲领的报告。

爱尔福特纲领比哥达纲领前进了一大步，从根本上来说是一个马克思主义的纲领；它摒弃了拉萨尔派的改良主义教条；纲领科学地论证了资本主义制度灭亡和被社会主义制度取代的必然性，并指出：为了对社会实行社会主改造，无产阶级必须夺取政权。此外，纲领也有严重的缺点，其中最主要的是没有提到无产阶级专政是对社会实行社会主义改造的手段这一原理。纲领也没有提出推翻君主制、建立民主共和国、改造德国国家制度等要求。在这方面，恩格斯在《1891年社会民主党纲领草案批判》中对纲领最初草案提出的意见（见《马克思恩格斯全集》中文版第22卷，第263—280页），也适用于爱尔福特代表大会上通过的纲领。爱尔福特代表大会的各项决议，标志着马克思主义在德国工人运动中的地位的确立。

《哥达纲领批判》的切入点是对浸透着拉萨尔机会主义的哥达纲领草案的系统批判。哥达纲领到目前为止共有三个版本留世：1869年在爱森纳赫派通过的《德国社会民主工党纲领》，1875年3月发表在《人民国家报》上的《德国工人党纲领》（草案），1875年在哥达正式通过的《德国社会主义工人党纲领》。从马克思所引证的材料看，他的批判主要针对的是1875年3月发表在《人民国家报》上的《德国工人党纲领》（草案）。马克思之所以写下这篇文献，是出于对自己的祖国德国工人运动的关心，也是出于回击巴枯宁主义者的指责（他们污蔑马克思和恩格斯是哥达纲领背后的秘密指使者），所以马克思用语气严厉的批判来表明自己坚定的党性原则。这篇文献及相关信件反映了马克思和恩格斯决不拿原则做交易的党性修养。马克思和恩格斯赞成并支持德国工人运动的统一，但他们始终坚持爱森纳赫派和拉萨尔派只能在科学社会主义原则的基础上合并，合并的前提条件是拉萨尔派分子放弃其机会主义观点。正因为李卜克内西等领导人拿原则做交易，马克思和恩格斯才进行了严厉批判。在这篇文献中，马克思揭露了拉萨尔机会主义对资产阶级著作家的抄袭和其理论错误，并在批判拉萨尔主义错误观点的同时阐释了科学社会主义的原理。如在文献的第一部分，马克思论述了共产主义社会的发展阶段原理；在文献的第四部分，他论述了从资本主义向共产主义过渡时期无产阶级专政的必要性，以及在共产主义社会国家职能和形态的变化。围绕对《哥达纲领批判》的不同理解，国际共产主义运动史上形成了以列宁为代表的左派、以伯恩施坦为代表的右派和以考茨基为代表的中间派。这本身就反映了这篇经典文献的深远影响。

马克思撰写《哥达纲领批判》已经过去140多年了，但它仍具有很强的现实指导意义。首先，它为我们树立了坚持马克思主义党性原则的榜样，提出了对待和处理错误思潮的正确立场以及科学的原则和方法，这是我们今天批判新自由主义、社会民主主义、民主社会主义、历史虚无主义等错误思潮的先进思想武器。其次，这篇经典文献在批判机会主义的过程中阐发了马克思主义唯物史观的基本原理、科学社会主义和共产主义基本原理，尤其是对共产主义社会不同阶段基本特征的科学设想，对于我们建设中国特色社会主义具有重要启发和指导意义，我们必须结合社会主义初级阶段的国情加以坚持和发展。

三、《哥达纲领批判》的传播情况

1917年，俄国十月革命胜利，马克思主义经典文献的翻译和研究的重心从西欧转向了苏维埃俄国。20世纪20年代，国际共产主义运动迎来新的高涨态势，对于《哥达纲领批判》相关问题的讨论又重新活跃起来。1933年苏联出版了《马列主义丛书》，发表了马克思、恩格斯及列宁的多部重要著作。这篇文献首次以《哥达纲领批判》的标题（《哥达纲领批判》这个标题依据了列宁的俄语标题为"Kritika Gotskoj Programmy"，即"哥达纲领批判"的摘录的用法）在这一系列丛书中出版。这个版本除了文献的主体内容之外，还收录了马克思和恩格斯与之相关的书信、《哥达纲领》草案及修改，同时还将列宁的《国家与革命》中的部分摘录以标题《列宁论〈哥达纲领批判〉》收录其中。随之这篇文献也在其他国家得到传播。

1921年中国共产党成立后，十分关注马列主义经典著作的翻译和传播工作。1922年1月，中国社会主义青年团机关报《先驱》在其创刊号上刊载了邓中夏撰写的《共产主义与无政府主义》，其中含有《哥达纲领批判》最早的中文译文。同年5月，北京马克思主义研究会的《今日》月刊第1卷第4号"马克斯特号"中，刊载了熊得山翻译的《哥达纲领批判》全译文。1923年，马克思主义研究会将《哥达纲领批判》单独出版，这是马克思这篇经典著作的第一个中文译本。同年4月，李达在湖南自修大学理论杂志《新时代》上以《德国劳动党纲领栏外批评》为题发表了另一个版本的译文。此后，彭学渟在上海《时事新报》副刊《学灯》上以《德意志劳动党纲领批评》连载发表了他的译本。上海解放丛书社出版了由李春蕃（柯柏年）翻译的《哥达纲领批判》，这是当时最完整的译本并于1926年1月重印。抗日战争时期，延安解放社把由何思敬和徐冰合译的版本作为"马恩丛书10"出版。

1949年新中国成立后，1950年9月召开的第一届全国出版会议规定，马克思主义著作由人民出版社出版，新华印刷厂印刷，新华书店发行。1953年，中央俄文编译局和斯大林著作翻译室合并，成立了中共中央马克思、恩格斯、列宁、斯大林著作编译局，开始系统地、有规划地翻译出版马克思、恩格斯、列宁、斯大林的著作。在随后翻译、编纂出版的《马克思恩格斯选集》和《马克思恩格斯全集》中，均全文刊印了《哥达纲领批判》，被收入1963年出版的《马克思恩格斯全集》第一版第19卷。人民出版社还在1965年出版了单行本。"文化大革命"爆发后，马列经典著作做出版工作受到严重冲击并一度中断。1970年8月，党的九届二中全会召开，毛泽东在会上建议全党特别是高级干部要重点学习《共产党宣言》《法兰西内战》《哥达纲领批判》《反杜林论》《唯物主义和经验批判主义》《国家与革命》等6本马列著作。人民出版社随后出版了中央编译局重新译校的这6本著作。

改革开放后,马列经典著作的翻译工作逐步迈上正轨。由中央编译局编译、人民出版社出版的《哥达纲领批判》单行本分别于1992年、1997年和2015年出版。相关版本除了恩格斯的序言、马克思致威廉·白拉克(1875年5月5日)的信、德国工人党纲领批注,以及《哥达纲领批判》等内容,还收录了恩格斯致奥·倍倍尔(1875年3月18日—28日)、致威廉·白拉克(1875年10月11日)、致卡尔·考茨基(1891年1月7日)、致弗里德里希·阿道夫·左尔格(1891年3月4日)等涉及恩格斯评述哥达纲领的11封信件。同时将《德国社会民主工党纲领》(1869年在爱森纳赫通过)、《德国工人党纲领》(1875年3月7日发表在《人民国家报》)、《德国社会主义工人党纲领》(1875年在哥达通过)3个文件作为附录。单行本的出版发行对《哥达纲领批判》的全面研究发挥了重要的文献支撑作用。2009年,由中央编译局编译、人民出版社出版的《马克思恩格斯文集》第3卷收录了《哥达纲领批判》及相关文献。①

---

① 参考裴晓军:《〈哥达纲领批判〉的传播与研究现状探析》,《晋阳学刊》2013年第4期,第64—69页。

本书除了《哥达纲领批判》正文外，还收录并解读了恩格斯在1891年为《哥达纲领批判》的公开发表写的序言，同《哥达纲领批判》有着密切联系的马克思1875年5月5日《给威廉·白拉克的信》，恩格斯1875年3月《给奥·倍倍尔的信》。对于恩格斯其他的相关书信，也选择了与《哥达纲领批判》有关的段落进行了解读。附录部分收录了《德国社会民主工党纲领》（1869年在爱森纳赫通过）、《德国社会主义工人党纲领》（1875年在哥达通过）、《社会民主党一八九一年纲领》（《爱尔福特纲领》）。

恩格斯写的 1891 年版序言

【论断】恩格斯为 1875 年马克思的《哥达纲领批判》于 1891 年公开发表而作的序言。

恩格斯在 1891 年写的这篇序言中特别说明了为什么要在《哥达纲领批判》写成 15 年之后，再公开发表这篇批注。因为党在 15 年前，德国社会民主工党爱森纳赫派为了急于和拉萨尔派合并，而在合并纲领中在科学社会主义的基本原则问题上做出了不应该的让步。1875 年，马克思和恩格斯就对哥达纲领进行了不公开的严厉批判，并把反对意见明确告知了当时党的领导人。马克思专门写了《德国工人党纲领批注》（即《哥达纲领批判》），恩格斯也在《给奥·贝贝尔的信》中对这个纲领进行了深入批判。虽然这个纲领仍然实行了，但是其带来的危害在随后并没有明显地表现出来。所以马克思和恩格斯暂时沉默以对，并没有将《德国工人党纲领批注》公开发表。15 年之后，德国社会主义工人党将在哈雷再次召开党的代表大会，决定起草一份新的纲领，而这时的时代背景使得党再次面临机会主义的威胁。于是恩格斯毅然决定将《德国工人党纲领批注》发表，并在这篇序言中指出《哥达纲领批判》主要批判的是拉萨尔主义及其主张，同时对原文中某些涉及个人的严厉词句和评语的删减及形式上的某些调整做了说明。

这里刊印的手稿——对纲领草案的批判以及给白拉克的附信——曾于1875年哥达合并代表大会召开以前不久寄给白拉克，请他转给盖布、奥尔、倍倍尔和李卜克内西过目，然后退还马克思。

【论断】计划刊印手稿的构成及之前的处理。

恩格斯说明刊印的手稿的具体组成内容，并且指出在1875年爱森纳赫派与拉萨尔派合并大会之前，马克思就已经对哥达纲领表示了鲜明的态度并进行了深入的批判，并将对哥达纲领的批判以及说明和策略指导，邮寄给了白拉克，并通过他转交给爱森纳赫派的领导人，希望引起他们的高度重视，不要犯原则性的错误。同时要求他们在看过之后返还，以便后续作进一步处理时使用。这体现了马克思对德国工人运动发展进程中两派合并这一事件的高度重视，以及对于爱森纳赫派领导人对拉萨尔派所做出的不应有的原则让步的愤慨。在具体的革命斗争中策略的灵活性是必要的，但这种灵活性是在坚持马克思主义基本立场、观点和方法的原则性前提下的灵活性。不能为了短期的暂时的利益目标放弃科学社会主义的科学性，那样就等于放弃了对无产阶级运动的思想领导权，是得不偿失的。

既然哈雷党代表大会已把关于哥达纲领的讨论提到了党的议事日程，所以我认为，如果我还不发表这个与这次讨论有关的重要的——也许是最重要的——文件，那我就要犯隐匿罪了。

【论断】恩格斯从党纲修订的需要出发，解释打算发表《哥达纲领批判》的原因。

这体现了恩格斯对德国工人运动高度的责任心和对马克思遗志的继承。在马克思逝世之后，恩格斯承担起了对无产阶级运动的思想指导任务。他根据时代条件的具体变化不但在思想上而且在革命斗争策略上指导无产阶级运动。在德国社会主义工人党即将召开一次重要大会讨论党的纲领时，为了避免无产阶级政党再次在思想理论和党的纲领上对待机会主义犯下原则性的错误，恩格斯毅然决定通过发表之前没有发表的重要文献的方式来进行科学社会主义思想理论的廓清，对党内抬头的机会主义进行斗争，并对党的原则和策略进行提醒。

但是，这个手稿还有另外的和更广泛的意义。其中第一次明确而有力地表明了马克思对拉萨尔开始从事鼓动工作以来所采取的方针的态度，而且既涉及拉萨尔的经济学原则，也涉及他的策略。

【论断】《哥达纲领批判》具有对拉萨尔主义的理论和策略进行深刻批判的意义。

马克思在《哥达纲领批判》中从科学社会主义原理和无产阶级应当采取的正确斗争策略出发，实现了对拉萨尔派机会主义从经济思想理论基础到具体斗争策略错误的全面而深刻的批判，因而这一文献具有广泛而深远的意义。直到今天，《哥达纲领批判》对国际共产主义运动如何深刻认识和正确应对机会主义都具有重要指导意义。在马克思、恩格斯逝世以后，国际共产主义运动风起云涌。一方面列宁领导俄国十月革命取得胜利，二战后在欧洲、亚洲和美洲出现一系列的社会主义国家；另一方面从国际共产主义运动中分化出的对资本主义的改良思潮也大行其道。发达资本主义国家调整了其统治策略，借助科技创新推动生产力的发展，对自身生产关系也进行了调整，同时在一定程度上发展社会福利缓和阶级矛盾；并以新殖民主义取代旧殖民主义，建立新的国际垄断资本主义世界秩序。这些资本主义在其制度范围内的调整为机会主义及其各种变种的滋生提供了土壤。今天我们重读《哥达纲领批判》，可以让我们更加深刻地认识当代的机会主义，更加坚定地探索科学社会主义在今天的理论新形态和实践推进路径。

这里用以剖析纲领草案的那种无情的尖锐性,用来表述得出的结论和揭露草案缺点的那种严厉性,——这一切在15年以后的今天再也不会伤害任何人了。

【论断】马克思的《哥达纲领批判》的尖锐性和严厉性不会再伤害任何人。

马克思和恩格斯在对工人政党进行理论和策略指导时,既注意原则性也考虑灵活性。他们往往针对某种错误的思想和策略进行无情的抨击,但这并不是针对具体人的个人攻击,尤其在可能对工人运动的领导人产生压力和影响时,他们往往非常地慎重。这里所谓的"伤害"就是从这个意义上而言的。正如恩格斯在马克思的墓前的讲话中所说的,"他可能有过很多敌人,但未必有一个私敌"。

地道的拉萨尔分子只是还有个别的残余存在国外,而哥达纲领甚至也被它的那些制定者在哈雷当作完全不能令人满意的东西放弃了。

【论断】拉萨尔分子只在国外有残余存在,哥达纲领也被制定者抛弃。

1891年前后,拉萨尔机会主义在工人运动中的影响已经和之前不可同日而语了,只有少数的残余在德国国外苟延残喘。当年制定哥达纲领的工人运动领导人也因为工人理论觉悟的提高和各种条件的变化而对其不能满意。(笔者:实践是各种思想理论和策略主张正确性的唯一标准。)

拉萨尔机会主义包括其他各种机会主义在实践的检验中暴露出其理论的不科学性和实践策略的不可能性，而马克思主义尤其是科学社会主义的理论和策略则在实践中不断彰显出真理的光芒。

虽然如此，我还是在内容不受影响的地方，把一些涉及个人的尖锐的词句和评语删掉了，而用省略号来代替。

【论断】恩格斯在文献内容不受影响的前提下，删掉了涉及个人的语气尖锐的词句和评语。

当时过境迁，恩格斯在发表历史文献的时候会考虑到其可能产生的实际影响，在不影响内容的情况下，出于尽量避免对某些个人的不必要的影响的考虑对词句和评语根据条件和环境的变化做出了必要的删减。（笔者：这也在细节上体现出马克思主义的根本方法论，一切以条件的变化为转移，具体情况具体分析。）正如马克思和恩格斯在对待《共产党宣言》等著作时也是持这样的态度，指出有些地方应当有新的写法了。一方面尊重历史，对文献不做修改，但是会在序言中进行说明；而有些文献则因为其要直接指导工人运动则进行必要的修改。比如，将《雇佣劳动与资本》中的"劳动"改为"劳动力"，这属于根据科学性要求所做的根本性的修正。对有些文献中的表述随着社会历史条件和环境的变化也做出必要的修订，比如后人已经看不懂的某些隐喻或者对某些个人的评述。

如果马克思今天发表这个手稿，他自己也会这样做的。

【论断】马克思如果在世，他在发表这个手稿时也会这样做。

马克思和恩格斯在思想上高度一致，在处理对无产阶级革命运动的指导工作时他们总是进行深入的相互交流，而在处理具体理论和革命工作时他们又有分工和不同的侧重点。马克思称恩格斯为"第二个我"；恩格斯称马克思为"第一小提琴手"，自己是"第二小提琴手"。在几十年形成的伟大友谊和深入的合作中，两位伟大的导师既高度配合又各有侧重，共同为马克思主义奠定了理论基础。这是他们多年的习惯，所以恩格斯非常熟悉当遇到类似的情况马克思会怎么做。马克思和恩格斯对于和历史唯物主义根本性原则性的理论分歧始终保持高度敏感和零容忍的态度。马克思和恩格斯贯穿一生的深度合作关系，从一个侧面证明了他们存在根本理论分歧的说法是荒谬的。

手稿中有些地方语气很激烈，这是由下述两种情况引起的：第一，马克思和我对德国运动的关系，比对其他任何一国运动的关系都更为亲切；因此这个纲领草案中所表现的明显的退步，不能不使我们感到特别愤慨。

【论断】手稿中有些地方语气激烈的第一个原因：对德国工人运动的关心。

德国是马克思和恩格斯的祖国，他们对于祖国工人运动的发展更加关心，对于出现的严重理论退步也更加痛心。而且对于马克思和恩格斯来说，由于德国思想文化的民族特质以及他们对于德国工人运动的指导所倾注的心血，德国工人运动的思想理论水平要高于其他民族。

第二，那时国际海牙代表大会闭幕才两年，我们正在同巴枯宁和他的无政府主义派进行最激烈的斗争，他们要我们对德国工人运动中发生的一切负责；因而我们不得不预先想到，他们也会把我们说成是这个纲领的秘密制定者。

【论断】手稿中有些地方语气激烈的第二个原因：与巴枯宁主义的斗争。

1875年前后马克思和恩格斯不但要和拉萨尔机会主义做斗争，还要同巴枯宁无政府主义做斗争。巴枯宁是俄国无政府主义和民粹主义创始人。他于1866年发表《国际革命协会的原则和组织》，主张立即消灭一切国家，废除一切权力和法律，反对一切权威和政党。1868年巴枯宁参加第一国际活动后，在国际内部鼓吹无政府主义并从事分裂国际的活动，组织秘密团体——社会主义民主同盟，企图篡夺第一国际总委员会的领导权。马克思和恩格斯对其进行了坚决的揭露和斗争。1872年在第一国际海牙代表大会上，巴枯宁被开除出第一国际。巴枯宁后来又组织了"无政府主义国际"和第一国际公开对抗。巴枯宁主义者当时无理地要求马克思和恩格斯为德国工人运动的一切负责，并有可能将马克思恩格斯说成是《哥达纲领》的秘密制定者，这有可能给德国工人运动带来思想混乱。所以马克思和恩格斯当时需要预防《哥达纲领》的发表为巴枯宁主义者提供进攻的口实。

这些顾虑现在已经消失，保留有关词句的必要性也就随之消失。

【论断】随着顾虑的消失原稿中有关词句没有保留的必要。

恩格斯根据革命斗争形势的不同，对要发表的文献的内容和词句进行必要的调整，以适应革命斗争客观形势的需要。这里折射出马克思主义的先进立场和方法论。理论来自于实践并要为实践服务，而实践是具体的历史性的，是不断发展的。实践的发展带来革命形势和条件的变化，所以理论的形式和内容也要随之进行针对性的调整，以收到最好的实践成效。

还由于新闻出版法的缘故！有些语句也只用省略号暗示出来。在我不得不选用比较缓和的说法的地方，加上了方括号。其他地方都按手稿付印。

【论断】由于新闻出版法的原因对原文中有些词句的处理方式。

当时反动政府通过所谓新闻出版法进行思想管控，这是出版《哥达纲领批判》需要考虑的因素，必须保证能够出版。所以恩格斯在策略上进行了灵活处理，有些可能导致影响出版的语句用省略号代替。有些说法采用了更加和缓的方式表述，但对于这类表述恩格斯加上方括号标注。这种对要公开发表的文稿的调整，既是当时形势下不得不采取的无奈之举，也是无产阶级斗争策略原则性和灵活性的统一。这也从侧面证明了资本主义国家所谓出版自由是虚伪和虚假的。

弗·恩格斯

1891年1月6日于伦敦

给威廉·白拉克的信

1875 年 5 月 5 日于伦敦

亲爱的白拉克:

【论断】(书信敬语)。

威廉·白拉克是德国著名的工人活动家和出版商,德国社会民主工党(爱森纳赫派)的创始人和领导人之一。他在党内曾同拉萨尔主义进行过斗争。1875 年马克思将《哥达纲领批判》寄给白拉克之后,他积极支持马克思对哥达纲领的批判。白拉克通过第一国际与马克思有大量书信往来并遵照马克思的意见具体指导德国工人运动,成为马克思和恩格斯的朋友和战友,为推动马克思主义的传播和国际工人运动的发展做出了重要贡献。

下面对合并纲领的批判性批注,请您阅后转交盖布和奥尔、倍倍尔和李卜克内西过目。

【论断】马克思将对哥达纲领的批判性批注请白拉克阅后转交德国社会民主工党（爱森纳赫派）的几位领导人。

马克思试图通过对哥达纲领的批判，和德国社会民主工党（爱森纳赫派）的领导人进行沟通并进行理论指导。马克思和恩格斯对工人阶级政党发挥着思想理论和斗争策略指导者的作用，往往并不直接干预无产阶级政党的具体事务和工作。但对于可能导致无产阶级政党理论水平严重退步的重大原则性问题，马克思和恩格斯不能保持沉默。

注意：手稿必须退还给您，以便我必要时使用。（这句话在马克思手稿中写在信头上，并标上一个符号+。1891年发表时没有这句话。——编者注）

【论断】马克思希望保留手稿以备后用。

可以看出，马克思对《哥达纲领批判》的高度重视，因为他当时有严重的身体健康问题，这一珍贵的手稿耗费了马克思不小的精力，所以他担心手稿遗失，提出阅后返还的要求并且加注了符号"+"着重提醒。还可以看出，马克思已经考虑继续就这一问题开展斗争预留后手准备。

我工作太忙，已经不得不远远超过医生给我限定的工作量。所以，写这么长的东西，对我来说决不是一种"享受"。

【论断】 马克思抱病写作《哥达纲领批判》。

由于长期积劳成疾，在1875年前后，马克思的身体状况已经非常之差了，所以医生严格控制他的工作时间。但是马克思为了无产阶级的革命事业依然呕心沥血地忘我工作。对于哥达纲领这样一份可能对德国工人运动产生重大影响的带有严重理论和策略缺陷的文献，马克思不得不抱病进行批判，以试图挽回其负面影响。

但是，为了使党内朋友们（这个通知就是为他们写的）以后不致误解我不得不采取的步骤，这是必要的。

【论断】 马克思为避免党内同志产生误解，对哥达纲领进行了必要的批判。

马克思本着对无产阶级政党党内同志思想状况高度负责的态度，为了避免他们思想产生误解，而对哥达纲领进行深入的批判。给我们今天的启示是无产阶级政党的思想建设的极端重要性。无产阶级政党的思想理论水平的高低决定了其对于无产阶级和人民的领导作用能否正确发挥。

这里指的是，在合并大会以后，恩格斯和我将要发表一个简短的声明，内容是：我们同上述原则性纲领毫不相干，同它没有任何关系。（1891年发表时删去了这段话。——编者注）

【论断】马克思和恩格斯没有参与哥达纲领的制定。

这里的"合并大会"指的是1875年5月22—27日在德国哥达召开的代表大会，会上当时德国工人运动中的两个派别，即由威廉·李卜克内西和奥古斯特·倍倍尔于1869年在爱森纳赫建立并由他们领导的社会民主工党（爱森纳赫派）和由威·哈森克莱维尔、威·哈赛尔曼和卡·特耳克领导的全德工人联合会（拉萨尔派）实现了合并，合并后的党命名为德国社会主义工人党。这里提到的声明后来没有发表。未发表的原因恩格斯在1875年给威·白拉克和奥·倍倍尔的信中进行了说明，主要是从党和工人运动的需要出发的。这句话反映出马克思和恩格斯对哥达纲领的愤慨心情，以及他们对于当时爱森纳赫派的领导人事先没有就这个纲领的内容与他们进行深入沟通并犯下严重错误的愤怒。这不是出于个人关系的原因，而是出于其对工人运动可能产生的严重危害。

这样做是必要的，因为在国外有一种为党的敌人所热心支持的见解——一种完全荒谬的见解，仿佛我们从这里秘密地操纵所谓爱森纳赫党的运动。

【论断】反击所谓马克思和恩格斯秘密操控爱森纳赫派活动的说法。

马克思和恩格斯对于无产阶级政党主要是发挥着思想理论和斗争策略方面的导师的作用，而无产阶级政党的敌人以及机会主义者则污蔑他们是在幕后操控着无产阶级政党。这是反动势力和机会主义者惯用的伎俩,马克思对此予以了驳斥。

例如巴枯宁还在他新近出版的一本俄文著作中要我不仅为这个党的所有纲领等等负责,甚至要为李卜克内西自从和人民党合作以来所采取的每一个步骤负责。(1891年发表时删去了"不仅"二字和"甚至……负责"这半句话。——编者注)

【论断】 举例说明巴枯宁的污蔑。

巴枯宁污蔑马克思在幕后操纵爱森纳赫派包括李卜克内西,所以要求马克思不但要为爱森纳赫派的所有纲领等等负责,甚至要求他对李卜克内西在与人民党合作以来所采取的每一个步骤负责。这里巴枯宁的俄文著作是指他1873年在瑞士出版的《国家制度和无政府状态》。德国人民党,又称南德人民党或士瓦本人民党,成立于1865年,主要由德国南部各邦的小资产阶级民主派和一部分资产阶级民主派组成。1866年,以工人为基本核心的萨克森人民党并入德国人民党成为其左翼,除了反普鲁士的情绪和力求共同努力以民主方法解决国家的全民族统一问题之外,实质上与原来的德国人民党毫无共同之处,并朝着社会主义的方向发展。后来该党的基本成员脱离了小资产阶级民主派,于1869年8月参加了德国社会民主工党的建立工作。

巴枯宁分子对马克思的指责是没有道理的，因为马克思并没有在幕后操控爱森纳赫派和李卜克内西。哥达纲领本身就是背着马克思和恩格斯起草的，而且除了思想理论和策略方面的总体原则指导之外，马克思并不直接干预无产阶级政党的具体活动。

此外，我的义务也不容许我即使用外交式的沉默来承认一个我认为极其糟糕的、会使党精神堕落的纲领。

【论断】马克思认为他不能对哥达纲领袖手旁观。

这体现了马克思对于无产阶级政党和无产阶级运动发展的高度责任心，作为无产阶级革命的伟大思想导师，他不能对这样一个无产阶级政党自身提出的失去原则并会使无产阶级政党精神堕落的纲领保持沉默。

一步实际运动比一打纲领更重要。

【论断】实际行动比纲领更重要。

这里体现出马克思对实践和实际行动的重视。他在《关于费尔巴哈的提纲》中曾强调，"以往的哲学家只是在解释世界，而问题在于改变世界"。实践性是马克思主义最突出的特性，实践意识是马克思主义者最重要的意识。即使是理论也不是脱离于实践的，而是来源于实践并在社会的总体实践结构中发挥其作用。纲领即使是先进和正确的，如果得不到落实就是废纸，而行动无论大小都会对现实带来某些影响和改变。但是作为政党合并基础的纲领，本身就带有很强的实践性，是用来直接指导实践的，所以必须保证其中先进思想理论的领导地位，否则会造成无产阶级政党整个理论水平的倒退。

所以，既然不可能——而局势也不容许这样做——**超过爱森纳赫纲领**，那就干脆缔结一个反对共同敌人的行动协定。

【论断】如果不能制定超过爱森纳赫纲领的新纲领，那就应和拉萨尔派缔结反对共同敌人的行动协定。

马克思在这里事实上指出了一个正确对待这次合并的策略方式，即在形势不允许制定一个新的体现更高思想理论水平的纲领的情况下，可以先制定一个反对共同敌人的共同行动协定。因为行动协定往往只对一个阶段的共同行动发挥协同指导作用，通过行动协定可以在面对共同敌人时不同无产阶级派别在实际斗争中建立起统一战线，又可以避免为了实现合并而进行"迁就"，降低无产阶级政党的思想理论水平。但遗憾的是，当时的爱森纳赫派的领导人事先没有和马克思、恩格斯充分沟通就炮制了放弃科学社会主义基本原则的哥达纲领。这里所说的爱森纳赫纲领指的是1869年爱森纳赫党成立时代表大会通过的总体上符合国际工人协会共同章程精神的纲领。

但是，制定一个原则性纲领（应该把这件事推迟到由较长时间的共同工作准备好了的时候），这就是在全世界面前树立起可供人们用来衡量党的运动水平的里程碑。

【论断】 无产阶级政党制定原则性纲领应当非常慎重。

马克思认为制定两派合并的原则性纲领的工作应当推迟，在那之前要进行较长时间的共同准备工作，等到准备工作完成好之后再推进原则性纲领的制定。对于原则纲领性文件的制定是不能够草率的，因为这是在全世界面前树立的供人们用来衡量党领导无产阶级运动水平的里程碑。这里体现出马克思主义的一条基本原则，不能因为短期的局部利益而放弃根本的长远利益。更何况哥达纲领所反映出的连短期的局部利益都算不上，仅仅是为了促成"合并"这种形式上的进展而放弃了更为重要的思想理论的科学性内容，并且成为了无产阶级政党关系处理上的一个很坏的案例，对于国际共产主义运动也会产生长期的消极影响，因为这个纲领给机会主义敞开了大门，而且是在形势本来有利的情况下对科学社会主义理论原则的主动放弃。

拉萨尔派的首领们靠拢我们，是因为他们为形势所迫。

【论断】 拉萨尔派向爱森纳赫派靠拢并同意合并是为形势所迫。

在哥达合并之前，爱森纳赫派为了建立统一的工人阶级政党曾两次向拉萨尔派提出合并的建议，但遭到了拉萨尔派的拒绝。后来，随着拉萨尔派广大成员的逐渐觉醒和对机会主义路线的不满，拉萨尔派在政治和组织上面临全面瓦解的危机，这时拉萨尔派的领导人才不得不向爱森纳赫派主动提出合并。

如果一开始就向他们声明，决不拿原则做交易，那么他们就**不得不**满足于一个行动纲领或共同行动的组织计划。

【论断】如果爱森纳赫派领导人一开始就表明不会为了合并而放弃原则，拉萨尔派会接受共同行动纲领或共同行动的组织计划。

马克思这样判断的原因是爱森纳赫派本来处于主动和有利的位置，而拉萨尔派处于不利的境遇，所以应当妥协的是拉萨尔派。而且拉萨尔派为形势所迫也会接受共同行动纲领或者共同行动的组织计划的方案。

可是并没有这样做，反而允许他们拿着委托书来出席，并且自己承认这种委托书是有约束力的，就是说，向那些本身需要援助的人无条件投降。

【论断】爱森纳赫派领导人向原本需要援助的拉萨尔派的无原则让步。

这里马克思提到的合并会议细节，进一步反映了爱森纳赫派领导人斗争经验的缺乏和所做出的无原则性让步。

这里提到的委托书是指受到某个组织或者党派的委托去参加某种会议或者执行某种使命的证明书。拉萨尔派为了坚持他们的机会主义主张，发给他们的代表具有约束力的委托书。而威廉·李卜克内西为了合作和合并，不惜放弃原则，承认了这个委托书的约束力，不惜做无原则的让步。他在1875年4月21日给恩格斯的复信中辩解说："拉萨尔派事先直接举行了执行委员会会议，一些特别糟糕的条文均受委托书的约束。我们的（以及对方的）任何人都毫不怀疑，合并是拉萨尔主义的死亡。因此我们更应当对他们让步。"在这里历史的偶然性发挥了作用，如果爱森纳赫派不承认拉萨尔派委托书对其参会代表的约束力，两党的合并或许会被推迟，但却有可能在后来制定出真正坚持科学社会主义原则的正确的纲领。而且即使由于爱森纳赫派坚持原则使得合并没有成功，在拉萨尔派日薄西山的情况下，无产阶级先进政党的影响力和实力也会继续壮大。所以爱森纳赫派领导人做出的这种无原则让步是不必要的，反而是引狼入室，扰乱了自身的思想和组织。这也从反面证明了一条马克思主义的基本原则：在任何情况下都要坚持无产阶级先进政党的领导权。

不仅如此，他们甚至在**妥协代表大会**以前就又召开代表大会，而自己的党却在**事后**才召开自己的代表大会。

【论断】召开党的代表大会的时机不对。

马克思在这里指出会议召开先后程序设计上的问题。原来宣布哥达合并代表大会将于 1875 年 5 月 23—25 日召开，拉萨尔派代表大会在这之前召开，爱森纳赫派代表大会拟于 5 月 25—27 日召开。实际情况是，合并代表大会于 5 月 22—27 日召开，爱森纳赫派和拉萨尔派代表大会都是在合并代表大会期间召开的。马克思这封信写于合并代表大会之前。但他指出的这个问题并非不重要，因为如果拉萨尔派代表大会在合并大会之前召开，那么有些问题尤其是拉萨尔派的主张在程序上就变成了既定的和难以更改的了；爱森纳赫派的会议在合并代表大会之后举行，则实际上就变成了对这个会议的被动追认，这事实上是对重大事项上进行充分民主讨论机制的破坏。爱森纳赫派的代表大会也应该在合并代表大会之前召开，应当在充分讨论的基础上尤其是在与马克思和恩格斯充分沟通并在其指导下制定出科学的原则，才不会犯下历史性的错误。这种会议召开时间程序的设计，也反映出爱森纳赫派领导人斗争经验和民主程序意识的缺乏。

人们显然是想回避一切批评，不让自己的党有一个深思的机会。(1891 年发表时删去了这句话。——编者注)

【论断】党不应回避批评而应深思。

马克思这句话既是揭露也是提醒，提醒无产阶级政党的党员不要害怕承认错误，不应回避对错误的批评，而应当对党过去犯下的错误进行深刻的反思。无产阶级政党在发展的过程中不可能不犯错误,关键是犯了错误之后怎么做。今天中国共产党强调自我革命,这是对马克思无产阶级政党建设思想的进一步发展。

大家知道,合并这一事实本身是使工人感到满意的;但是,如果有人以为这种一时的成功不是用过高的代价换来的,那他就错了。

【论断】 工人阶级对于爱森纳赫派和拉萨尔派的合并是满意的,但也付出了过高的代价。

对于工人运动而言,爱森纳赫派和拉萨尔派的合并具有积极的意义,但是以爱森纳赫派在科学社会主义思想理论上原则性的退步,来换取这种一时的成功显得代价过于高昂了,而且这种让步原本是不必要的。

况且,撇开把拉萨尔的信条奉为神圣这一点不谈,这个纲领也是完全要不得的。

【论断】 哥达纲领即使除去拉萨尔主义的内容也是要不得的。

马克思认为,在哥达纲领中,除去拉萨尔机会主义的相关内容,其他方面思想内容也存在根本缺陷,所以这个纲领是完全要不得的。这说明当时李卜克内西等爱森纳赫派的领导人对于科学社会主义的基本理论原理掌握得并不深入到位，也不能处理好理论和策略之间的辩证关系。

我将在最近把《资本论》法文版的最后几分册寄给您。排印工作因法国政府禁止而耽搁了很久。在本星期内或下星期初本书可以印完。

【论断】马克思将把《资本论》法文版的最后几分册寄给白拉克，并解释拖延的原因。

马克思将自己毕生心血凝聚的《资本论》译成法文用以指导工人运动。《资本论》作为马克思一生两个伟大发现之一的主要体现，揭示了资本主义生产关系的奥秘——通过攫取剩余价值进行剥削，从而使社会主义从空想变成了科学。但也正因为此，这本著作在翻译出版时遭到资产阶级政府的阻挠。原文中所提到的法国政府的禁止就是例证。

前六分册您收到了没有？请把伯恩哈德·贝克尔的地址也告诉我，我也要把最后几分册寄给他。（1891年发表时删去了这段话。——编者注）

【论断】马克思询问白拉克《资本论》的前六分册是否已收到，并询问伯恩哈德·贝克尔的地址以便邮寄。

这里马克思所提到的《资本论》分册是他亲自校订的《资本论》第一卷法文译本，这一译本于1872年9月至

1895年11月在巴黎分九册出版。伯恩哈德·贝克尔是德国政论家、历史学家,拉萨尔主义者。1863年他作为法兰克福的代表参加全德工人联合会成立大会。拉萨尔死后,他于1864—1865年任全德工人联合会主席。1870年加入爱森纳赫派,主持该派机关报《不伦瑞克人民之友》的编辑工作。1872年为国际海牙代表大会代表,拥护马克思起草的决议。1874年移居瑞士后脱离工人运动,自杀身亡。著有《揭露费迪南德·拉萨尔的悲惨逝世的内幕》《1789—1794年革命巴黎公社史》《费迪南德·拉萨尔在工人中宣传的历史》《1871年巴黎公社的历史和理论》等。

人民国家报出版社有自己的习惯。例如到现在为止连一本新版的《科隆共产党人案件》(指马克思《揭露科隆共产党人案件》1875年第2版,见《马克思恩格斯全集》中文第2版第11卷,第471—545页。——编者注)也没有给我寄来。

【论断】人民国家报出版社没有把新版的《科隆共产党人案件》及时邮寄给马克思。

这里的人民国家报出版社是指出版《人民国家报》的莱比锡联合会印刷所出版社,该社于1875年出版了马克思的著作《揭露科隆共产党人案件》的新版本,但是到马克思给白拉克写信时并没有给作者马克思邮寄新版本。在这封邮件里马克思表示了不满。

  致衷心的问候。

您的卡尔·马克思

德国工人党纲领批注

一

1. "劳动是一切财富和一切文化的源泉,**而**因为有益的劳动只有在社会中和通过社会才是可能的,所以劳动所得应当不折不扣和按照平等的权利属于社会一切成员。"

本段第一部分:"劳动是一切财富和一切文化的源泉。"

劳动**不是**一切财富的**源泉**。**自然界**同劳动一样也是使用价值(而物质财富就是由使用价值构成的!)的源泉,劳动本身不过是一种自然力即人的劳动力的表现。上面那句话在一切儿童识字课本里都可以找到,并且**在**劳动具备相应的对象和资料的前提下是正确的。

【论断】劳动并不是所有财富的源泉。物质财富的内涵主要是就使用价值而言的。使用价值的源泉包括两个：自然界和劳动。劳动是人的劳动力的表现。人的劳动力是一种自然力。说劳动是一切财富和一切文化的源泉是肤浅和错误的，除非指明了劳动所具备的相应的对象和资料并且作为前提，这个论断才能成立。

马克思在这段批注式的文字中针对纲领中的错误论断澄清了经济哲学和政治经济学的重要基本理论问题：一切财富和一切文化的源泉到底是什么？首先，对"财富"怎么理解？因为在这个语境中"一切财富"是和"一切文化"并列提出的，所以这里的财富指的是物质财富，即狭义上的财富，而不包括广义上的"精神财富"即文化。马克思在文中的括号里也指出了这一点。马克思在《资本论》中曾引用威廉·配第的一句话："劳动是财富之父，土地是财富之母。"强调劳动必须和物质资料结合起来，才能创造财富。"土地"指代的就是物质材料或者说本文中的"自然界"。物质财富之所以称之为"财富"，这是对于其能够满足人的需要这一特性而言的，即其对人具有有用性，也就是具有使用价值，所以马克思说物质财富主要就是由使用价值构成的。那么我们再延伸一下，文化或者说"精神财富"的源泉是什么呢？仍然是劳动+劳动对象和资料，这一论断仍然成立。虽然创造精神财富的劳动本身以及其所面对和使用的对象和资料与创造物质财富的对象和资料常有不同。但是创造精神财富即文化的劳动也是人的劳动力这种自然力的表现，其所面对的对象和使用的资料，无论是直接观察到的自然和社会现象还是书籍、资料、笔和纸都是物质性的客观条件，具有被人类实践活动中介过的自然性和社会历史存在性。更重要的是精神财富即文化可以满足人的特定精神需要，也为其他需要的满足创造条件，先进的文化可以增强人的劳动力，是推动社会生产方式变革、社会上层建筑跃升和其他方面进步的杠杆。这一点随着社会历史发展越来越凸显出来。从这个意义上说，精神财富之所以称之为"财富"，也是因为它对人具有使用价值。马克思这段评述还涉及了劳动和劳动力的区别联系。马克思对劳动和劳动力的重要区分为剩余价值论奠定了科学的基础，因为劳动力可以用一般等价物进行衡量，从而找到剩余价值出现的边界。人的劳动力是指人的劳动能力，是人的体力和脑力的总和。人通过这种能力进行具体的劳动。所以说劳动本身是人的劳动力的表现。人的劳动力是一种具体的历史的客观存在，所以马克思说它是"自然力"，这样说是突出其客观存在性。这种能力表现出来就是劳动。人的劳动和劳动对象、劳动资料是不可分割的，它们共同构成财富的源泉。

可是，一个社会主义的纲领不应当容许这种资产阶级的说法回避那些唯一使这种说法具有意义的**条件**。

【论断】社会主义的纲领中不应当容许这种资产阶级论

断的出现。

资产阶级的论断不应当在一个社会主义的纲领中出现，尤其是在回避了那些唯一使论断具有意义的条件的情况下。马克思主义的方法论强调具体情况具体分析，即在具体的历史的环境中的特定条件下分析特定的论断，而不是抽象地绝对地使用或者讨论特定的论断。尤其在这种论断本身是资产阶级的论断的情况下，应当加以严格的科学的辨析和批判。

只有一个人一开始就以所有者的身份来对待自然界这个一切劳动资料和劳动对象的第一源泉，把自然界当作属于他的东西来处置，他的劳动才成为使用价值的源泉，因而也成为财富的源泉。

【论断】一个人只有最初就以所有者身份拥有自然界这个劳动资料和劳动对象的第一源泉，他的劳动才能在这个前提下成为使用价值和财富的源泉。

马克思在这里指出了人的劳动成为使用价值和财富的源泉的前提条件：人要成为自然界所提供的一切劳动资料和劳动对象的所有者，因为自然界是劳动资料和劳动对象的第一源泉。在这个前提基础上人的劳动才能够创造使用价值和财富。马克思在这里强调了所有制的重要性和决定意义，即要使"劳动是一切财富的源泉"这个命题成立，首先要使劳动者拥有生产资料这个前提条件。

资产者有很充分的理由硬给劳动加上一种**超自然的创造力**，因为正是由于劳动的自然制约性产生出如下的情况：一个除自己的劳动力以外没有任何其他财产的人，在任何社会的和文化的状态中，都不得不为另一些已经成了劳动的物质条件的所有者的人做奴隶。他只有得到他们的允许才能劳动，因而只有得到他们的允许才能生存。

【论断】除了劳动力之外没有其他财产的人不得不为劳动的物质条件所有者做奴隶，并且只有得到他们的允许才能劳动和生存。

资产者为什么会给劳动加上一种超自然的创造力的光环呢？正如上文所说的甚至将劳动作为一切财富和文化的源泉。这是因为资产者通过所有权实际掌握着让劳动发挥作用的物质条件，而付出劳动的劳动者如果只拥有劳动力的话，他们在得不到资产者提供的劳动所必须的物质条件的情况下，既不可能劳动也不可能生存。所以资产者给劳动罩上光环的目的就是让劳动者在其所提供的物质条件和规则下心甘情愿地为其劳动，这种罩上的光环本身就带有欺骗和虚伪的意识形态性。马克思将"财富"界定为由使用价值构成的物质财富。劳动一开始就不是随心所欲的，所以不能把劳动理解成具有"超自然的创造力"，这种说法恰恰是马克思之前一些资产阶级理论家抽象预设出来的。事实上，劳动天然受制于自然界。虽然人类社会是通过劳动创造和发展起来的，但不能夸大劳动的力量，把人的劳动说成不受制约的力量。过度夸大劳动的作用，未必会带来财富的增长，如果违背自然规律还会受到自然的报复。这是任何时候都必须坚持的前提。劳动还受到社会条件的制约。任何劳动都是在一定社会关系中进行的，只有在社会中并通过社会，劳动才能成为财富的源泉。在特定社会条件下，特定个人不一定有机会参加劳动获得财富，而且劳动了也未必能够拥有财富。不劳动的人也可能因为占有劳动资料，能靠别人的劳动获得财富。劳动创造财富，但能否拥有财富，是受特定的社会条件制约的；劳动创造财富，但不一定是给劳动者自己创造，也有可能是给非劳动者创造。

现在不管这句话有什么毛病，我们且把它放在一边。那么结论应当怎样呢？显然应当是：

"因为劳动是一切财富的源泉，所以社会中的任何人不占有劳动产品就不能占有财富。因此，如果他自己不劳动，他就是靠别人的劳动生活，而且也是靠别人的劳动获得自己的文化。"

【论断】 劳动是一切财富的源泉，所以任何人不占有劳动产品就不能占有财富。如果他自己不劳动就是靠别人的劳动生活，而且靠别人的劳动获得文化。

马克思在这里直接指出了问题的要害。他指出正确的结论应当是：既然劳动是一切财富的源泉，那么社会中的任何人如果不占有劳动产品也就不能占有财富。因此，如果人自己不劳动，那他就一定是靠别人的劳动生活，而且也是靠别人的劳动获得文化。马克思把问题引向了一个更重要的问题，即如果劳动创造财富，那么不劳动的人一定是靠剥削劳动者的劳动来生存和获得文化的，他把问题引向了人与人之间的社会关系。

可是并没有这样做，反而借助于"而因为"这样的字眼硬接上第二句话，以便从第二句，而不是从第一句做出结论来。

【论断】纲领并没有得出这个结论，反而借助"而因为"硬接上第二句话，而不是从第一句得出结论。

指出纲领的这一段话因为转折"而因为"而没有抓住更重要的第一句"劳动是一切财富和一切文化的源泉"得出结论，反而转向了第二句话"有益的劳动只有在社会中和通过社会才是可能的"。

本段第二部分："有益的劳动只有在社会中和通过社会才是可能的。"

【论断】本段第二部分："有益的劳动只有在社会中和通过社会才是可能的。"

马克思在下文着重批判第二句话。

按照第一句话，劳动是一切财富和一切文化的源泉，就是说，任何社会都不能离开劳动。相反，我们现在却看到,任何"有益的"劳动都不能离开社会。

那么同样可以说,只有在社会中,无益的甚至有损公益的劳动才能成为一种行业,只有在社会中才能游手好闲过日子,如此等等,——一句话,可以抄袭卢梭的全部著作了。

【论断】这段话不但逻辑错误而且抄袭了卢梭的著作。

马克思指出,因为原文中从第一句话转折到第二句话,使得意思从任何社会都离不开劳动变成了任何"有益的"劳动都离不开社会了。按照这个逻辑,那些无益的甚至有损公益的劳动也只有在社会中才能成为一种行业,"游手好闲"也只能在社会中实现。这种类似的论调,在卢梭的著作中早已存在,这是对卢梭著作的抄袭。

而什么是"有益的"劳动呢?那只能是产生预期的有益结果的劳动。一个蒙昧人(而人在他已不再是猿以后就是蒙昧人)用石头击毙野兽,采集果实等等,就是进行"有益的"劳动。

【论断】"有益的"劳动只能是产生预期的有益结果的劳动。

马克思这里做了对"有益的"劳动的辨析和逻辑推导。他指出所谓"有益的"劳动,只能是产生了预期的有益结果的劳动。甚至在刚刚脱离猿类之后的蒙昧人那里的用石头击毙野兽和采集果实等,都是有益的劳动。

第三,结论:"而因为有益的劳动只有在社会中和通过社会才是可能的,所以劳动所得应当不折不扣和按照平等的权利属于社会一切成员。"

多妙的结论!既然有益的劳动只有在社会中和通过社会才是可能的,劳动所得就应当属于社会,其中只有不必用来维持劳动"条件"即维持社会的那一部分,才归各个劳动者所得。

事实上,这个论点在一切时代都被当时的社会制度的**先驱**(1891年发表时这里是"捍卫者"。——编者注)提出过。首先要满足政府以及依附于它的各个方面的要求,因为政府是维持社会秩序的社会机关,其次要满足各种私有者(1891年发表时这里是"私有财产"。——编者注)的要求,因为各种私有财产是社会的基础,如此等等。你们看,这些空洞的词句是随便怎么摆弄都可以的。

【论断】既然有益的劳动只有在社会中和通过社会才可能,劳动所得就应属于社会,只有不必用来维持劳动"条件"的部分才归劳动者。这实际是主张首先要满足政府的要求,其次要满足各种私有者的要求。

马克思指出这个结论的空洞性和讽刺性。因为这里的所谓"社会"和"社会的一切成员"是可以用各种具体内容来解释和填充的。根据这一逻辑,因为劳动离不开社会,所以劳动所得就应当属于社会，而只有不必维持劳动"条件"即维持社会的那一部分才归劳动者所得。关键是这里必须要问维持的是什么劳动"条件"？维持的是什么社会？反动统治者完全可以说他们的横征暴敛、他们的剥削掠夺都是维持劳动和社会的所谓"条件"，只把剩下的残羹剩饭分给劳动者。马克思指出一切时代的社会制度卫道士都提出过类似的论点。一方面要把政府视为维持社会秩序的必要机关，所以要满足政府以及依附于它的各方面的要求；另一方面要满足私有财产的要求，因为它们被视为社会的基础。说到底，这种论点强调维持劳动条件和社会秩序，而忘记或者掩盖这种劳动条件和社会制度本身的不合理性。而且这种语言和词句的空洞性恰恰给反动的解释和实际关系提供了作用的空间，因为这些空洞的词句是随便怎么摆弄都可以的。这也给我们以方法论的启示，语言和词句如果不与现实实践相联系，不由现实实践赋予其具体的内涵，那么语言和词句就是空洞的，就容易沦为文字游戏。资本主义雇佣劳动制度只会让少数人拥有财富，劳动者往往多劳而少得。在资本主义社会，关键不是谈劳动有益与否，而是要解决资本主义生产关系以及雇佣劳动制度本身的问题。这给我们的启发是，当代中国也需要从生产关系通过保持公有制的主体领导地位从根本上保障劳动者权益。同时着手处理好劳动和资本的关系，合理划定资本与劳动的收益比例，保障劳动者权益，改善劳动者工作环境，维护劳动者尊严，让劳动者得其应得。

本段第一和第二两部分只有像下面这样说才能有些合乎情理的联系：

"劳动只有作为社会的劳动"，或者换个说法，"只有在社会中和通过社会"，"才能成为财富和文化的源泉"。

这个论点无可争辩地是正确的，因为孤立的劳动（假定它的物质条件是具备的）即使能创造使用价值，也既不能创造财富，又不能创造文化。

【论断】劳动只有作为社会的劳动或者在社会中和通过社会才能成为财富和文化的源泉；孤立的劳动即使能创造使用价值，也不能创造财富和文化。

马克思在这里通过纠正纲领中的模糊表述，特别强调了劳动的社会性。因为劳动是属人的，人是社会动物，人的本质在现实性上是社会关系的总和。人类的劳动和社会是同步形成发展起来的，两者在实践中是相互建构发展起来的。而孤立的脱离了社会的劳动，即使创造使用价值，也创造不出财富和文化。因为财富和文化本身是社会性的。创造社会财富的劳动是社会劳动。因为人是社会动物，人的本质也是社会性，所以人的劳动肯定带有社会性。但是劳动的社会性和社会所有成员公平分配劳动所创造的社会财富是两回事。哥达纲领的错误逻辑是，因为劳动具有社会性，所以劳动创造的财富应当平等地属于一切社会成员，而忽视了生产资料所有制的决定作用。似乎因为劳动是社会性的,所以社会成员不管劳动还是不劳动的都应该平等分享劳动创造的财富。事实上在资本主义私有制下,生产的目的是获得剩余价值。随着生产的扩大和技术的进步,资本的有机构成在不断提高,进而造成了相对过剩的人口即产业后备军,进一步加剧了占有生产资料和不占有生产资料的社会成员的两极分化。"社会财富即执行职能的资本越大,它的增长的规模和能力越大,从而无产阶级的绝对数量和他们的劳动生产力越大,产业后备军也就越大。……工人阶级中贫苦阶层和产业后备军越大,官方认为需要救济的贫民也就越多。这就是资本主义积累的绝对的、一般的规律。"[①] 在资本主义社会,资本的集中和生产的社会化程度的不断提高,奴役和剥削程度也在不断加深,这些都在不断突破着资本主义私有制的限制。资本主义生产方式内在矛盾发展的必然性,使得其必将走向自我否定。"生产资料的集中和劳动的社会化,达到了同它们的资本主义外壳不能相容的地步。这个外壳就要炸毁了。资本主义私有制的丧钟就要响了。剥削者就要被剥夺了。"[②]

但是另一个论点也是同样无可争辩的:

[①] 《马克思恩格斯文集》第5卷,北京:人民出版社2009年版,第742页。
[②] 《马克思恩格斯文集》第5卷,北京:人民出版社2009年版,第874页。

"随着劳动的社会性的发展,以及由此而来的劳动之成为财富和文化的源泉,劳动者方面的贫穷和愚昧、非劳动者方面的财富和文化也发展起来。"

这是直到目前的全部历史的规律。因此,不应当泛泛地谈论"**劳动**"和"**社会**",而应当在这里清楚地证明,在现今的资本主义社会中怎样最终创造了物质的和其他的条件,使工人能够并且不得不铲除这个历史祸害(1891年发表时这里是"社会祸害"。——编者注)。

【论断】随着劳动社会性的发展以及由此而来的劳动成为财富和文化的源泉,劳动者方面的贫穷和愚昧、非劳动者方面的财富和文化也发展起来,应证明资本主义社会怎样创造物质的和其他条件,使工人能够并且必然铲除这个祸害。

马克思指出,随着人类社会性劳动的发展以及劳动成为财富和文化的源泉,劳动者方面的贫穷和愚昧与非劳动者方面财富和文化的发展作为相对立的两个方面都发展起来了,并且这是迄今为止全部历史的规律。这是同一个过程带来的反差极大的两个方面。所以不要泛泛而谈所谓"劳动"和"社会",而应当去具体地研究和证明,当今资本主义社会最终创造了什么样的物质和其他条件,使得工人阶级能够而且必须铲除这种不合理现象。马克思在这里强调了两点,一是社会性劳动的发展带来相反的两个结果:非劳动者占有越来越丰富的财富和文化,而劳动者却越来越贫穷和愚昧；二是出现这种结果的原因以及消除这种结果的条件和必然性要到当今资本主义社会矛盾关系中去寻找。这段话也说明在马克思主义那里，没有抽象的空泛的概念，所有概念都是对具体的历史的现实的社会关系进行合理抽象并且置身于这种具体社会关系发展进程之中的概念。

实际上，把这整个行文和内容都不妥当的条文放在这里，只不过是为了把拉萨尔的"不折不扣的劳动所得"作为口号写在党旗的上方。以后我还要回过来谈"劳动所得"、"平等的权利"等等，因为同样的东西在下面又以稍微不同的形式重复出现。

【论断】哥达纲领把拉萨尔主义的"不折不扣的劳动所得"理论作为口号。

马克思一针见血地指出哥达纲领之所以会把这段无论内容还是表述形式都不妥当的条文放在这里是为了迁就拉萨尔派的主张，即"不折不扣的劳动所得"理论，而且这个理论还会被当作口号写在党旗上方。马克思在下文中围绕"劳动所得"、"平等的权利"等进行了精辟深入的辨析，揭露了拉萨尔派所谓"不折不扣的劳动所得"理论的不科学性。

2."在现代社会，劳动资料为资本家阶级所垄断，由此造成的工人阶级的依附性是一切形式的贫困和奴役的原因。"

这段从国际章程中抄来的话,经过这番"修订"就变成错误的了。("劳动所得"是拉萨尔为了代替明确的经济学概念而提出的。国际工人协会临时章程中的原话是:劳动者在经济上受劳动资料即生活源泉的垄断者的支配,是一切形式的奴役即一切社会贫困、精神屈辱和政治依附的基础。——编者注)

在现代社会,劳动资料为土地所有者**和**资本家所垄断(地产的垄断甚至是资本垄断的基础)。无论是前一个或者后一个垄断者阶级,国际章程在有关条文中都没有提到。它谈到的是**"劳动资料即生活源泉的垄断"**。"生活源泉"这一补充语充分表明,劳动资料也包括土地。

【论断】在现代社会,劳动资料是被土地所有者和资本家所垄断,而不是只被资本家垄断;劳动资料是包括土地的。

马克思起草的《协会临时章程》的原话是:"劳动者在经济上受劳动资料即生活源泉的垄断者的支配,是一切形式的奴役即一切社会贫困、精神屈辱和政治依附的基础。"马克思在这里明确指出了哥达纲领在表述上的错误,抄袭第一国际临时章程中的这段话并修改成了错误的表述。这个错误就是把劳动资料的垄断者仅限于资本家,而漏掉了土地所有者。事实上在现代社会,土地所有者和资本家都是劳动资料的垄断者,并且地产垄断甚至是资本垄断的基础。马克思在这里重申,《协会临时章程》中"劳动资料即生活源泉的垄断"这句话中的劳动资料是包括土地的,因为使用了补充语"生活源泉",相应的,垄断劳动资料的就不只是资本家,还包括土地所有者。

作这种修订,是因为拉萨尔由于现在大家都知道的原因**仅仅**攻击资本家阶级,而不攻击土地所有者。在英国,资本家甚至多半不是他的工厂所在的那块土地的所有者。

【论断】拉萨尔由于众所周知的原因只攻击资本家阶级而不攻击土地所有者。

马克思这句话是指拉萨尔只攻击资本家阶级而不攻击土地所有者,原因是因为德国的情况和英国不同。当时德国的地产大多是由国王及贵族所占有或控制,而拉萨尔和普鲁士首相俾斯麦保持着秘密关系。马克思在19世纪60年代就已经觉察到这一点。他在1865年2月23日给路·库格曼的信中写道:"拉萨尔事实上已经背叛了党。他同俾斯麦订立了一个正式的契约。"1928年发现的材料证实,拉萨尔早在1863年5月就同俾斯麦达成了协议,并且彼此多次密谈和书信往来。这种关系一直保持到1864年2月。1863年6月拉萨尔写信给俾斯麦表示:"一旦工人等级能够有理由相信独裁对它有好处,它就会本能地感到自己倾向于独裁。这是千真万确的。因此,正如我最近对您说的那样,如果国王什么时候能够决定采取——当然这是难以置信的——

步骤，实行真正革命的和民族的方针，并把自己从一个特权等级的王权变成一个社会的和革命的人民的王权，那么工人等级尽管有共和主义的信仰，或者宁可说正是由于这种信仰，就会多么倾向于把国王看做是与资产阶级社会的利己主义相对立的社会独裁的天然体现者！"拉萨尔一方面背叛了工人阶级和党，与反动统治者密谋，同时他也是在与虎谋皮，因为德国的土地所有者只是利用他而不会真正理睬他的方案；另一方面他借助于带有浓厚封建性的德国王权和大地产所有者去反对资本家阶级，这是试图借助于更反动的力量去对抗反动的力量，并且还试图将无产阶级交付给这种更反动的势力去摆布，让独裁者去统治无产阶级，天真地认为工人阶级会相信独裁对其有好处。这充分暴露了这种机会主义者和工贼的丑恶嘴脸。拉萨尔的这个思路，后来由于历史的原因悲剧性地在现实中给德国人民和世界人民带来了多么深重的灾难，已经被历史所充分证明了。法西斯主义在德国和日本等国家的兴起，重要的原因就是这些后发资本主义国家封建性残余和垄断资产阶级合流形成的独裁造成的结果，而这些国家的现代性因素的积累常常是不充足的。

3."劳动的解放要求把劳动资料提高为社会的公共财产，要求集体调节总劳动并公平分配劳动所得。"

"把劳动资料提高为公共财产"！应当是说把它们"变

为公共财产"。这不过是顺便提一句罢了。

什么是**"劳动所得"**呢？是劳动的产品呢，还是产品的价值？如果是后者，那么，是产品的总价值呢，或者只是劳动新加在消耗掉的生产资料的价值上的那部分价值？

"劳动所得"是拉萨尔为了代替明确的经济学概念而提出的一个模糊观念。

【论断】"把劳动资料提高为公共财产"应改为把它们"变为公共财产"。"劳动所得"是拉萨尔提出的模糊观念。

马克思在这里集中批判了"劳动的解放要求把劳动资料提高为社会的公共财产，要求集体调节总劳动并公平分配劳动所得"这句话中的两点。一是"提高"应当改成"变为"，因为"提高"从词义上来看是保留原有性质的提升，而不是指变革，所以这里是用词不当的。这里提高的含义是在原有的基础即资本主义生产关系范围内通过合法手段等所谓和平道路使劳动资料成为社会公共财产，这也正是拉萨尔的"和平过渡"的机会主义的主张。而且从上下文来看，哥达纲领对于把劳动资料公有化这一根本性变革也并不是认真对待的。所以马克思说其不过是顺便提一句罢了。马克思认为应修改为"变为"，则意味着通过革命的手段把私人占有的生产资料变为劳动人民公有的生产资料，使剥削者被剥削，变资本主义私有制为共产主义的公有制。这两个不同的动词的背后是实现公有制的方式和手段的不同。前者是虚幻的不可能实现的方式，而后者是科学的现实的可以实现的方式。二是马克思批判拉萨尔所提出的"劳动所得"概念的模糊性和不科学性，因为不知这一概念究竟是指劳动的产品，还是指产品的价值；如果指产品价值，又不知这个概念是指产品的总价值还是指劳动新加在消耗掉的生产资料价值上的那部分价值。所以，这个概念是拉萨尔为了代替明确的经济学概念而提出的一个模糊观念。在马克思已经把社会主义从空想变成科学的情况下，拉萨尔提出的这种模糊的概念只会搞乱工人阶级的思想。

西方主流经济学回避生产资料所有制问题，把资本主义私有制作为天然合理的理论前提。马克思在这里深刻阐明了生产方式对正义的决定性作用，厘清了生产方式、生产资料与正义之间的关系。与拉萨尔主义把分配正义作为社会主义革命的目标不同，马克思指出其分配观忽略了生产资料所有制问题，在资本主义社会中具有现实的不可实现性，并且扭曲了社会正义正确的努力方向。从马克思对分配问题的批判阐释中，可以归纳出由低到高的权利、贡献、需要等三种分配原则。马克思主义最终超越了物质产品的分配，指向了人的自由全面发展和自我实现。

马克思坚持并且强调：共产主义社会应当坚持社会所有制，即公有制，在此基础上"重新建立个人所有制"。但这种公有制是什么样的呢？在这个问题上学界存在分歧。有个别学者从"私有制"和"民主社会主义"角度来解读

"社会所有制"和"重新建立个人所有制"。这种主张名义上是马克思主义,实质上是把私有经济纳入社会主义经济,模糊公有制与私有制界限,在中国推行私有化和民主社会主义,否定科学社会主义的基本经济制度。这种思想在理论和实践上危害很大,需要引起警惕。有观点主张不同所有制的经济的地位应在市场竞争中自发形成。这种片面强调不同经济成分平等竞争,而忽视它们地位和性质的差异是故意混淆主次,动摇社会主义的制度根基。有观点片面强调非公有制经济作用,主张毫无限制地发展非公有制经济,甚至公开主张民进国退,试图将公有制经济压缩到对非公有制经济起保障作用的地位。有人认为公有制与市场经济水火不容。搞市场经济必须实行私有化,因为公有产权所有者缺位,资源配置无效或低效;而私有产权明晰,应在资源配置中起决定作用。还有观点通过鼓吹"人性自私论"来推行私有化,更有甚者主张通过改革消灭国有经济等。这些观点反映出在所有制这个问题上,斗争非常激烈。

在我国经济生活中还出现了名为"公有制"实为所有权被支配权架空的"权贵所有制"的情况。有些公有制企业的经营权和所有权被极少数人控制。历史上苏联解体虽然是诸多内因外因综合作用的结果,但其中一个重要原因是既得利益阶层的整体性叛卖。苏联共产党长期不注意执政党建设,导致社会领导者从"人民公仆"蜕变成了既得利益阶层的权贵。他们长期占据党和国家权力金字塔顶层,享有各种特权,阻挠任何有损既得利益的改革,并逐渐产生了把不合法、不正当的财富和权益合法化的强烈觊觎之意愿。待到时机来临,便借机向党和社会主义基本制度大举进攻。苏联解体后,他们把对社会财富的支配和隐性占有变成了公开占有,变成寡头,社会主义公有制蜕变成官僚垄断资产阶级所有制;人民的利益则受到根本性损害。工人阶级和人民群众由于丧失了生产资料所有权,再次沦为了雇佣劳动者。苏联亡党亡国的历史教训我们不能忘记。

我国要实现共同富裕目标,公有制经济主体地位的巩固和发展刻不容缓。需要防止经济改革陷入被既得利益群体操控的局面,确保国有大中型企业的领导权真正掌握在代表党和人民利益的马克思主义者手中。有观点认为社会所有制就是国有化。事实上生产资料国有化在中外历史上都不同程度地出现过。恩格斯甚至认为国家掌握生产资料是剥削达到了顶点,因为国家的性质是由其阶级性所决定的,国家也有可能是资产阶级的总代理人。所以马克思、恩格斯后来一直强调个人自由,由社会直接掌握生产资料,使劳动者拥有能使其个人劳动增值的权利。即共产主义社会的劳动者在生产资料共同所有的基础上,通过联合或协作劳动,使劳动者(主体)与生产资料(客观条件)以直接结合的方式,实现人的解放和自由全面发展。我们应该在这一理念引导下,寻找公有制和市场经济的最佳结合方式。

建立生产资料公有制和发展生产力是无产阶级革命胜利后的两大任务。我国作为发展中国家，走的其实是跨越资本主义"卡夫丁峡谷"的路径，社会主义经济制度模式并不是马克思经典文本中的从资本主义迈向共产主义的典型模式。在特定生产力水平下，公有制为主体多种所有制经济共同发展是历史的必然。需要一方面毫不动摇巩固和发展公有制经济，另一方面毫不动摇鼓励、支持、引导非公有制经济发展。其中前者是决定着我国社会性质的"社会主义墙角"，是对非公有制经济进行鼓励、支持、引导的力量之源。所以必须在所有制这种重大原则问题上保持坚定的战略定力。理论逻辑和历史经验都充分证明，公有制主体地位和国有经济主导作用一旦被动摇，劳资矛盾、贫富分化、社会动荡、经济危机、官僚资本和金融寡头很快就会接踵而至，开历史的倒车，危及中国特色社会主义事业。

当前阶段还要特别注意在混合经济改革中反对私有化。国企特别是央企在关系国民经济命脉、国计民生和国家安全的重要行业和关键领域占据着支配地位，发挥着决定国家上层建筑的经济基础作用。《关于深化国有企业改革的指导意见》指出，必须理直气壮做强做优做大公有制经济，坚决防止国有资产流失。国有企业要在深化改革中不断自我优化。国企混合所有制改革必须防止私有经济瓜分、蚕食、侵蚀公有制经济。要通过混合所有制改革建立公有资本领导的经济统一战线，扩大公有资本的市场规模和占有率，捍卫公有资本主体地位，引导非公有制经济为社会主义服务。到目前为止，仍然可以说资本逻辑是社会化大生产的有效方式。中国特色社会主义利用资本机制，激发了社会成员发展生产力、创造社会财富的积极性和创造性。但与此同时，社会上对财富的占有欲、拜金主义、个人主义也有明显滋生。在市场经济发展进程中，私有资本的非理性经济冲动越来越强烈，其无序扩展也越来越明显。在某些领域某些行业，资强劳弱的格局加剧了资本对劳动者的过度榨取。这是私有资本逻辑唯利是图本性的必然表现。从社会主义建设的历史经验教训看，没有资本主义文明的成果作为基础，社会就不具备战胜封建主义的力量，也没有向社会主义和共产主义过渡的动力。但社会主义社会比资本主义社会的优越之处，不在于有没有资本逻辑，而在于社会要驾驭资本为人民服务，而不是让资本去奴役人民。

另外，不同性质所有制并存必然在意识形态领域有所反映。在社会主义市场经济中，非公有制经济成分的存在必然产生与其对应的思想理论，需要防止其对马克思主义指导地位和主流价值观的冲击。新自由主义、民主社会主义是需要着重应对的西方思潮。新自由主义主张私有化、市场化、自由化，鼓吹经济放任自由，片面强调市场对资源配置的自发作用，反对政府对经济活动的干预，可以说是一种站在前沿为私有资本逻辑冲锋陷阵的思潮。而民主社会主义主张指导思想多元化、多党轮流执政，用对经济民主取代消灭私有制的要求，通过社会保障缓和阶级矛盾，骨子里是维护和加强资本主义雇佣劳动制度，其实质是资本主义的改良思潮。社会主义制度巩固和发展的过程，就是通过公有制优越性的不断显现证伪和战胜各种私有化思潮的过程。对《哥达纲领批判》的学习和宣传，有利于巩固公有制主体地位。劳动者要想成为自己劳动产品的主人必须首先占有生产资料，要想完成自己的历史使命，既要通过革命夺取和巩固生产资料所有权，又要同各种私有化思潮做斗争，不断巩固、发展社会主义基本经济制度。社会主义和资本主义制度的根本区别在于生产资料所有制不同，无产阶级和劳动群众的贫困根源于生产资料私有制。

马克思从唯物史观的方法论视角预言，社会主义社会带有"旧社会痕迹"，所以无产阶级还需要在经济、政治、思想、文化、社会各方面同资产阶级和各种机会主义残余进行长期、艰苦的斗争。私有化的主张实际上就是要中国走资本主义道路，所以在社会转型时期，我们必须坚决反对和抵制各种私有化思潮。既不走封闭僵化的老路，也不走改旗易帜的邪路，要走中国特色社会主义的正路。

什么是"公平的"分配呢？

难道资产者不是断言今天的分配是"公平的"吗？难

道它事实上不是在现今的生产方式基础上唯一"公平的"分配吗?难道经济关系是由法的概念来调节,而不是相反,从经济关系中产生出法的关系吗?难道各种社会主义宗派分子关于"公平的"分配不是也有各种极不相同的观念吗?

【论断】资本主义社会的分配方式和状况是从其生产方式基础即经济关系中必然产生出的结果;法的关系是从经济关系中产生出来的。

马克思这段批判评述深刻地体现了唯物史观的基本原理。社会经济基础决定上层建筑的法律和观念。关于"公平的"的分配,这既是一个观念的问题,也是一个具体的历史的现实的问题。但是"公平的"观念一定要放到具体的历史的现实的社会关系之中去理解和把握,而决不能做抽象的绝对的理解。马克思这段话的意思并不是说资本主义社会的分配是公平的,而是说资本主义社会这种分配状况是资本主义的生产方式所必然带来的现象。社会的分配必须放到社会的生产、分配、交换、消费的整体运行机制中去把握,而不能单独地抽出分配这一个环节去讨论其公平与否。事实上产品如何分配是由生产所决定的,在根本上是由生产资料所有制所决定的。生产资料归谁所有决定了生产过程如何组织以及产品和价值如何分配。社会现象常常给人一种错觉,似乎是法律决定着经济关系,而事实上是社会的经济关系决定着法律,在归根结底的意义上也决定着社会思想文化和意识形态。马克思在走向唯物史观创立的过程中，通过黑格尔法哲学的批判反思，发现不是国家决定市民社会，而是市民社会决定国家。在后来马克思和恩格斯的《德意志意识形态》中，生产力决定生产关系（当时使用"交往关系"概念），经济基础决定上层建筑；同时生产关系和上层建筑反作用于生产力和经济基础。社会分配的"公平"包括其他"公平""正义"或者类似的范畴，都不能做抽象的、绝对的、永恒的理解，而需要从唯物史观出发，以具体的历史的现实的社会生产实践为出发点。它们在归根结底的意义上是随着社会生产关系的变化而变化的。其产生和存在的基础是特定的社会生产方式，是阶级社会的产物。在社会生产关系结构中处于不同地位的集团，包括马克思在这里所说的"各种社会主义宗派分子"在公平正义问题上常常存在不同思想和主张，这本质上不仅是思想分歧，更主要的是因为立场的不同。在未来的共产主义社会，随着生产方式的跃升，"公平""正义"等范畴将被彻底扬弃和超越。

公平分配（包括权利平等）概念也是从生产关系中产生的。生产关系是最根本的关系，它决定了怎样分配才是公平分配。如果是私有资本逻辑主导，就决定了分配不可能站在劳动者的利益一边。如果生产关系尤其是生产资料所有制没有理顺，劳动资料被少数人占有，那么只在分配和权利上做文章是无用的。必须从分配领域进入生产领域，从生产关系入手，才能抓住关键，找到公平正义问题的根本。劳动的所得按照权利的平等进行公平分配，这种主张貌似合理，但其问题在于否定了阶级差异的现实，否定了人的个性和能力差别，没有深入到生产关系层面，所以没有抓住问题的根本。学者尼尔森曾经从马克思的观点出发指出：认为分配问题独立于生产问题，并把社会主义视为一种分配社会产品的选择性系统是错误的——实际上这仍然属于资本主义意识形态。问题的关键是谁拥有和支配生产资料。只有拥有生产资料支配权，劳动者才有可能获得自治并赢得斗争。

随着社会对共同富裕的呼声越来越高，分配问题又成为学界的热点。研究分配问题需要秉持正确的方法论原则。我们需要深入领会《哥达纲领批判》中马克思关于分配问题的重要原理。需要把公有制与私有制区分开来研究分配问题。两极分化是在私有制基础上产生的社会现象，不能离开私有制来谈两极分化问题。共同富裕应当是社会主义公有制基础上的分配目标和本质要求，只有发挥公有制优越性才能逐步实现共同富裕。

为了弄清楚"公平的分配"一语在这里是什么意思，我们必须把第一段和本段对照一下。本段设想的是这样一个社会，在那里"劳动资料是公共财产，总劳动是由集体调节的"，而在第一段我们则看到，"劳动所得应当不折不扣和按照平等的权利属于社会一切成员"。

"属于社会一切成员"？也属于不劳动的成员吗？那么"不折不扣的劳动所得"又在哪里呢？只属于社会中劳动的成员吗？那么社会一切成员的"平等的权利"又在哪里呢？

"社会一切成员"和"平等的权利"显然只是些空话。问题的实质在于：在这个共产主义社会中，每个劳动者都应当得到拉萨尔的"不折不扣的劳动所得"。

【论断】"社会一切成员"和"平等的权利"只是空话；每个劳动者都应当得到"不折不扣的劳动所得"是拉萨尔主义的错误主张。

马克思在这里通过对比剖析指出了纲领相关条文内容的不科学性和相互矛盾性。他把第一段和本段关于"公平的分配"的相关表述进行对比。如果按照本段的说法，社会的理想状态是：劳动资料成为公共财产，总劳动由集体调节；而第一段的说法是：所谓劳动所得应当不折不扣和按照平等的权利属于社会一切成员。既然说是社会一切成员，那么必然包括不劳动的成员；既然包括不劳动的成员，那么与劳动者获得不折不扣的劳动所得必然是相矛盾的。如果劳动所得只属于劳动的成员，那么所谓社会一切成员的"平等的权利"就不能成立。所以"社会一切成员"和"平等的权利"都只是空话。因为如果劳动所得属于社会一切成员，就是既属于劳动的成员，也属于不劳动的成员，那么对劳动者而言就打了折扣；如果劳动所得只属于劳动的成员，那么社会一切成员的平等的权利就不可能实现。

这里问题的实质在于：在纲领所设想的这个共产主义社会中，每个劳动者都应当得到拉萨尔所谓的"不折不扣的劳动所得"。下文马克思集中批判所谓"不折不扣的劳动所得"这一错误概念。资本主义生产关系不能适应社会化大生产条件下的生产力发展的需要，取代私有资本逻辑主导的资本主义社会的是以公有制为基础的共产主义社会。共产主义社会通过公有制克服资本主义私有制所无法克服的矛盾和弊端。但是共产主义社会的分配也不可能是"不折不扣"的，而是"有折有扣"的。

如果我们把"劳动所得"这个用语首先理解为劳动的产品，那么集体的劳动所得就是**社会总产品**。

现在从它里面应当扣除：

第一，用来补偿消耗掉的生产资料的部分。

第二，用来扩大生产的追加部分。

第三，用来应付不幸事故、自然灾害等的后备基金或保险基金。

【论断】如果把"劳动所得"理解为社会总产品，那么社会生产的继续就需要从里面扣除：用来补偿消耗的生产资料部分、用来扩大生产的追加部分，以及用来应付不幸事故、自然灾害等的后备基金或保险基金。

马克思在这里阐述了共产主义社会在进行分配前的各项必要的扣除。他指出如果把拉萨尔的所谓"劳动所得"

理解为社会总产品,那么社会总产品是不可能全部分配和消费掉的,因为社会生产还必须继续进行下去。为了使得生产继续,就必须从社会总产品里扣除用来补偿消耗掉的生产资料的部分、用来扩大生产的追加部分,以及用来应付不幸事故、自然灾害等的后备基金或保险基金。马克思的分析是从科学出发的。这部分的扣除主要指的是用于生产的三项扣除,是生产得以正常运转所必需的。其中第一项扣除是维持简单再生产所必需的;第二项是扩大再生产所必需的;第三项是应对不幸事故和自然灾害等所必需的。

从"不折不扣的劳动所得"中扣除这些部分,在经济上是必要的,至于扣除多少,应当根据现有的物资和力量来确定,部分地应当根据概率计算来确定,但是这些扣除无论如何根据公平原则是无法计算的。

剩下的总产品中的另一部分是用来作为消费资料的。

【论断】从"不折不扣的劳动所得"中必须做必要扣除,这些扣除根据公平原则是无法计算的;剩下部分用作消费资料。

马克思在这里说明,这种从社会总产品中的扣除对于社会经济的连续运转是必需的。他强调这种扣除的量是根据具体情况来确定的,部分应当根据概率计算来确定。但绝对不是根据所谓公平原则来计算的,也无法根据公平原则来计算。除去扣除的部分,社会总产品中的另一部分就是作为社会的消费资料来使用了。

在把这部分进行个人分配之前,还得从里面扣除:

第一,同生产没有直接关系的一般管理费用。

同现代社会比起来,这一部分一开始就会极为显著地缩减,并随着新社会的发展而日益减少。

第二,用来满足共同需要的部分,如学校、保健设施等。

同现代社会比起来,这一部分一开始就会显著地增加,并随着新社会的发展而日益增长。

第三,为丧失劳动能力的人等等设立的基金,总之,就是现在属于所谓官办济贫事业的部分。只有现在才谈得上纲领在拉萨尔的影响下狭隘地专门注意的那种"分配",就是说,才谈得上在集体中的各个生产者之间进行分配的那部分消费资料。

【论断】在把用于消费资料部分进行个人分配之前还需要做一系列扣除,之后才谈得上在集体中的各个生产者之间进行分配消费资料。

马克思在这里对社会主义社会或者说共产主义社会第一阶段的消费分配问题进行了较为具体的描述。这个层面的三项扣除是用于管理、公共事业和济贫救助的扣除。他指出无产阶级建立的新的社会在对消费资料进行个人分配之前,还要根据社会的需要进行必要的扣除。主要包括:

一般管理费用、社会公益事业部分、社会救助基金三个部分。而且马克思预言在共产主义社会：第一项虽然同生产没有直接关系，而且其扣除量会减少，但仍是维持社会秩序所必需的。用于同生产没有直接关系的一般管理费用会显著减少，这一部分在共产主义社会之前的社会形态主要是用于统治阶级官员的俸禄或者薪酬，这一部分原本的比重是相当大的，但是共产主义社会的领导者应当是人民的公仆，他们的收入应当大致相当于熟练工人的收入，所以马克思认为这一部分一开始就会显著缩减，并且随着新社会的发展进一步减少。第二项是为社会提供公共产品，不但是必需的，而且在量上会显著增加。马克思认为，用于教育、医疗保健等社会公益事业部分的费用是社会所共同需要的，这一部分一开始就会显著增加，并且随着新社会的发展日益增加。这是社会对人民需要的回应，真正体现社会分配的人民性。第三项社会救助基金也是社会所不可或缺的。这部分主要用于对失去劳动能力的社会成员的救助。这是类似于社会济贫事业的部分。扣除了上述三个部分之后剩余的部分才是用于集体中各个生产者进行分配的消费资料。所以拉萨尔所说的"劳动所得"只能是指做出各项扣除之后剩余的部分。其实在这个扣除的环节就已经决定了权利的不平等。因为在阶级社会，扣除部分不仅包括交付给政府或社会管理机构，也包括交付给拥有生产资料的阶级。满足拥有生产资料阶级的要求之后，剩下的才会分配给劳动者。所以这种所谓对平等权利的要求，是建立在不存在封建贵族、资产阶级，所有社会成员共同劳动的假设之上的。但现实情况与这种假设天差地别，社会成员并非都是劳动者，其中有一部分根本不是劳动者。

"不折不扣的劳动所得"已经不知不觉地变成"有折有扣的"了，虽然从一个处于私人地位的生产者身上扣除的一切，又会直接或间接地用来为处于社会成员地位的这个生产者谋利益。

【论断】"不折不扣的劳动所得"不得不变得有折有扣，虽然从生产者身上扣除的一切会直接或间接地用来为生产者谋利益。

马克思在这里首先指出拉萨尔所谓的"不折不扣的劳动所得"是不可能实现的，社会生产的继续运转要求其必须是"有折有扣的"。马克思在这里还指出了一个非常重要的论断，即在社会主义社会，从劳动者那里扣除的一切，会以另外的形式直接或者间接地被用来为劳动者服务。这也是社会主义社会和资本主义社会的本质区别。因为资本主义社会是私有制主导，所以无产者所创造的剩余价值最终主要流向资本家的腰包；而在社会主义社会，因为社会生产资料是公有的，所以劳动者所创造的价值会以各种形式直接或间接地返还给劳动者或者为其需要服务。中国特色社会主义的社会分配也应体现这一社会主义分配的基本原则。另外也说明，即使在社会主义社会，对于劳动者的消费资料的分配，也是有多种分配次序和多种分配方式，但是从总体上来看，劳动者得到了他们劳动付出的合理回报。如何具体地实现这一点，是中国特色社会主义在推动共同富裕进程中需要着力探索的。

正如"不折不扣的劳动所得"一语消失了一样，现在，"劳动所得"一语本身也在消失。

在一个集体的、以生产资料公有为基础的社会中，生产者不交换自己的产品；用在产品上的劳动，在这里也不表现为这些产品的**价值**，不表现为这些产品所具有的某种物的属性，因为这时，同资本主义社会相反，个人的劳动不再经过迂回曲折的道路，而是直接作为总劳动的组成部分存在着。于是，"劳动所得"这个由于含义模糊就是现在也不能接受的用语，便失去了任何意义。

【论断】"劳动所得"一语不具备合理性。

马克思通过上文的辨析指出，"不折不扣的劳动所得"和"劳动所得"概念都失去了其合理性。马克思还描述了在共产主义社会的状况。他认为在生产资料公有制为基础的社会中，生产者是不交换自己的产品的，所以产品不会变成商品，产品上的劳动也就不会表现为价值，也不表现为这些产品所具有的某种物的属性，而是表现为属人的属性。马克思在《哥达纲领批判》里讲的关于商品经济消亡的条件和《1857—1858年经济学手稿》基本上是对应的。因为个人劳动直接作为总劳动的组成部分而存在。所以"劳动所得"之类的在资本主义社会条件下才会出现的含义模糊的概念也就失去了存在的意义。在这里马克思阐述了共产主义社会生产关系的基本特征：生产资料归全体社会成员共同占有的公有制；劳动将不再是雇佣劳动而是联合起来的个人的自主的联合劳动；没有商品交换；个人劳动不表现为商品的价值，所以也就不表现为商品这种物的属性；个人劳动不再需要经过商品交换这种迂回曲折的方式实现其社会性，而是直接构成了社会总劳动的组成部分；个人劳动产品也直接作为社会总产品的构成部分而存在。马克思所描述的这种情况是对在资本主义社会高度发达的生产力基础上建立的社会主义社会的科学预言。而在现实中建立的社会主义国家因为没有达到这种生产力水平，所以往往还需要发展商品市场经济，也正因为如此，价值规律也仍然发挥着作用。处于社会主义初级阶段的中国特色社会主义就是在建立了社会主义基本制度的前提下通过发展社会主义市场经济来发展生产力。

我们这里所说的是这样的共产主义社会，它不是在它自身基础上已经**发展了的**，恰好相反，是刚刚从资本主义社会中**产生出来的**，因此它在各方面，在经济、道德和精神方面都还带着它脱胎出来的那个旧社会的痕迹。

【论断】刚刚从资本主义社会中产生出来的共产主义社会，还会在经济、道德和精神等方面带着它脱胎出来的旧社会的痕迹。

马克思在这里特别说明，这里所说的共产主义社会是指共产主义社会的第一阶段或者初级的阶段，还不是高度发达阶段的共产主义社会，而是刚刚从资本主义社会脱胎而来的，从某种意义上说仍带有过渡性质的共产主义社会，也就是无产阶级专政仍然存在的社会主义社会这个阶段。在这个阶段，社会仍然在经济、道德和精神方面带有它脱胎出来的旧社会的痕迹。

所以，每一个生产者，在做了各项扣除以后，从社会领回的，正好是他给予社会的。他给予社会的，就是他个人的劳动量。例如，社会劳动日是由全部个人劳动小时构成的；各个生产者的个人劳动时间就是社会劳动日中他所提供的部分，就是社会劳动日中他的一份。他从社会领得一张凭证，证明他提供了多少劳动（扣除他为公共基金而进行的劳动），他根据这张凭证从社会储存中领得一份耗费同等劳动量的消费资料。他以一种形式给予社会的劳动量，又以另一种形式领回来。

【论断】在共产主义社会第一阶段，在做了各项扣除后，生产者以一种形式给予社会的劳动量又以另一种形式领回来。

马克思在这里指出了在社会主义社会，作为生产劳动者个人所分配到的消费资料的本质：就是他向社会所提供的劳动量。但是这个劳动量要根据社会公共需要先做出各项必要的扣除。他从劳动时间这个角度进行了举例说明，全部个人的劳动小时构成了社会劳动日。个人劳动时间就是社会劳动日中他所提供的那一部分。他就是根据这个量得到一张社会发给他的证明其在做出必要扣除后的劳动量凭证。生产劳动者凭借这张凭证从社会领取一份耗费同样劳动量的消费资料。社会主义社会的劳动者就是通过这种方式，把他给予社会的劳动量以另一种方式领回来。这就是社会主义社会在实现按需分配之前的按劳分配的基本形式。这种劳动者以劳动凭证的方式获得消费资料的方式在今天现实中的社会主义社会还没有完全变成现实。比如，我国在社会主义初级阶段的所有制形式是公有制为主体多种所有制经济共同发展，与之相对应的，在分配领域是按劳分配为主体多种分配方式并存。我国的劳动者仍然主要是以工资和酬金的方式获得消费资料，这是在社会主义初级阶段的必然现象，是符合这一阶段的生产力发展水平的社会分配方式。根据马克思在这段话的描述，社会主义社会劳动者是凭借劳动凭证而不是货币取得消费资料，而在社会主义市场经济条件下价值规律仍然在发挥作用，所以对于劳动者仍然需要通过货币的方式进行分配和消费。另外，如果劳动者凭借劳动凭证领取消费资料，在其需要不断发展升级的情况下，如何保证劳动者能够领取到可选择的丰富多样的消费资料？假如不存在商品市场这能否实现？马克思在这里所说的是社会主义社会进行分配的整体基本原则，其实现的具体形式还需要在实践中不断探索。

显然，这里通行的是调节商品交换（就它是等价的交换而言）的同一原则。内容和形式都改变了，因为在改变了的情况下，除了自己的劳动，谁都不能提供其他任何东西。另一方面，除了个人的消费资料，没有任何东西可以转为个人的财产。至于消费资料在各个生产者中间的分配，那么这里通行的是商品等价物的交换中通行的同一原则，即一种形式的一定量劳动同另一种形式的同量劳动相交换。

【论断】社会主义社会除了自己的劳动谁也不能提供其他东西；可以转为个人财产的仅限于个人消费资料；消费资料在各生产者中间分配的原则是：一种形式的一定量劳动同另一种形式的同量劳动相交换。

社会主义社会仍然实行等价交换的原则，即交换的是不同形式的等量劳动。但是其内容和形式都改变了，不存在剩余价值被隐蔽剥削的问题，交换的形式也不同于资本主义社会的那种工资形式。在生产资料公有的情况下，劳动者能向社会提供的只有劳动，所以能够转为个人所有的也仅限于消费资料。而消费资料在劳动者中间进行分配的时候也是遵循等量劳动相交换的原则。这里需要注意的是，公有制指的是生产资料公有，而不是指生活资料或者说消费资料的公有。即使在社会主义和共产主义社会，个人对于自己的生活和消费资料具有自主权。这是在"自由人联合体"中对"个人所有制"的"重建"。

所以，在这里**平等的权利**按照原则仍然是**资产阶级权利**，虽然原则和实践在这里已不再互相矛盾，而在商品交换中，等价物的交换只是**平均来说**才存在，不是存在于每个个别场合。

虽然有这种进步，但这个**平等的权利**总还是被限制在一个资产阶级的框框里。生产者的权利是同他们提供的劳动**成比例的**；平等就在于以**同一尺度**——劳动——来计量。

【论断】平等的权利就其原则而言仍然属于资产阶级权利，虽然原则和实践在这里已不像资本主义社会那样互相矛盾。平等就在于以同一尺度——劳动——来计量。

马克思在这里深刻指出，谈到所谓"平等的权利"，这其实仍然没有跳出资本主义的理解模式。但是在达到共产主义高级阶段之前的社会主义社会，这是难以避免的。社会主义社会虽然还不能彻底摆脱资本逻辑，但是却可以解决资本逻辑原则和实践的矛盾。之前资本主义社会的商品等价交换是在社会整体平均层面实现的，不是在每个具体场合都能实现。生产劳动者的权利平等主要指衡量权利的尺度是平等的，即都按照提供的劳动来计量。

在马克思看来，按劳分配在共产主义社会第一阶段是主要的分配方式。在资本主义社会，生产资料归资产阶级所有；不同市场主体在市场中交换产品（商品），人的劳动表现为商品价值，表现为某种物的属性，人与人的关系要通过物与物的关系建立；个人的劳动要经过迂回曲折的道路，通过交换才能最终获得（无产者只能获得其劳动力价值）。在共产主义社会第一阶段，生产资料归社会所有，不存在商品交换，人的劳动不再表现为物，个人的劳动直接成为社会总劳动的组成部分，他不用再通过迂回的方式获得劳动成果。笔者认为，这个问题的实质是按死劳动分配还是按活劳动分配，这两者的关系因为剩余价值的存在被扭曲了。在资本主义社会按劳分配的原则与实践是矛盾的，工人付出了劳动，经过商品交换，最后收回的是劳动量的一小部分而不是全部。而在共产主义社会第一阶段，原则和实践不再矛盾，劳动者在做出各项必要的扣除后获得自己的劳动成果。如果劳动者的劳动仍然局限在谋生的性质，仍然处于异化的状态，就必然推论出私有财产和剩余产品的必然性和合理性。那他就仍然是一个经济人，即追求自身利益最大化的人。即使其私有财产仅限于消费资料，并且是从劳动而来而不是从资本而来；即使剩余产品已经对社会总产品做了必要的扣除，也不能改变这一性质。所以，马克思说这里平等的权利按照原则仍然是资产阶级权利。

马克思称按劳分配仍然属于资产阶级权利的意思是：在共产主义社会第一阶段，随着生产资料私有制的消灭，维护资产阶级利益的法律体系也不复存在了，但按劳分配仍然是以确认劳动者的劳动能力归个人所有为前提的，并且在消费品的分配上仍实行等量劳动获取等量报酬的等价交换原则。但在这个阶段原则和实践已不再自相矛盾了。私有制社会受供求规律影响，商品交换是在总体上而不是在每个场合都遵循等价交换原则，这个原则只是一个总的趋势，反而是通过波动来体现的。所以，在以私有制为基础的商品交换中，等价交换的原则和实践经常矛盾；而在社会主义社会，等价交换原则在按劳分配中得到了真正的贯彻，这是一种历史的进步。按劳分配为什么会被认为是限制在资产阶级的框框里？因为这个衡量尺度不承认每个人的天赋和体力的差别，一律用劳动时间和强度来衡量个人贡献，这样就事实上承认了劳动能力的私人所有。所以，列宁在解读马克思这个论断时指出："这个'资产阶级权利'同任何权利一样，是以不平等为前提的。任何权利都是把同一标准应用在不同的人身上，即应用在事实上各不相同、各不同等的人身上，因而'平等的权利'就是破坏平等，就是不公平。"[①] 按劳分配不可避免地造成事实上的不平等，这显然是其局限和弊端。要想避免这个弊端就不应用同一的劳动

---

① 《列宁选集》第3卷，北京：人民出版社1995年版，第194页。

尺度，应针对不同人的不同情况使分配尺度多样化，只有这样才能达到事实上的平等。而这样做权利自然就是不平等的。然而在共产主义第一阶段，这是做不到的。消费资料的按劳分配原则导致实际生活中事实上的不平等带有某种必然性。在共产主义社会第一阶段，生产力水平使社会产品还未达到极大丰富的水平，人们在精神和道德方面也还没有达到自由自觉的劳动，并把劳动当作生活第一需要的状态。这种社会经济结构以及由此制约的文化发展，决定了只能实行按劳分配。

但是，一个人在体力或智力上胜过另一个人，因此在同一时间内提供较多的劳动，或者能够劳动较长的时间；而劳动，要当作尺度来用，就必须按照它的时间或强度来确定，不然它就不成其为尺度了。

【论断】不同人的劳动能力不同；劳动作为尺度，必须按照它的时间或强度来确定。

马克思在这里指出，不同人的体力和智力是存在差异的，有的人比其他人在相同时间里提供的劳动更多或者能够持续劳动的时间更长，但是既然以劳动作为衡量的尺度，就必须按照劳动的时间或者强度来衡量，因为也没有其他更为合理的尺度了。

这种**平等的**权利，对不同等的劳动来说是不平等的权利。它不承认任何阶级差别，因为每个人都像其他人一样只是劳动者；但是它默认，劳动者的不同等的个人天赋，从而不同等的工作能力，是天然特权。**所以就它的内容来讲，它像一切权利一样是一种不平等的权利。**

【论断】使用平等尺度的权利对于不同等的劳动来说是不平等的权利。

马克思以科学的态度指出，即使在不承认阶级差别和衡量尺度平等的情况下，劳动者的实际权利仍然不可能做到平等，因为劳动者是存在天赋和工作能力的个体差异的。所以这仍然是"不平等"的权利。马克思之所以对权利进行批判，是因为权利范畴本身忽视了阶级差别的存在，也否定了人的个性差别，把人进行了抽象化、同质化，以形式上的平等掩盖了内容本身的不平等。

权利，就它的本性来讲，只在于使用同一尺度；但是不同等的个人（而如果他们不是不同等的，他们就不成其为不同的个人）要用同一尺度去计量，就只有从同一个角度去看待他们，从一个**特定**的方面去对待他们，例如在现在所讲的这个场合，把他们**只当作劳动者**，再不把他们看作别的什么，把其他一切都撇开了。

【论断】权利的本性就在于尺度的统一。

马克思对权利做进一步分析，指出其本性就是统一的尺度。用统一的尺度对待不同的个人，就等于只从特定的角度和特定的方面去看待和对待他们,而把他们的其他的特点忽略掉了。比如以劳动作为统一的尺度,就只能把个人当作劳动者来对待而忽略了他其他方面的丰富特征。马克思在这里指出,即使采用按劳分配,在具有相对进步性的同时也具有相对的局限性。

其次,一个劳动者已经结婚,另一个则没有;一个劳动者的子女较多,另一个的子女较少,如此等等。因此,在提供的劳动相同,从而由社会消费基金中分得的份额相同的条件下,某一个人事实上所得到的比另一个人多些,也就比另一个人富些,如此等等。要避免所有这些弊病,权利就不应当是平等的,而应当是不平等的。

【论断】平等的标准在不同劳动者那里带来不同结果,要避免这些弊病,权利应当不平等。

马克思在这里从事实平等和结果平等的角度做了进一步的阐发。不同劳动者存在各种具体情况的差异,这使得其消费的需要也存在差异。所以,即使劳动量一致使得获得的收入一致,也会出现劳动者实际富有程度的不同。因为衡量尺度的一致还是形式上的平等,而不是结果的平等。而要实现结果的平等,则权利就不应当是平等的。在共产主义的高级阶段实行"按需分配","平等"这个范畴必定也会被扬弃,因为不同个体的需要不可能一致。马克思在这里对于按劳分配的论述蕴涵着一种不同于因为剥削而非正义的观念，即由非选择的偶然因素导致的实际所得的不平等。这有助于理解导致我国当前贫富差距的部分原因，即不同的身份、不同生活环境和不同天赋的影响。如果把《哥达纲领批判》与《资本论》及其手稿进行互文解读，可以看出：从劳动时间在经济中的地位和作用来看，由于它依然是人们从社会获得生活资料的基础，所以基于按劳分配的人的权利仍然是比较狭隘的；从人的多重社会关系和由此决定的人的本质的多样性来看，按劳分配在确认劳动关系中人的平等权利的同时，忽视了人在其他关系中权利的不平等，所以这种平等权利在内容上仍是一种不平等的权利；从对社会总产品的生产资料扣除和消费资料扣除来看，人的权利仍然受到社会经济结构和文化发展的制约；如果说资产阶级的学者把人性论作为权利观和正义观的理论基础，那么马克思主义就找到了其历史观基础。

马克思的公平思想涉及两个相关命题：一是"超越公平"的理想何以可能的价值判断；二是"超越公平"的社会何以可能的实践判断。在《资本论》中，马克思指出，在特定时间对公平与否所做出的判断，是由那时的经济关系的发展水平所决定的。所以谈论公平问题时，必须立足于特定社会发展阶段和生产力发展水平，需要立足于特定利益主体，具体地、历史地进行研究。脱离具体的历史环境，认为存在一种抽象的"永恒的"公平观，并且主观任意地谈论公平原则，则不过是脱离物质生产客观经济规律的任意剪裁编辑，是空洞和无意义的。这种方法一旦被运用于具体的历史研究时就会导致迷误。只有从具体的历史发展去定位公平原则，才具有相对的合理性和有效性。马克思对资本主义的批判是被科学理论渗透的经验论述和道德评价。马克思主义的公平观要求我们根据具体的历史背景和特定生产方式来判断特定社会现象的公平性。在共产主义社会的不同阶段也具有与其生产力发展水平相适应的公平原则。无产阶级应有的公平诉求绝不是追求所谓"消除一切社会的和政治的不平等"，而是消灭阶级。马克思批判了拉萨尔机会主义建立在唯心史观基础上的调和、妥协性的抽象公平观，在生产方式决定分配方式的科学理论原则基础上，以按劳分配和按需分配为主要方式，分别建构了社会主义的形式公平观和共产主义的实质公正观。从马克思的相关思想可以说：公平是具体的历史的，公平是相对的，公平归根结底是由生产方式决定的。

马克思所使用的是历史唯物主义视阈中的公平概念，具有科学性、历史性和全面性。社会主义初级阶段的公平只能是相对的、具体的公平。我们不能离开现有的生产力发展水平，对公平提出不符合实际的要求，更不能搞绝对平均主义。绝对平均主义是一种在小生产基础上产生的绝对平均思想，既损害效率也不是真正的公平，最终会导致共同贫困。我们既应当吸收资本主义公平正义理论的某些优秀成果，也必须清醒地认识到其局限性。对公平不能做狭隘的理解，因为它不仅是利益分配的公平，更主要的是社会成员在追求生存、发展、幸福方面的平等，即社会规则和机制的公平，是机会、权利和义务的平等。习近平指出："要坚持社会公平正义，排除阻碍劳动者参与发展、分享发展成果的障碍，努力让劳动者实现体面劳动、全面发展。"① 我们应以马克思主义的公平原则为指导，探索符合最广大人民群众根本利益的理论和实践。在构筑中国特色社会主义理论时，必须立足于当代中国社会发展阶段和生产力发展水平，走符合中国国情的、具有中国特色的社会主义公平正义之路。

关于平等问题，从西方学界关于平等的思想理论的历史嬗变来看，一般公认平等观念最早是由法国启蒙思想家卢梭提出的。卢梭在《论人类不平等的起源和基础》中认为，平等与不平等，一方面起因于自然，这是不能选择的，比如人的性别、肤色、相貌、天赋能力等；另一方面则起因于契约和人的自觉活动，这是可以选择的，而且有应该不应该的区别，如贫与富、贵与贱、主人与奴隶等。社会平等实质上指的是权利的平等，"人们尽可以在力量上和才智上不平等，但是由于约定并且根据权利，他们却是人人平等的"。卢梭的观点反映了资产阶级上升时期的平等理

---

① 习近平：《习近平谈治国理政》第一卷，北京：外文出版社2014年版，第46页。

想。法国的皮埃尔·勒鲁在《论平等》一书中说:"现在的社会,无论从哪一方面看,除了平等的信条外,再没有别的基础。"①"正当卢梭精神传播到人民中间,并为我们定下法律的时候,由全体人民大声说出的平等这个词就成为一种原则、一种信条、一种信念、一种信仰、一种宗教。"②法国哲学家托克维尔认为,"平等"产生于"自由"之前,如果没有追求平等的激情,就不可能实现自由。③"作为一种具体的社会和政治要求,平等是拉开现代社会序幕的一系列重大革命的产儿。"④ 从美国的《独立宣言》到法国的《人权宣言》,以及第三世界国家的独立运动等,都把平等作为追求的政治理想。在这个意义上可以说平等是近代社会发展的催化剂。

平等是资产阶级的政治理想和价值追求。唯物史观告诉我们,平等是具体的、历史的,在不同时代有不同内涵。资产阶级的平等诉求是要求消灭封建等级特权,追求用劳动这一尺度衡量不同的人,其实质是形式平等;而无产阶级

---

① [法] 皮埃尔·勒鲁:《论平等》,王允道译,北京:商务印书馆1991年版,第5页。
② [法] 皮埃尔·勒鲁:《论平等》,王允道译,北京:商务印书馆1991年版,第20页。
③ [法] 托克维尔:《论美国的民主》下卷,董果良译,北京:商务印书馆1988年版,第624页。
④ [美] 亚历克斯·卡利尼克斯:《平等》,徐朝友译,南京:江苏人民出版社2003年版,第25页。

的平等诉求则要消灭阶级本身。平等问题的根本是如何消除阶级基础上的政治和社会不平等,而不是消除一切不平等。不平等产生的原因在于,由于特定生产方式使得社会分化为不同的阶级,只有生产方式发生根本变化使得阶级差别被完全克服,这些不平等才会消失。恩格斯在《反杜林论》中做了详细论述。他指出,现代社会随着资本主义制度的发展,人类——男人和女人——应当有"国家和社会中的平等权利"[1]。虽然这种平等是重要的,但它仍是一种有限的和不充分的平等。他进一步指出,当资产阶级在现代社会发展成为阶级时,他们便把另一个阶级即无产阶级也带到了现实中。两个阶级都要求平等,但他们的要求不同。资产阶级要求消灭阶级特权,而无产阶级要求"消灭阶级本身"[2]。无产阶级要求:"平等应当不仅是表面的,不仅在国家的领域中实行,它还应当是实际的,还应当在社会的、经济的领域中实行"[3]。所以,无产阶级不仅要求政治和法律上的平等,还要求社会和经济的平等。消灭阶级社会是共产主义者平等要求的关键内核。在共产主义社会第一阶段实行按劳分配,实现形式平等;在共产主义社会高级阶段实行按需分配,实现实质平等。当前,我国正在建设社会主义现代化国家的征程中高歌猛进,但各种矛盾

---

[1] 《马克思恩格斯全集》第3卷,北京:人民出版社1995年版,第444页。
[2] 《马克思恩格斯全集》第3卷,北京:人民出版社1995年版,第447页。
[3] 《马克思恩格斯全集》第3卷,北京:人民出版社1995年版,第448页。

错综复杂，尤其收入差距问题较为突出。我们必须树立正确的平等观，追求人民群众权利平等、形式平等与实质平等有机统一。

进入现代以后，平等和自由的关系成为关注和讨论的热点。自由主义主张自由优先于平等，其方法论基础是原子式的个人主义。而社群主义则重视人的社会性，强调公共利益是人类的最高价值，其方法论属于集体主义。两者在平等和自由两大价值中各执一端，甚至认为自由和平等是此消彼长的对立关系。罗尔斯试图通过正义来协调自由与平等的矛盾。德沃金则将平等的关心和尊重的权利看作最基本的权利，认为"政府应该关心它所统治的人民，同时也应该尊重他们，把他们视为有能力规划和实现自己美好人生的存在。它不应该因为某些人值得更多的关心，因而他们就有资格获得更多的东西。它也不应该因为某一个公民认为某一群人的生活方式比另外一群体的生活方式较高贵和优越，而对自由做出限制"。法国的政治哲学家托克维尔说："可以设想有一个终极点会使自由和平等汇合并结成为一体。"当代美国哲学家和教育家、芝加哥大学教授艾德勒在研究影响人类的120个观念基础上，挑选出了贯穿西方思想界并且影响巨大的六个观念：真、善、美、自由、平等、正义。他认为自由和平等都不是第一位的，人只应当拥有正义所允许的最大限度的自由；一个社会也应当在正义所允许的限度内达到最大的平等。即正义对自由和平等起着支配作用。当代英国马克思主义的代表人物、牛津大学的科恩教授认为,社会主义优于资本主义之处主要是它更加平等。资产阶级的平等观在反对封建特权和专制统治的过程中曾经发挥过积极的进步作用,但他们把平等视为先验的、超历史的道德范畴是错误的。正如尼尔森依据马克思和恩格斯对平等、正义问题的阶级分析思路对罗尔斯的"公平正义论"所提出的根本性尖锐批评,即罗尔斯将社会阶级的存在视为人类社会的永恒现象。在阐明社会正义原则并寻求评价社会基本结构的"阿基米德点"的过程中,罗尔斯忽视了由阶级存在而引起的社会问题,而是认为存在阶级分化的资本主义社会也能够成为正义的社会。他假定阶级存在是社会生活的必然特征,而这样的社会也能通过满足他提出的两大原则实现正义[1]。尼尔森批判道:"正是由于阶级的存在,最骇人、极广泛的不平等和不正义出现并持续存在于我们的社会结构中。"[2]

马克思反对使用抽象、空洞的"公平"和"平等"等概念,尤其反对在革命斗争中滥用这些历史唯心主义概念。但不能据此认为马克思是反道德主义者。马克思之所以能够对各种社会现象进行深刻的分析,关键在于其先进立场

---

[1] 袁久红:《正义与历史实践》,南京:东南大学出版社2002年版,第292页。

[2] Kai, Nielsen. *Marxism and the Moral Point of View: Morality, Ideology, and Historical Materialism*. Colorado: Westview Press, 1989, p. 80.

和科学方法。他是凭借科学的世界观和方法论，站在先进的立场对各种社会现象展开透视和分析的。其经验和价值陈述都是被科学理论所渗透的（theory-laden）的。马克思的道德评判与其科学理论相一致，而不是空洞的道德谴责和情感说教。有些学者根据马克思著作中对"道德"的批判，推断马克思是非道德主义甚至反道德主义者。另一些学者则试图从马克思的学说中提炼出某种道德观，或依据马克思的某个原则阐发其伦理学基础。事实上在马克思那里，科学与道德具有一致性。事实描述与价值评判之间，"实然"与"应然"高度融合，相互交织。马克思对资本主义社会的分析和批判，是凭借科学理论做出价值判断的过程。虽然马克思经常批判资产阶级"普通的、永恒的真理"式的道德观，并且很少明确阐述无产阶级的道德原则，但他在运用科学理论批判资本主义的社会现实时往往表现出强烈的道德愤慨，这表明他持有站在无产阶级立场上的基于科学性的先进道德观。

只有从马克思主义唯物史观把握平等，并将其归结于消灭阶级差别的诉求，才能真正超越资本主义平等观，实现人的自由全面发展。需要抓住两个关键点：一是平等是具体的、历史的，不同时代具有不同内涵。马克思、恩格斯把平等置于唯物史观的科学基础上。恩格斯在《反杜林论》中阐发了马克思主义平等观，他批判杜林有关两个人的意志完全平等的观点，批判杜林不从经济生活中寻找不平等的根源，而把不平等的原因归结为暴力，其实质是为资产阶级辩护。恩格斯写道："无产阶级平等要求的实际内容都是消灭阶级的要求。任何超出这个范围的平等要求，都必然要流于荒谬。"① 马克思、恩格斯认为，无论是资产阶级的平等观念还是无产阶级的平等观念，都是历史的产物，有着具体的历史的内容。在原始社会，由于生产力水平极低，但公社成员间由于原始的生产关系因而是平等的；奴隶社会只有自由民之间的平等；在中世纪，基督教承认人的原罪的平等。在资本主义社会，平等只是资本的平等，是在流通领域等价交换的平等，工人的权利是自由出卖劳动力的权利。而资产阶级打着自由、平等的旗号，用形式的平等掩盖了事实的不平等。马克思、恩格斯在批判资产阶级抽象平等观的基础上，把平等和无产阶级革命运动相联系起来，指出不推翻资本主义制度，无产阶级追求的平等就不可能实现。马克思指出："各阶级的平等，照字面上理解，就是资产阶级社会主义者所拼命鼓吹的资产和劳动的协调。不是各阶级的平等——这是谬论，实际上是做不到的——相反地是消灭阶级，这才是无产阶级运动的真正秘密。"② 二是按劳分配意义上的平等在于以劳动这同一尺度来衡量，是形式的平等，并具有资产阶级性质。在共产

---

① 《马克思恩格斯选集》第3卷，北京：人民出版社1995年版，第448页。
② 《马克思恩格斯全集》第18卷，北京：人民出版社1964年版，第15页。

主义社会的第一阶段，实行按劳分配，多劳多得、少劳少得。马克思认为，按劳分配建立在公有制基础上，是对资本主义剥削制度的否定。但按劳分配的平等权利仍然是"资产阶级权利"。资产阶级权利把同等尺度用于不同的人。按劳分配的平等对情况存在差异的不同劳动者来说意味着不平等。这在共产主义社会第一阶段是不可避免的，因为权利永远不能超出社会的经济结构以及由经济结构所制约的社会文化的发展。要避免上述弊病，必须超出资产阶级的狭隘眼界，让每一个人都能自由全面发展。而这只有在共产主义社会高级阶段，实行"各尽所能，按需分配"才能实现。

从《哥达纲领批判》得到启示，中国特色社会主义平等观至少应当包含三个层次：

一是公民基本政治权利的平等。在生产资料社会主义公有制条件下，全体公民在同整个社会的生产资料的关系上处于同等的地位，这就是说，全体公民都有利用公共的生产资料、公共的土地、公共的工厂等进行劳动的同等的权利。公有制占主体和共同富裕是我们所必须坚持的社会主义的根本原则。因为它为中国特色社会主义平等观奠定了经济基础、价值基础与合法性根据。

二是经济领域的机会平等、规则平等和形式平等。虽然为了充分调动投资和生产的积极性，我们允许资本、技术、管理等要素参与分配，但当前我国应加大劳动在收入分配中的比重，积极构建和谐劳动关系，鼓励人们通过诚实劳动与合法经营实现富裕。

三是社会领域加大社会保障力度，逐步实现形式平等与实质平等的有机统一。在再分配领域，通过完善社会保障手段，给予弱势群体以更多关注。处理好平等和效率的关系。社会主义的本质要求我们同时解决好发展生产力和防止两极分化问题，实现共同富裕。所以应当处理好平等和自由、平等和效率、形式平等和实质平等的关系。

但是这些弊病，在经过长久阵痛刚刚从资本主义社会产生出来的共产主义社会第一阶段，是不可避免的。权利决不能超出社会的经济结构以及由经济结构制约的社会的文化发展。

【论断】刚从资本主义社会产生出来的共产主义社会第一阶段仍带有某些弊病；权利不能超出社会经济结构以及由其所制约的社会文化的发展水平。

马克思所说的共产主义社会第一阶段就是社会主义阶段，社会主义阶段还带有资本主义阶段的某些痕迹，这是难以避免的。在这个阶段，需要建立无产阶级专政，一方面大力发展生产力，另一方面根据生产力发展要求变革社会生产关系和上层建筑。马克思在这里从唯物史观的基本原理出发，指出权利及对权利的理解不可能超出社会经济结构和社会文化发展水平的制约。社会主义社会是一个带有过渡性的发展过程，尤其对于像中国这样的国家在建立社会主义制度时，生产力水平很低，现代化尚未实现，所以将经历一个长时期的社会主义初级阶段。在这个阶段，包括社会分配等方面都具有历史性的特点。因为人类社会的发展也是一个自然历史的过程。共产主义社会是从资本主义社会中孕育脱胎而来的，所以，共产主义社会的最初发展阶段在各方面都还会带有旧社会的种种痕迹，这个发展阶段的分配，也只能做到相对的公平。

共产主义第一阶段的分配还无法完全超出资产阶级"等价交换"的平等权利的窠臼，消费品的分配还需要遵循商品等价交换的原则，实行"按劳分配"。在这个阶段，劳动也还没有成为人的第一需要，仍然带有谋生手段的意义。这时的生产力发展水平和社会财富的丰富程度还不足以支撑"按需分配"。但是"按劳分配"已经能够比较好地激发劳动者的积极性和创造性。与资本主义社会的"按资本分配"相比，"按劳分配"已经是一个巨大的历史进步。等量的劳动获得等量的报酬，对所有劳动者在标准上一视同仁。因为公有制消除了剥削的基础，所以社会不存在剥削。按劳分配在带来巨大进步意义的同时仍然具有历史的局限性，因为它遵照的是商品交换中的等价交换原则，这种看似平等的权利对不同人来说会造成事实上的不平等，就其原则而言仍属于资产阶级法权。其所体现的平等是仅就评价尺度而言的。多劳多得，少劳少得，不劳动者不得。如果劳动者在体力、智力、家庭负担方面不存在差异的话，那么这个结果也将是平等的。而如果劳动者的上述方面存在差异的话，同样的标准也会带来结果的不平等，即事实上的不平等。所以在共产主义的第一阶段，可以通过公有制消除生产资料占有的不公平，但仍然消除不了事实上的不平等。马克思主义关于生产方式决定分配方式的观点，是认识和把握分配公正的逻辑前提。在共产主义社会第一阶段，要以提供劳动的质和量为基本尺度进行分配，即按劳分配。虽然以劳动为尺度对社会产品进行分配超越了按资分配，但按劳分配仍然是形式公正，是初步的、不完全意义上的实质公正。分配的实质公正是按需分配，只有在共产主义社会的高级阶段才能实现。

马克思在这里设想的是以发达资本主义社会为出发点的共产主义社会的第一阶段，但现实中实际建立的社会主义国家都不是从这一起点出发的。中国包括俄国在内的国家在进入社会主义社会的时候，生产力水平都相对落后，中国更是脱胎于半殖民地半封建社会，经济文化相对落后。为了适应现实生产力水平及其发展的需要，中国实行的基本经济制度包括所有制和分配制度与马克思所设想的还存在相当大的距离。就当代中国的生产力状况来说，其所有制只能实行以公有制为主体多种所有制成分并存，与之相适应的分配制度是以按劳分配为主体多种分配方式并存。但是社会主义毕竟有着不同于资本主义的制度前提，社会主义社会不但追求富裕，还追求共同富裕。

在共产主义社会高级阶段，在迫使个人奴隶般地服从分工的情形已经消失，从而脑力劳动和体力劳动的对立也随之消失之后；在劳动已经不仅仅是谋生的手段，而且本身成了生活的第一需要之后；在随着个人的全面发展，他们的（1891年发表时这里没有"他们的"。——编者注）生产力也增长起来，而集体财富的一切源泉都充分涌流之后，——只有在那个时候，才能完全超出资产阶级权利的狭隘眼界，社会才能在自己的旗帜上写上：各尽所能，按需分配！

【论断】在共产主义社会高级阶段，社会分工以及脑体对立也消失了；劳动成为生活的第一需要，个人全面发展，社会生产力发展使财富源泉充分涌流；社会将实现：各尽所能，按需分配。

马克思这段经典表述是对共产主义高级阶段的预见。他指出在共产主义的高级阶段，社会分工包括脑力劳动和体力劳动的分工都将消失，劳动不再是谋生的手段而是生活的第一需要，因为这时的劳动将是人的自由自觉的活动。社会生产力高度发达，社会财富的源泉充分涌流，个人实现了自由全面的发展。那时候对于资本主义的经济基础和上层建筑的政治和文化观念都实现了扬弃，社会将实现：各尽所能，按需分配。

马克思在分析了共产主义社会第一阶段所实现的平等和不平等之后，勾勒了共产主义高级阶段的特征。在共产主义社会的高级阶段,才能完全超越资产阶级的法权和商品价值规律实行"按需分配",实现人的自由全面的发展。这时候,连"平等"本身都已经被扬弃和超越。这个阶段的主要特征是:旧的迫使人像奴隶般服从的分工已经消失;城乡、工农和脑体之间的三大对立也不复存在;劳动不再是谋生手段而是成为人实现自我价值的生存方式和第一需要;个人实现了自由而全面的发展;生产力高度发达,创造社会财富的源泉充分涌流,社会财富极大丰富。"各尽所能"的意思是指不按照同样的标准对待每个个体,不把人当作同样的个体,而是把每个人根据各自的特点和特长当成独特的、差异的社会存在,让每个人的自由个性、天赋和能力都得到充分的发挥。这里对"按需分配"中的需要不可以做庸俗的理解,因为在共产主义社会人的需要也将发展升华为不同于之前社会的需要。共产主义社会的高级阶段因为改变了人的生存的前提条件,所以那时的人的思想觉悟和各种需要将达到新的高度。所以"按需分配"中的"需"肯定不是按劳分配阶段的需要,更不是之前历史阶段的那种需要,不会是骄奢淫逸的无止境索取式的需要,而是追求人的自由全面发展,追求人与人的社会关系、人与自然的关系、人与自身心理和精神关系和谐的需要。在马克思看来,在共产主义社会的高级阶段,生产并不是为了追求更多的财富或者挥霍自然资源,而是在最无愧于和最适合人类本性的条件下进行生产,即消除了对物的崇拜和各种异化的社会。按需分配不是应该采取的行动，而是自然生成的结果，是在生产关系本身发生变化的情况下出现的结果。可以说，实现按需分配至少需要三方面的前提：第一是劳动创造的财富极大丰富，这需要依靠科学技术创新，在化解人与自然的矛盾基础上实现生产力发展；第二是人的劳动本身不再是枯燥的、机械的、重复的，而成为自由的、使人的价值得以实现的活动；第三是人自身成为自由全面发展的人，需要是人真正的需要，而不是被物欲、贪欲所操控的需要。

马克思是根据发展程度的不同把共产主义社会划分为两个不同的发展阶段：带着"旧社会痕迹"的第一阶段和"完全超出资产阶级权利的狭隘眼界"的高级阶段，并初步描述了这两个阶段的主要特征和与之相应的分配原则。马克思批判了拉萨尔机会主义的"公平分配"观，深刻阐明了怎样科学认识公平及如何实现公平的问题，为无产阶级正确开展斗争提供了先进的科学的思想指导，也为社会主义事业的建设发展奠定了理论基础。马克思的相关思想启示我们：社会主义决不能只围绕分配兜圈子，要防止陷入绝对公平的平均主义误区；要通过大力发展生产力为实现社会公平奠定物质基础；要坚持和完善按劳分配制度，努力克服各种不公平现象，营造公平公正的社会环境。

马克思在这里对个人消费品如何分配的论述是较为全面的。他提到共产主义社会发展的两个阶段分配的不同，在第一阶段应实行按劳分配原则。如何将这些论述具体化并付诸实践,每个历史阶段都有自身鲜明的时代特色。我国分配制度虽然遵循了按劳分配原则,但实践中的按劳分配和《哥达纲领批判》中的分配设想还是有明显区别的。改革开放之初,我国允许一部分地区、一部分人先富起来是十分必要的,但目前我国更多的是需要解决共同富裕问题。在这个问题上,我们今天重读《哥达纲领批判》更加有意义。我国目前的分配制度是以按劳分配为主,但现阶段实行的按劳分配制度与马克思设想的按劳分配存在明显差异。要全面认识我国现阶段分配方式的多样性和层次性,尤其是正确看待非劳动性收入,更加注重分配公平问题。围绕共同富裕的目标,我国消费资料的分配,不应仅限于一次和二次分配的调节,更应当注重生产资料分配的公平性以及新增价值分配的社会化问题,这是问题的根本。在当下的中国,按劳分配与多种所有制经济共同发展、多种分配形式并存、商品市场经济是不可分割的。体现在按劳分配中的平等劳动关系覆盖了社会主义经济包括生产、分配、交换和消费在内的所有领域;但在生产条件、分配方式、社会劳动组织方式等方面又表现出鲜明的过渡性特征。与此同时,劳动平等、报酬平等又具有自身内在矛盾,这些矛盾决定了商品价值、货币流通、资本关系存在的必然性,进而延伸出公有制为主体多种生产资料所有制并存,按劳分配为主多种分配形式并存,以及公有资本等一系列与市场经济相关的范畴。社会主义经济制度的过渡性特征覆盖了社会经济关系的各个方面，而不仅体现在按劳分配一个方面，也即社会主义经济制度在所有制关系、劳动组织方式和消费品分配形式等方面都遵循同一原则，都基于同一生产力水平。所有制形式和分配形式以及社会主义市场经济体制等社会主义基本经济制度相互套叠、相互嵌入。马克思在唯物史观框架下所构建的社会主义按劳分配的形式公正和共产主义按需分配的实质公正的分配原则，对于我们构建当代中国分配公正机制具有重要的理论和实践意义。当前和未来一个阶段，我们要在中国特色社会主义生产方式下探索按劳分配的实现方式，根据国情确立多种分配方式并存的分配公正，在贯彻新发展理念的实践中追求共享发展的实质公正。

马克思在《德意志意识形态》中指出，西欧社会发展曾经经历的三种所有制形式："第一种所有制形式是部落（Stamm）所有制"，"第二种所有制形式是古典古代的公社所有制和国家所有制"，"第三种形式是封建的或等级的所有制"。[①] 这三种所有制形式分别对应原始社会、奴隶社会和封建社会。但他并没有指出这三种所有制形式是人类社会发展的一般规律。在《〈政治经济学批判〉序言》中，马

---

① 《马克思恩格斯文集》第1卷，北京：人民出版社2009年版，第521—522页。

克思指出了社会形态演进的四个时代:"大体说来,亚细亚的、古希腊罗马的、封建的和现代资产阶级的生产方式可以看作是经济的社会形态演进的几个时代。"① 他这里所提到的"亚细亚的生产方式"并非特指亚洲的生产方式,而是指人类社会最初的共同劳动的原始公有制那个时期。一切民族的历史初期因为生产力水平低下,都存在过这种生产方式。他说:"近来流传着一种可笑的偏见,认为原始的公有制的形式是斯拉夫人特有的形式,甚至只是俄罗斯的形式。这种原始形式我们在罗马人、日耳曼人、凯尔特人那里都可以看到,直到现在我们还能在印度人那里遇到这种形式的一整套图样,虽然其中一部分只留下残迹了。仔细研究一下亚细亚的,尤其是印度的公有制形式,就会证明,从原始的公有制的不同形式中,怎样产生出它的解体的各种形式。例如,罗马和日耳曼的私有制的各种原型,就可以从印度的公有制的各种形式中推出来。"② 所以,他这里虽然使用了亚细亚的表述,但其意思是说西欧和亚细亚一样也存在这种生产方式。再加上对共产主义的科学推论,马克思先后做出了对人类社会发展的五种形态的描述:原始社会、奴隶社会、封建社会、资本主义社会、共产主义社会。这种社会形态的更替是就人类整体而言的,并不

---

① 《马克思恩格斯文集》第2卷,北京:人民出版社2009年版,第592页。
② 《马克思恩格斯文集》第5卷,北京:人民出版社2009年版,第95页。

是指特定民族和地区都要依次经历这几种形态。他在《给〈祖国纪事〉杂志编辑部的信》中指出，他关于西欧社会发展的特殊规律的论述并不是普适的。他在理论上"把这一运动的'历史必然性'限制在西欧各国的范围内"①。他还特别强调，不要把他"关于西欧资本主义起源的历史概述彻底变成一般发展道路的历史哲学理论，一切民族，不管它们所处的历史环境如何，都注定要走这条道路"②。这样的理解"会给我过多的荣誉，同时也会给我过多的侮辱"③。他在《给维·伊·查苏里奇的复信》中探讨了东方国家跨越资本主义制度的"卡夫丁峡谷"直接进入社会主义社会的可能性及其方式和途径。马克思就俄国当时尚存的"农村公社"问题指出："它目前处在这样的历史环境中：它和资本主义生产的同时存在为它提供了集体劳动的一切条件。它有可能不通过资本主义制度的卡夫丁峡谷，而占有资本主义制度所创造的一切积极的成果"。④ 从某种意义上说，无论是苏联还是中国，都不是在资本主义充分发展的基础上进入社会主义社会的，尤其是中国从半殖民地半封建社会进入新民主主义社会，时间不长就建立了社会主义制度，但是生产力还没有达到现代化的水平。但是中国却通过在

---

① 《马克思恩格斯文集》第3卷，北京：人民出版社2009年版，第570页。
② 《马克思恩格斯文集》第3卷，北京：人民出版社2009年版，第466页。
③ 《马克思恩格斯文集》第3卷，北京：人民出版社2009年版，第466页。
④ 《马克思恩格斯文集》第3卷，北京：人民出版社2009年版，第578页。

社会主义初级阶段建设中国特色社会主义来发展生产力，走出了现代化的新道路并创造了人类文明新形态。这从某种意义上说，实现了对资本主义卡夫丁峡谷的跨越。资本主义的卡夫丁峡谷跨越的关键在于在坚持社会主义基本制度的前提下，实现对资本主义一切文明成果的吸收和扬弃。

在《1857—1858年经济学手稿》中，马克思还提出了分别以人的依赖性、物的依赖性为基础的人的独立性和人的自由个性为根本特征的三形态说。他说："人的依赖关系（起初完全是自然发生的），是最初的社会形式，在这种形式下，人的生产能力只是在狭小的范围内和孤立的地点上发展着。以物的依赖性为基础的人的独立性，是第二大形式，在这种形式下，才形成普遍的社会物质交换、全面的关系、多方面的需要以及全面的能力的体系。建立在个人全面发展和他们共同的、社会的生产能力成为从属于他们的社会财富这一基础上的自由个性，是第三个阶段。第二个阶段为第三个阶段创造条件。"① 马克思在这里指出的是人类社会发展的一般规律。随着社会生产力的发展，社会生产关系和其他交往关系会呈现出阶段性的总体特征。这是生产力和生产关系矛盾运动的必然结果。但是各个地区和民族所走的具体道路以及采取的模式则可能是多种多

---

① 《马克思恩格斯文集》第8卷，北京：人民出版社2009年版，第52页。

样的。

《哥达纲领批判》充分利用了《德意志意识形态》《共产党宣言》《资本论》等著作中已建立的辩证历史唯物主义并在巴黎公社实践经验的基础上，把广义历史唯物主义和狭义历史唯物主义具体运用于对无产阶级政党纲领问题的分析，科学地提出了未来社会发展阶段的学说，标志着马克思主义未来社会形态理论的形成。马克思早在《1844年经济学哲学手稿》中就开始试图从社会历史发展的必然性去理解共产主义的实现。然后在《德意志意识形态》中，马克思和恩格斯揭示出资本主义社会中社会化大生产的发展与资本主义私有制之间的矛盾，以及这个矛盾的解决意味着私有制度的消灭和共产主义的实现，指出资本主义社会为共产主义创造物质前提的地位。在《共产党宣言》中，马克思通过对资本主义社会的经济基础、阶级关系和政治上层建筑的总体分析，进一步论证了实现共产主义的历史必然性。到《资本论》第一卷和第二、三卷手稿，以及《法兰西内战》对巴黎公社经验的研究和总结，马克思得出了关于共产主义社会发展阶段的成果：一是掌握了具体运用唯物史观分析未来社会形态的科学方法论。这是对社会历史发展客观规律做整体性的把握以及对特定社会形态的具体分析。前者是把人类历史看作有机的统一体，把人类历史发展看作一个自然历史过程，揭示其背后的客观规律；后者是对特定的社会形态做深入剖析，把握其特殊规律。马克思在《资本论》及其手稿中，从对资本主义社会的特殊矛盾规律的分析到对未来社会的设想，都运用了这种方法，从而为《哥达纲领批判》对未来共产主义社会的分析奠定了科学的方法论基础。二是奠定了划分共产主义社会发展阶段的基础。这主要体现在《资本论》第三卷及其手稿中。马克思提出资本主义生产方式有利于未来社会新形态的要素的形成，后又提出"高级的新形态"和"更高级的社会形态"两个阶段，并且大致指出了这两个阶段的经济特征。三是从巴黎公社的实践经验总结出了过渡时期的特征，主要回答如何从资本主义社会向共产主义社会转变。马克思通过巴黎公社的实践意识到，两种社会形态之间应有一个过渡阶段。巴黎公社作为建立无产阶级专政的第一次尝试，虽然只存在了短暂的时间，但积累了经验和教训。马克思通过对巴黎公社经验和教训的总结，明确了过渡时期的特征，丰富了对共产主义社会认识的新成果，为《哥达纲领批判》提出共产主义社会发展阶段思想奠定了基础，即经由资本主义社会向共产主义社会的过渡时期，进入"共产主义第一阶段"，最后达到"共产主义高级阶段"。

马克思对未来社会发展三个阶段的设想是：关于过渡时期，马克思指出："资本主义社会和共产主义社会之间，有一个从前者变为后者的革命转变时期。同这个时期相适应的也有一个政治上的过渡时期，这个时期的国家只能是无产阶级的革命专政。"① 这是马克思和恩格斯从19世纪40年代就提出的设想。恩格斯在《共产主义信条草案》中第一次提出了"过渡时期"的概念。1848年革命后，马克思1852年致安年柯夫的信到《1848年至1850年的法兰西阶级斗争》《法兰西内战》，恩格斯的《流亡者文献》等都从不同侧面论述了过渡时期问题。这些文献是从无产阶级在社会历史发展中的历史使命角度论述问题的，并明确将"过渡时期"与无产阶级专政联系起来。而《哥达纲领批判》则在巴黎公社革命经验和教训的基础上，从理论的高度进行科学总结。"过渡时期"理论建立在社会历史发展客观历史规律之上，是反对拉萨尔机会主义的有力武器。列宁在《向匈牙利工人致敬》中明确指出："无产阶级的目的是建成社会主义，消灭社会的阶级划分，使社会全体成员成为劳动者，消灭一切人剥削人的制度的基础。这个目的不是一下子可以实现的，这需要一个相当长的从资本主义向社会主义的过渡时期，因为改组生产是一件困难的事情，因为根本改变生活的一切方面是需要时间的，因为按小资产阶级和资产阶级方式经营的巨大习惯力量只有经过长期的坚忍的斗争才能克服。所以马克思说，无产阶级专政的整个时期是从资本主义到社会主义的过渡时期。"② 关于共产主义社会第一阶

---

① 《马克思恩格斯文集》第3卷，北京：人民出版社2009年版，第445页。
② 《列宁选集》第3卷，北京：人民出版社1995年版，第835页。

段,马克思首先指出了共产主义社会第一阶段和资本主义社会之间的联系,两者之间存在一个所有制转变和政治过渡时期。在经济上实行按劳分配、等价交换的原则表明"资产阶级权利"还存在;在精神文化上还带有资本主义制度的痕迹;在政治上还存在走向消亡的国家等弊病。这个阶段在经济、政治、思想道德方面都存在不完善之处,还不是成熟完善的共产主义社会。共产主义社会第一阶段原理在理论上的重大意义是对共产主义社会做了阶段划分,确定了这一阶段的特质。关于共产主义社会的高级阶段,马克思指出这一阶段是在其自身基础上发展起来的、成熟发达的共产主义社会。它同其第一阶段存在重大差别。这说明共产主义是根据客观规律发展着的社会形态。必须遵循共产主义社会发展规律,在其第一阶段大力发展生产力,为消灭三大差别,向共产主义社会高级阶段跃升创造条件。

共产主义第一阶段的特征。经济特征方面,马克思、恩格斯早在《共产党宣言》中就指出:"共产主义的特征并不是要废除一般的所有制,而是彻底废除资产阶级的所有制。"① 此后,他们一直坚持这一基本原理。在《资本论》及其手稿中,马克思通过考察分析资本主义积累的历史趋势和社会大生产客观规律,得出剥夺剥夺者,把"事实上已经以

---

① 《马克思恩格斯选集》第1卷,北京:人民出版社1995年版,第286页。

社会生产为基础的资本主义所有制转化为公有制"的结论。① 在《哥达纲领批判》中,马克思进一步明确了共产主义社会第一阶段的经济特征。一是公有制。马克思指出,共产主义社会的第一阶段是"一个集体的、以生产资料公有为基础的社会"②。在这个阶段,"除了个人的消费资料,没有任何东西可以转为个人的财产"③。这里指明生产资料公有制是共产主义社会与资本主义社会具有决定性的区别。通过公有制,生产资料和劳动者实现了直接统一。正是因为这一特征,人们的主观能动性才能得到充分的发挥,社会才能够不断创造出巨大财富。公有制的建立只能通过"一步一步地夺取资产阶级的全部资本",不能简单地立即消灭私有制和实行公有制。在消灭私有制之前可以先通过若干措施"对所有权和资产经济关系实行强制性的干预",逐步向完全的共产主义经济过渡。这一进程的艰巨性和长期性在不同国家和地区各不相同。二是按劳分配。按劳分配是指根据劳动量分配消费资料。在社会总产品做了必要扣除之后,对余下的消费资料进行个人分配。这种分配是以劳动时间为尺度,劳动者获得的消费品与他提供的劳动量成正比。关于按劳分配的具体形式,用发放劳动券到国库领取消费品的办法,是以消灭商品交换和货币为前提的。每个劳

---

① 《马克思恩格斯全集》第23卷,北京:人民出版社1972年版,第832页。
② 《马克思恩格斯选集》第3卷,北京:人民出版社1995年版,第303页。
③ 《马克思恩格斯选集》第3卷,北京:人民出版社1995年版,第304页。

动者的劳动成果，除了各项必要的扣除，他又全部领回来。而所扣除的部分也会直接或间接地用来为生产者谋利益。就每个劳动者都以劳动为尺度，按照劳动的质和量从社会中获取相应劳动产品来说，与商品等价交换原则相同。但这种等量劳动交换与资本主义商品交换又有不同。这涉及内容和形式两方面。内容方面，在等量劳动互换中人们对生产资料的占有关系是平等的，人们能向社会提供的只有自己的劳动。资本主义社会那种凭借生产资料私有制剥削无产者剩余价值的现象不复存在了。劳动者得到的是消费资料，并且其不能转化为资本。形式方面，不再用货币的形式支付劳动者工资，而是以劳动券领取消费品。这一阶段与经济特征相对应的政治特征：国家仍然存在，但这个时期的国家从本质上区别于资本主义国家，也与所有制转变时期的无产阶级专政不同。不仅过渡时期还需要国家，而且在向共产主义社会过渡的任务完成以后的共产主义第一阶段也还需要国家，不过这个时期的国家已经不是原来意义上的国家，而是如列宁所说，是正走向消亡的国家。后来的社会主义国家的实践验证了马克思的这一重要原理。

综上，可以对共产主义第一阶段和高级阶段的特征进行总结。共产主义社会也是根据社会客观规律不断发展着的社会形态，无产阶级在通过专政完成过渡时期任务后，需要在共产主义社会第一阶段大力发展社会生产力，为向共产主义社会高级阶段跃升奠定基础。共产主义社会第一阶段的基本特征是：生产力发展还没有到物质产品极大丰富的水平，三大差别仍然存在，劳动仍带有谋生手段的性质；生产关系还没有高度成熟。虽然实行按劳分配，但劳动者的收入分配还存在差别；社会上层建筑尚未达到高度完善的状态。人们的思想和道德还在一定程度上带有旧社会的痕迹；每个人的自由全面发展尚未实现。共产主义社会高级阶段的基本特征是：生产力高度发达，财富的一切源泉充分涌流，三大差别消失，劳动不再是谋生手段而成为生活的第一需要；生产关系高度成熟，实行"各尽所能，按需分配"原则。社会上层建筑和人的发展方面，固定的社会分工消失，人们的眼界完全超出资本主义权利的限制，实现了个人的自由全面发展。马克思事实上并没有提出在资本主义社会和共产主义社会之间存在一个独立的社会形态——社会主义社会。在马克思看来，过渡时期结束后的共产主义社会第一阶段和共产主义社会高级阶段属于同一社会形态，区别在于发展程度的不同。他也没有把共产主义社会的第一阶段叫作社会主义社会，这种提法是列宁在1917年的《国家与革命》一书中提出的"共产主义社会的第一阶段（通常称为社会主义）"[①]："通常所说的社会主义，马克思把它称作共产主义社会的'第一'阶段或低级

[①] 《列宁选集》第3卷，北京：人民出版社1995年版，第196页。

阶段。"① 马克思对于未来社会发展进程的预见持非常审慎和科学的态度——仅指出了未来社会的开始阶段和其总体发展趋势，至于整个共产主义社会发展会经历多少阶段，他没有也不可能做出具体的论断。

恩格斯在《社会主义从空想到科学的发展》这篇著作中对社会主义和共产主义的关系以及革命进程问题进行了明确阐释，可以说是对《哥达纲领批判》中没有展开的观点的解说。首先，恩格斯提出最初空想社会主义思想的不成熟是与当时资本主义的不成熟相关联的。"共产主义"被用来形容欧文对"私有财产"的质疑。"作为向完全共产主义的社会制度过渡的措施，一方面他组织了合作社（消费合作社和生产合作社）……另一方面他组织了劳动市场，即借助以劳动小时为单位的劳动券来交换劳动产品的机构"。恩格斯评论："这种机构必然要遭到失败，但是充分预示了晚得多的蒲鲁东的交换银行，而它和后者不同的是，它并没有被说成是医治一切社会弊病的万灵药方，而只是被描写为激进得多的社会改造的第一步。"这个"第一步"虽然受到种种条件的限制，但它仍赋予"共产主义"一个贴切的定义，而且这是一个革命的过程。恩格斯写道，"无产阶级将取得国家政权，并且首先把生产资料变为国家财产"，即在这个阶段开启超越资本主义的革命进程，将生产资料

---

① 《列宁选集》第3卷，北京：人民出版社1995年版，第199—200页。

私有制通过改革变成公有制。首先是夺取国家政权建立无产阶级专政，然后国家逐渐消亡。马克思在《哥达纲领批判》中的思想和恩格斯在《社会主义从空想到科学的发展》中的思想内涵是一致的。19世纪40年代的欧洲，存在着民主主义、社会主义、共产主义三种思潮。马克思和恩格斯自称共产主义者，并将自己的思想理论、革命实践和为之奋斗的社会目标都称为共产主义，把无产阶级的政党也叫作共产党。当时的民主主义、社会主义则属于资产阶级思想流派。马克思、恩格斯虽然也争取与民主主义政党间的团结和协同，但他们从不隐瞒自己的观点，也绝不拿原则做交易。1871年以后，鉴于情况的变化，马克思、恩格斯容忍了"社会民主"这个用语。1874年后，为了与空想社会主义相对应，他们使用了"科学社会主义"用语，但仍然认为"共产主义"一词"更确切"，并坚持在正式场合使用它。恩格斯在给德国社会民主工党的机关报写稿时，也"处处不把自己称作社会民主主义者，而称作共产主义者"。我们需要注意，社会主义和共产主义是完全相容的，二者的区别是进程与目的、建构与成型、中间过程与最终状态的区别，它们又辩证地相互依存。

马克思在《哥达纲领批判》中把无产阶级夺取政权后的社会发展划分为三大阶段：第一是从资本主义社会到共产主义社会的过渡时期；第二是共产主义社会的第一阶段；第三是共产主义社会的高级阶段。与这三个阶段相适应的三种国家形态分别是："无产阶级的革命专政"、"未来共产主义社会的国家制度"、国家完全消亡。我国理论界对"过渡时期"曾有不同理解：第一种观点是把社会主义社会也包括在过渡时期之中，即把马克思所讲的前两个阶段合并为一个阶段。理论界称之为"大过渡"。这种观点容易把马克思所讲的前两个阶段的国家形态相混淆，把"未来共产主义社会的国家制度"也理解为"无产阶级的革命专政"。第二种观点是指我国从1949年中华人民共和国成立到1956年社会主义改造基本完成这一段时间。理论界称之为"小过渡"。第三种观点是把从无产阶级夺取政权到进入发达社会主义社会之间这段时间称为过渡时期。被理论界称之为"中过渡"。可以看出，"中过渡"的理解最接近马克思在《哥达纲领批判》中的内涵，因为这种理解可以较好地把握"无产阶级的革命专政"和"未来共产主义社会的国家制度"之间的关系。

关于共产主义社会发展阶段的划分问题，学界存在着不同的观点：有的学者认为马克思对共产主义社会发展阶段的划分不止两个阶段。因为马克思提出的共产主义社会的"第一阶段"和"高级阶段"之间，可能还有若干个发展阶段。因为"第一"和"高级"之间是不对应的。与"第一阶段"对应的应该是第二阶段、第三阶段等，而与"高级阶段"对应的应该是初级阶段、中级阶段等。笔者认为，正如恩格斯所指出的："所谓'社会主义社会'，不是一种一成不变的东西，而应当和任何其他社会制度一样，把它看成是经常变化和改革的社会。"① 关于共产主义的发展，马克思只是指出了存在第一阶段和高级阶段，以及在这两个阶段的主要特征。而在第一阶段和高级阶段之间很可能会存在多个发展阶段，包括进入共产主义社会的高级阶段之后也仍然会出现不同的发展阶段。而且在人类社会的不同板块有可能还会表现出发展路径和阶段的某种丰富性，而不会是千篇一律的。以中国的发展为例，就经历了无产阶级领导的多个革命阶级联合专政的新民主主义社会、无产阶级领导的以工农联盟为基础的人民民主专政的社会主义初级阶段，在未来实现现代化之后中国特色社会主义又将进入新的发展阶段。而发达资本主义国家进入社会主义社会，则不需要经历社会主义初级阶段这个阶段。而且，马克思所说的"第一阶段"和"高级阶段"都是就共产主义社会而言的。他并没有把共产主义的"第一阶段"与社会主义等同，是列宁将这两个阶段等同起来的。列宁在《国家与革命》一书中说："当拉萨尔把这样的社会制度（通常叫作社会主义，而马克思称之为共产主义的第一阶段）说成是'公平的分配'，说成是'每人有获得同等劳动产品的平等的权利'的时候，他是错误的，于是马克思对

---

① 《马克思恩格斯文集》第10卷，人民出版社2009年版，第588页。

他的错误进行了分析。"① "在共产主义社会的第一阶段（通常称为社会主义），'资产阶级权利'没有完全取消，而只是部分地取消。"②

  马克思强调共产主义社会是在资本主义社会的基础上发展出来的，这已经告诉人们：社会的发展是一个自然历史过程，新旧社会形态之间并非是彼此隔绝的，而是客观存在着前后相继的因果联系，新社会形态的因素孕育于旧社会形态之中，而旧社会形态的某些因素也会遗留在新社会形态之中，虽然其不再是主流。马克思对未来社会状况的描述虽然在其文本中多次出现，但都非常简洁。因为他始终坚持科学的态度，只能根据当下的条件研究规律，而在未来条件或许会发生改变。所以对他来说，批判旧世界是主要的，建设新世界则是后人的使命，基于当下的条件对遥远的未来社会进行具体的设想是很难的，而且容易陷入空想，反而对未来新社会的构建产生负面影响。但即使这样，他基于社会基本矛盾规律的对未来社会的设想指出了社会历史发展的大趋势，能给我们以重要的启示。马克思以唯物史观以及劳动价值论和剩余价值学说为基础，在批判拉萨尔机会主义观点的基础上，自然引申出对未来社会及其发展进程的预见。马克思从资本主义社会向共产主

---

① 《列宁选集》第3卷，北京：人民出版社2012年版，第194页。
② 《列宁选集》第3卷，北京：人民出版社2012年版，第196页。

义社会的转变要件，以及共产主义社会区别于资本主义社会的质的方面，对过渡阶段以及共产主义社会第一阶段和高级阶段的特征进行的概括主要是基于社会发展客观规律的原则性、方向性的推论。

马克思对从资本主义社会到共产主义社会的过渡时期，只有一个政治原则性的描述，即无产阶级专政，但他并没有说明这一阶段的社会形态是什么。需要弄清楚的是，这一时期马克思和恩格斯著作中出现的"社会主义"和"共产主义"是同义语，所以我们不能把那时的涵义和今天的涵义弄混淆。今天我们所使用的社会主义概念，是列宁在《国家与革命》一书中指出的："当拉萨尔把这样的社会制度（通常叫作社会主义，而马克思称之为共产主义的第一阶段）……"①。从人类社会形态发展的角度，马克思认为："手推磨产生的是封建主的社会，蒸汽磨产生的是工业资本家的社会"。② 特定社会形态是建立在特定经济基础之上的，但社会形态的更迭总有一定的过渡时期，比如在采用机器的社会化大生产时代的欧洲仍然存在封建国家，可见在同一生产力水平上不同国家民族的社会形态更替具有不确定性，因此从动态角度把握社会发展阶段问题非常重要。正如马克思所言："无论哪一个社会形态，在它所能容纳的全

---

① 《列宁全集》第31卷，北京：人民出版社1985年版，第88页。
② 《马克思恩格斯选集》第1卷，北京：人民出版社2012年版，第222页。

部生产力发挥出来以前,是绝不会灭亡的;而新的更高的生产关系,在它的物质存在条件在旧社会的胎胞成熟以前,是绝不会出现的。"①

我们不能孤立静止机械地理解他对未来社会特征的前瞻性论述,更不能把他对未来社会特征的预见变成抽象绝对的论断,并以之来框定不断发展的社会现实。马克思对未来社会阶段划分的重要思想的启示:一是对未来社会的认识是随着实践的发展而不断发展的;二是在坚定共产主义理想信念的同时,要清醒地认识到共产主义取代资本主义这一历史进程的长期性、艰巨性和复杂性;三是我国社会主义建设必须依据社会主义初级阶段的基本国情。我们既应当坚定共产主义理想信念,又应当充分认识到共产主义的实现必定需要经历一个长期、艰巨的过程。以往的历史证明,滞后于或者超越于现实社会发展阶段的错误都会带来沉重灾难。改革开放之后,我国提出了社会主义初级阶段理论。对于社会主义初级阶段的定位,我们必须认识到:我国所进入的社会主义社会还不是马克思所设想的那种"共产主义第一阶段",现实中的社会主义还同资本主义同处一个世界。正是由于我国克服了超越阶段的观念和政策,又抵制了背离社会主义的错误主张,坚持从我国正处于并将长期处于社会主义初级阶段这个最大实际出发,正

---

① 《马克思恩格斯选集》第2卷,北京:人民出版社2012年版,第3页。

确处理社会主义和资本主义的关系，脚踏实地建设社会主义，才使得中国特色社会主义不断焕发生机和活力。我国社会生产力的显著提高是相较于纵向的过去我国的生产力水平，横向对比我国与其他发达国家还存在明显差距，仍然并将长期处于社会主义初级阶段。从上述几点内容来看，我国对社会主义初级阶段的判断遵循了人类社会发展规律和社会主义建设规律。

我较为详细地一方面谈到"不折不扣的劳动所得"，另一方面谈到"平等的权利"和"公平的分配"，是为了指出这些人犯了多么大的罪，他们一方面企图把那些在某个时期曾经有一些意义，而现在已变成陈词滥调的见解作为教条重新强加于我们党，另一方面又用民主主义者和法国社会主义者所惯用的、凭空想象的关于权利等等的废话，来歪曲那些花费了很大力量才灌输给党而现在已在党内扎了根的现实主义观点。

【论断】哥达纲领的撰写者犯了严重的错误。他们把过去的陈词滥调作为教条重新强加于党，又用关于权利的废话歪曲已在党内扎根的现实主义观点。

马克思解释为什么对"不折不扣的劳动所得""平等的权利""公平的分配"这些概念做详细的辨析批判，是因为撰写哥达纲领的人犯了严重的错误，甚至可以说是罪行。因为他们这一纲领将扰乱工人的思想。一方面把已经失去历史进步意义的陈词滥调作为教条强加给无产阶级政党，另一方面用抽象的没有科学性的主张和概念歪曲工人已经比较稳固地接受的具有科学性和现实意义的观点。这个纲领最大的罪行就在于以不科学的内容冲击了在无产阶级政党内部已经扎根的科学的认识，是开历史的倒车，将拉低工人运动的思想理论水平。拉萨尔机会主义的所谓公平仍然局限于资本主义制度框架下，脱离了工人运动现状和经济发展现状，它看似是为工人谋求权利，实际上是对当时德国统治者的妥协，是对科学社会主义原则的背离。

除了上述一切之外，在所谓**分配**问题上大做文章并把重点放在它上面，那也是根本错误的。

消费资料的任何一种分配，都不过是生产条件本身分配的结果；而生产条件的分配，则表现生产方式本身的性质。例如，资本主义生产方式的基础是：生产的物质条件以资本和地产的形式掌握在非劳动者手中，而人民大众所有的只是生产的人身条件，即劳动力。既然生产的要素是这样分配的，那么自然就产生现在这样的消费资料的分配。

【论断】把分配问题作为重点是根本错误的，消费资料的分配是生产条件分配的结果，而生产条件的分配表现生产方式本身的性质。

马克思指出，消费资料的分配是由生产资料的分配所决定的，而生产资料的分配又体现特定生产方式的特征。

所以仅仅在消费资料的分配上大做文章是根本错误的，没有抓住问题的关键。在资本主义生产方式下，资本和地产等生产资料掌握在非劳动者手中，而劳动者只掌握劳动力。有这样的生产资料分配方式，就必然会有这样的消费资料分配方式。有因必有果。社会的生产—分配—交换—消费四个环节是相互对应的整体，其中生产资料所有制即生产资料归谁所有是起决定性作用的。所以要想消除资本主义社会分配的不合理状况，就要将资本主义的生产资料私有制转变为社会主义的生产资料公有制，以社会主义生产方式取代资本主义生产方式。

如果生产的物质条件是劳动者自己的集体财产，那么同样要产生一种和现在不同的消费资料的分配。庸俗的社会主义仿效资产阶级经济学家（一部分民主派又仿效庸俗社会主义）把分配看成并解释成一种不依赖于生产方式的东西，从而把社会主义描写为主要是围绕着分配兜圈子。既然真实的关系早已弄清楚了，为什么又要开倒车呢？

【论断】生产的物质条件由劳动者以集体财产方式自己掌握，会产生一种和现在不同的消费资料分配方式。庸俗的社会主义仿效资产阶级经济学家把分配方式解释成不依赖于生产方式，围绕分配领域兜圈子。

这是接着上文的进一步阐发。在社会主义社会，劳动者集体掌握生产的物质条件即生产资料，所以社会主义社会消费资料的分配方式也会与之前的社会不同。庸俗的社会主义者、资产阶级经济学家、一部分民主派把分配方式理解和解释为不依赖于生产方式的东西,导致其所理解的社会主义只会主要围绕分配做文章,而不知道社会分配方式是由生产方式所决定的。历史唯物主义、马克思主义政治经济学、科学社会主义原理已经把真实的经济关系揭示清楚,所以哥达纲领中的相关表述是在开历史的倒车。

李卜克内西领导的爱森纳赫派与拉萨尔派合并的时候,当时党员的理论素养尚待提高,还存在不少混乱的认识,所以对分配正义论的观点没能做出正确判断。例如,当时党员赫·福格尔提出了另外一份纲领条文,其中有这样的条文:"要使工人阶级从这种依靠暴力和欺骗而维持的依附关系和工资关系下解放出来,必须通过正义和实证的科学来实现;这种解放应当同时是一种政治的、社会的和道德的解放,它要求在公共生活和私人生活的一切方面贯彻民主的原则,并把劳动资料提高为社会的公共财产,同时要求集体调节总劳动并公平分配劳动所得。"[①] 李卜克内西在1875年5月24日召开的两党合并大会上发言说:"劳动产品的'公平分配'是一种彻底的社会主义的要求,或者,

---

① 中央编译局资料室编:《研究〈哥达纲领批判〉参考史料》,北京:三联书店1978年版,第10页。

如果愿意这样说的话，是一种共产主义的要求。"① 白拉克在 1875 年 3 月 23 日写给倍倍尔的信中也说道："即使是在今天，劳动所得也是完全不折不扣地由社会一切成员获得的，因为劳动所得根本没有或者只有很少一部分损失掉，但关键在于全部劳动所得如何分配！要是按照平等的权利进行分配，那么资产者、剪息票者和其他游手好闲的人都有同等的一份。因此必须说：劳动是每个人的义务，只有按照现有力量进行的劳动，才有权参加全部劳动所得的分配，并且按照巴贝夫的原则：按需分配。"② 可以看出，即使是在李卜克内西和白拉克等重要领导人看来，分配也是通往正义的途径。

哥达纲领草案的制定者们不懂得分配方式是由生产方式所决定的，所以只是在分配领域兜圈子，要求所谓"公平分配"，没有抓住问题的根本。社会矛盾的集中表现往往是分配上的严重失衡。所以之前的空想社会主义者包括部分资产阶级的经济学家，都将关注的焦点放在了分配领域。拉萨尔派也主张分配决定论，这是典型的唯心主义和机会主义。马克思对其进行了批判，指出生产条件的分配决定着生产结果的分配。生产条件的分配是由生产方式本身所

---

① 中央编译局资料室编：《研究〈哥达纲领批判〉参考史料》，北京：三联书店 1978 年版，第 47 页。
② 中央编译局资料室编：《研究〈哥达纲领批判〉参考史料》，北京：三联书店 1978 年版，第 151 页。

决定的。有什么样的生产方式就有什么样的分配方式。在社会的生产、分配、交换、消费四个环节中，生产环节起决定性作用，决定着分配、交换、消费三个环节，这三个环节反作用于生产环节。分配包括两个方面：一是生产条件的分配，二是产品的分配。生产条件的分配包括生产工具等生产资料的分配和社会成员在各类生产之间的分配。在那之后则是生产出来的产品的分配。资本主义社会生产条件的分配，是资产阶级占有生产资料，雇佣工人进行生产，工人只能通过提供劳动力才能进入生产过程。而工人除了劳动力之外一无所有，为了谋生他们不得不受雇于资本家。所以分配的主导权也掌握在资产阶级手里。这种分配主要是按资分配。资本家凭借对生产资料的所有权，无偿占有工人的剩余价值；而工人只能得到相当于劳动力价值或价格的工资。在特定的生产方式中，生产资料和劳动力以何种方式结合起来，决定了人们在生产关系中处于何种地位，这决定了如何分配。在资产阶级占有生产资料的资本主义社会只能实行按资分配；而未来社会以生产资料公有制取代生产资料私有制，则相应的只能实行按劳分配或按需分配。拉萨尔派的观点对造成分配问题的根源资本主义的私有制避而不谈，只专注于分配领域。他们认为，只要工人争取到了分配上的公平，就实现了自身的解放。事实上，这在资本主义条件下，在不触动资本主义私有制的前提下争取分配的公平是一种不切实际的幻想，只会将工人运动引向歧途。工人阶级要想在根本上改变自己被剥削、被压迫的地位，彻底解决分配问题，就不能只在分配问题上做文章，而应当彻底改变资本主义私有制，推翻资本主义制度，建立社会主义公有制。

在思想史上，资产阶级学者往往在生产上关注土地、资本和劳动，相应的在分配上谈地租、利润和工资。这造成了一种假象：土地带来了地租，资本带来了利润和利息，劳动带来了工资。这种理解把生产要素看成了价值的源泉，造成了使用价值和价值的混淆，也混淆了价值创造和价值分配的关系，掩盖了资本主义生产关系的剥削本质。"资本主义生产方式的神秘化，社会关系的物化，物质的生产关系和它们的历史社会规定性的直接融合已经完成：这是一个着了魔的、颠倒的、倒立着的世界"①。事实上，所有的生产要素是使用价值的源泉，但只有劳动是价值的源泉。在资本主义生产方式下，地租、利润和利息、工资都是以资本主义生产资料的私有制为前提的。空想社会主义思想期望通过改变分配来消除资本主义社会的弊病，改善工人阶级的生存状况。例如，傅立叶就深入规划他所倡导的和谐制度下的产品分配问题。他认为，公正的、和谐的分配方式是"使每个人都能按照他的三种手段——劳动、资本

---

① 《马克思恩格斯文集》第7卷，北京：人民出版社2009年版，第940页。

和才能而获得满意的报酬"①。在产品分配中,首先要扣除维持全体成员生存所需要的部分,其余的按照比例分配。②在马克思之前或同时,在威廉·汤普逊、约翰·格雷、约翰·勃雷、托马斯·霍奇斯金等社会主义思想家的著作中,都可以找到此类观点。汤普逊曾提出,在把自然界提供的天然物质转变成社会财富的过程中,"大自然对于这个转变做了些什么呢?什么也没有做。人,人的劳动,做了些什么呢?什么都做了"。那为什么每个劳动者不能获得自己劳动的全部等价物呢?从这个疑问再进一步,就涉及资本主义制度的秘密了。但遗憾的是,傅立叶并没有迈出这一步,而是停留在分配领域,希望通过研究"财富分配原理"来"促进人类幸福"。资产阶级经济学家往往把生产与分配、交换、消费的联系割裂开来和并列起来,认为在经济运行过程中只有分配方式发生变化,其他环节是不变的。他们往往认为分配才是政治经济学的主要研究对象。空想社会主义者以及蒲鲁东、拉萨尔等人又在此基础上认为,资本主义社会的分配是不正义和不公平的,所以应当用合理的分配方式取而代之。从这一点出发,他们开出的社会改革药方也往往在分配问题上做文章。比如,蒲鲁东提出:"财富分配方面的不平等从何而来呢?它决不可能来自经济历史

---

① 《傅立叶选集》第2卷,北京:商务印书馆1981年版,第173页。
② 《傅立叶选集》第2卷,北京:商务印书馆1981年版,第175页。

发展的规律；而是像包括战争在内的一切其余的事物一样，来自心理学原理、来自原则，而原则就是我们对本身的价值和本身的品德的认识，也就是这样一种感情，它能转化为对自己的同类和整个人类的尊重并成为正义的基础。但包含着作为自在之物的正义的那个原则，迄今为止实际上却恰恰是对正义的否定；我们允许自己和自己亲近的人的事情比允许别人的事情要多。夸大自己和滥用自己的长处，就会迫使我们去破坏经济分配规律（在奖励劳动方面和分配服务和产品方面平等的规律）。"①马克思回应道："如果劳动不是规定为雇佣劳动，那么，劳动参与产品分配的方式，也就不表现为工资，如在奴隶制度下就是这样。……分配关系和分配方式只是表现为生产要素的背面。个人以雇佣劳动的形式参与生产，就以工资形式参与产品、生产成果的分配。分配的结构完全决定于生产的结构。分配本身是生产的产物，不仅就对象说是如此，而且就形式说也是如此。就对象说，能分配的只是生产的成果；就形式说，参与生产的一定方式决定分配的特殊形式，决定参与分配的形式。把土地放在生产上来谈，把地租放在分配上来谈，等等，这完全是幻觉。"②马克思在这里说得很清楚，特定社会的分配方式归根到底取决于其生产方式。

---

① 转引自《马克思恩格斯全集》第45卷，北京：人民出版社2003年版，第161页。
② 《马克思恩格斯全集》第30卷，北京：人民出版社1995年版，第36页。

早在《〈政治经济学批判〉导言》中,马克思就详细考察了生产与分配、交换、消费的一般关系。马克思指出,看上去似乎这样:"在生产中,社会成员占有(开发、改造)自然产品供人类需要;分配决定个人分取这些产品的比例;交换给个人带来他想用分配给他的一份去换取的那些特殊产品;最后,在消费中,产品变成享受的对象,个人占有的对象。"① 换句话说,"生产创造出适合需要的对象;分配依照社会规律把它们分配;交换依照个人需要把已经分配的东西再分配;最后,在消费中,产品脱离这种社会运动,直接变成个人需要的对象和仆役,供个人享受而满足个人需要。"②在这里,看上去生产是起点,消费是终点,分配和交换是中间环节,其中分配决定某种产品归个人的比例或数量。但是,这仅仅是一种表面的理解:"这当然是一种联系,然而是一种肤浅的联系。"③也就是说,这种观点还没有深入到生产关系中发现问题的本质。在马克思看来,生产不是抽象的永恒不变的东西,而是由特定的社会历史条件决定的。在整个生产过程中,生产、分配、交换、消费是辩证统一和相互作用的同一整体的不同环节。但其中生产是出发点和决定性因素,分配形式只是生产形式的表现。在不改变生产方式的情况下希望通过分配方式

---

① 《马克思恩格斯全集》第30卷,北京:人民出版社1995年版,第30页。
② 《马克思恩格斯全集》第30卷,北京:人民出版社1995年版,第30页。
③ 《马克思恩格斯全集》第30卷,北京:人民出版社1995年版,第30页。

变革实现公平正义只能是空想。正如日本学者田中孝一指出的：马克思之所以如此重视生产的一个原因是，他批判持乐观态度的资产阶级经济学，因为其否定生产方式的历史可变性，在把生产看作是不变的自然性的前提下，认为只要改善分配就可以解决问题。马克思认为只要不改变生产状态就不可能真正解决分配问题。资本主义不进行变革，就无法实现分配的正义。

马克思指出："在生产者和产品之间出现了分配，分配借社会规律决定生产者在产品世界中的份额，因而出现在生产和消费之间。那么，分配是否作为独立的领域，和生产并列，处于生产之外呢？"① "照最浅薄的理解，分配表现为产品的分配，因此它离开生产很远，似乎对生产是独立的。但是，在分配是产品的分配之前，它是（1）生产工具的分配，（2）社会成员在各类生产之间的分配（个人从属于一定的生产关系）———这是同一关系的进一步规定。这种分配包含在生产过程本身中并且决定生产的结构，产品的分配显然只是这种分配的结果。"②所以分配决不是独立的、远离生产的特殊部门。而且分配不仅指劳动产品的分配，还包括生产工具的分配和劳动者的分工，后两者决定了生产如何进行。生产如何进行又进而决定了劳动产品如

---

① 《马克思恩格斯全集》第30卷，北京：人民出版社1995年版，第35页。
② 《马克思恩格斯选集》第2卷，北京：人民出版社1995年版，第14页。

何分配。所以分配与生产交织在一起，无法截然分开。人们总是习惯于用公平和正义等范畴来评价现实中的分配，但公平和正义实质上是属于道德评判，它不能正确说明劳动者受剥削的根源，也不能使劳动者摆脱受剥削的地位。由于利益主体在分配机制中的地位不同、利益诉求也不同，所以在何为公平、何为正义等问题上持有不同见解，甚至会出现极大的争论。因此，仅仅通过所谓公平或正义范畴无法真正解决分配问题。恩格斯就指出："按照资产阶级经济学的规律，产品的绝大部分不是属于生产这些产品的工人。如果我们说：这是不公平的，不应该这样，那么这句话同经济学没有什么直接的关系。我们不过是说，这些经济事实同我们的道德感有矛盾。"①

马克思在《资本论》第3卷中专门谈到："分配关系本质上和这些生产关系是同一的，是生产关系的反面，所以二者共有同样的历史的暂时的性质。"②"如果说资本主义生产方式以生产条件的这种一定的社会形式为前提，那么，它会不断地把这种形式再生产出来。它不仅生产出物质的产品，而且不断地再生产出产品在其中生产出来的那种生产关系，因而也不断地再生产出相应的分配关系。"③这即是说，只要资本主义生产方式不变，资本主义分配关系也得

---

① 《马克思恩格斯全集》第21卷，北京：人民出版社1995年版，第209页。
② 马克思：《资本论》第3卷，北京：人民出版社1995年版，第994页。
③ 马克思：《资本论》第3卷，北京：人民出版社1995年版，第995页。

不到根本改变,后者会不断地被前者"生产"出来。"所谓的分配关系,是同生产过程的历史地规定的特殊社会形式,以及人们在他们的人类生活的再生产过程中相互所处的关系相适应的,并且是由这些形式和关系产生的。这些分配关系的历史性质就是生产关系的历史性质,分配关系不过表现生产关系的一个方面。资本主义的分配不同于各种由其他生产方式产生的分配形式,而每一种分配形式,都会随着它由以产生而且与之相适应的一定的生产形式的消失而消失。"①所以分配方式同生产方式一样,都是历史的、可变的;随着生产方式的变革,分配方式也会相应地变化。在资本主义社会,资本家凭借资本所有权获得利润,银行家凭借金融资本获得利息,土地所有者凭借土地所有权获得地租。但利润、利息和地租都是工人创造的剩余价值的转化形式。空想社会主义者由此认为,他们无偿占有了工人创造的剩余价值,这是不公平、不正义的分配,所以必须改成一种体现公平正义的分配。这种看法之所以被马克思和恩格斯所批驳,是因为要改变这种分配方式,只有通过变革现实的生产方式尤其是生产资料所有制来实现。

马克思在其生前最后一篇经济学文稿《评阿·瓦格纳的"政治经济学教科书"》中,他甚至不同意将资本家剥削

---

① 马克思:《资本论》第3卷,北京:人民出版社1995年版,第999—1000页。

工人的说法换成"剥取"。马克思质疑:"什么叫'对工人的剥取',剥取他的皮,等等,无法理解。"①马克思说:"我详细地指出,甚至在只是等价物交换的商品交换情况下,资本家只要付给工人以劳动力的实际价值,就完全有权利,也就是符合于这种生产方式的权利,获得剩余价值。但是所有这一切并不使'资本家的利润'成为价值的'构成'因素,而只是表明,在那个不是由资本家的劳动'构成的'价值中,包含他'有权'可以占有的部分,就是说并不侵犯符合于商品交换的权利。"②他接着指出,瓦格纳"偷偷地塞给我这样一个论断:只是由工人生产的剩余价值不合理地为资本主义企业主所得。然而我的论断完全相反:商品生产发展到一定的时候,必然成为'资本主义'的商品生产,按照商品生产中占统治地位的价值规律,'剩余价值'归资本家而不归工人"③。在马克思看来,这是既合乎经济规律的,也符合资本主义社会的道德观念。因为,这些道德观念包括法律等上层建筑都是由其经济基础决定的。恩格斯在1890年8月5日致康·施米特的信中说:"在《人民论坛》上也发生了关于未来社会中的产品分配问题的辩论:是按照劳动量分配呢,还是按照其他方式分配。人们对于这个问题,是一反某些关于公平原则的唯心主义空话而处

---

① 《马克思恩格斯全集》第19卷,北京:人民出版社1963年版,第401页。
② 《马克思恩格斯全集》第19卷,北京:人民出版社1963年版,第401页。
③ 《马克思恩格斯全集》第19卷,北京:人民出版社1963年版,第428页。

理得非常'唯物主义'的。但奇怪的是谁也没有想到，分配方式本质上毕竟要取决于可分配的产品的数量，而这个数量当然随着生产和社会组织的进步而改变，从而分配方式也应当改变。"①恩格斯在这里强调，分配是现实的活动，社会不能随心所欲地选择分配方式，这必须与当时的生产方式和社会制度相适应。

马克思提示我们：第一，不能把正义问题仅归结为分配正义，分配领域中的正义问题是深层生产方式问题的反映；第二，对分配问题的研究要联系生产全过程甚至全部社会生活来考量；第三，对正义问题的探讨应超越分配正义，在更本质的层面展开。

4."劳动的解放应当是工人阶级的事情，对它说来，其他一切阶级只是**反动的一帮**。"

前一句是从国际章程的导言中抄来的，但是经过了"修订"。那里写道："工人阶级的解放应当是工人自己的事情"（注释：国际章程导言中的原话是：工人阶级的解放应该由工人阶级自己去争取。见《马克思恩格斯全集》第16卷第15页。——编者注）；这里却说"工人阶级"应当解放——解放什么？——"劳动"。谁能理解，就让他去理解吧。

---

① 《马克思恩格斯全集》第37卷，北京：人民出版社1971年版，第432页。

【论断】开始批判拉萨尔的"反动的一帮"理论;所谓"工人阶级"解放"劳动"让人难以理解。

马克思先引用了哥达纲领中的这段话,然后分别加以批判。马克思认为,这段话的第一句话是抄袭并修订的国际章程导言中的一句话,原文是:"工人阶级的解放应该由工人阶级自己去争取。"原文中的工人阶级应该争取自身的解放,被修改成了工人阶级应当解放"劳动"。劳动是工人阶级的劳动力的功能和表现。人自身能够被解放,人的能力也可以被解放,但是人的能力的表现"劳动"本身是无从被解放的。如果非要说劳动的解放,也只可以在活劳动的人格化表现——无产阶级的解放这个意义上来说,而这个意义上的解放本身也就是劳动力的解放,把劳动力从资本主义生产关系的束缚下解放出来,使之复归于人。劳动本身不存在解放的问题,因为其不具有主体性和人格化特征,它作为主体的能力表现只有在什么关系中以什么方式存在和作用的问题。

另一方面,作为补偿,后一句引用了地道的拉萨尔的话:"对它(工人阶级)说来,其他一切阶级只组成**反动的一帮**。"

《共产党宣言》中写道:"在当前同资产阶级对立的一切阶级中,只有无产阶级是**真正革命的阶级**。其余的阶级都随着大工业的发展而日趋没落和灭亡,无产阶级却是大工业本身的产物。"

资产阶级，作为大工业的体现者，对封建主和中间等级说来，在这里是被当作革命阶级看待的，而封建主和中间等级力求保持过时的生产方式所创造的一切社会阵地。所以他们并不是**同资产阶级一起**只组成反动的一帮。

【论断】资产阶级相较于封建主和中间等级来说是革命阶级；封建主和中间等级并不是同资产阶级一起只组成反动的一帮。

这段话主要涉及不同阶级的革命性及其相互关系问题。爱森纳赫派领导人为了迁就拉萨尔派，在纲领中采用了一个典型的拉萨尔派的观点：其他所有阶级对工人阶级而言只是组成了反动的一帮。言下之意，其他所有阶级都是反动的和不革命的，都是工人阶级的敌人。马克思指出了这个论点的片面性和错误性。他引用了《共产党宣言》中关于不同阶级革命性和阶级关系的相关表述。与资产阶级对立的阶级，不只有无产阶级，还有其他阶级，如下文中提到的封建主和中间等级。但是无产阶级是其中真正革命的阶级，其他阶级是走向没落的阶级，因为其代表的生产方式已经随着资本主义大工业的发展而趋于落后。对于资产阶级则要进行一分为二的分析，因为相对于封建主和中间等级而言，资产阶级具有相对的革命性和先进性。不同阶级是否具有革命性是相对而言的。封建主和中间等级为了保住其过时的生产方式和相关社会阵地,他们与资产阶级之间也存在着尖锐的利益冲突。所以,资产阶级和这些阶级并不是一起只构成反动的一帮这么简单。根据依附的不同生产方式,资产阶级和封建主及中间等级各有其不同程度的反动性或者落后性,他们相互之间也存在矛盾。马克思在这里给"同资产阶级一起"加粗,就是强调他们相互之间的矛盾,而不是"一起"的。

另一方面,无产阶级对资产阶级说来是革命的,因为无产阶级本身是在大工业基地上成长起来的,它力求使生产摆脱资产阶级企图永远保存的资本主义性质。但是,《宣言》又补充说:"中间等级……是革命的,那是鉴于他们行将转入无产阶级的队伍"。

所以,从这个观点看来,说什么对工人阶级说来,中间等级"同资产阶级一起"并且加上封建主"只组成反动的一帮",这也是荒谬的。

【论断】无产阶级相对于资产阶级是革命的;说中间等级"同资产阶级一起"并且加上封建主"只组成反动的一帮"是荒谬的。

马克思这段话点明了两层意思。第一层意思是:无产阶级对于资产阶级而言是革命的,因为无产阶级既是现代化大生产的产物,又力求使社会化大生产摆脱资产阶级建构的资本主义生产方式的束缚。第二层意思是:从中间等级行将转入无产阶级的队伍而言，他们也具有革命性。所以说，中间等级和资产阶级以及封建主共同只组成反动的一帮是荒谬的。中间等级有可能被争取到革命的阵营。马克思的这个论述蕴含了革命的统一战线思想。无产阶级应当争取对具有一定革命性的阶级和阶层的领导权，利用不同阶级之间的矛盾，建立革命的统一战线，推动历史的发展。这里所说的中间等级主要是指手工业者、小工业家、农民等。他们在资本主义生产方式兴起的过程中，逐渐被排挤并逐步加入无产阶级。

在斗争策略方面，拉萨尔派不懂得联合中间阶级建立革命的统一战线。在社会的阶级结构中，除了利益直接对立的两个阶级之外还存在中间阶级。比如，在奴隶社会的奴隶主阶级和奴隶阶级之外，封建社会的地主阶级和农民阶级之外，资本主义社会的资产阶级和无产阶级之外，往往还存在着诸如手工业者、自由职业者、小资产者等阶级。当社会发展进入到资本主义社会后，社会的结构逐渐趋于简单化，逐渐形成资产阶级和无产阶级两大对立阶级，其他的阶级主要是中间阶级不断处于分化的状态，如农民阶级和小资产者阶级不断沦为无产者。由于这些中间阶级也受到压迫，他们有可能和无产阶级建立统一战线，所以将他们归为"反动的一帮"既是不科学的也是不策略的。这样做等于是将他们赶向了敌人的阵营。工人阶级解放虽然是工人阶级自己的事情，但同时必须团结一切可以团结的力量，尽可能地联合资产阶级以外的其他阶级组成最广泛的统一战线，尤其是对农民阶级和小资产阶级更是具有可争取性。当然，和中间阶级建立统一战线时必须坚持无产阶级对统一战线的领导权。马克思和恩格斯在《共产党宣言》中对"中间等级"做了精辟的分析。作为中间等级的农民和小工业家、小商人、手工业者等阶层，具有保守和革命的两面性。一方面作为小私有者，他们试图极力维护自己的小生产地位，所以具有保守性甚至具有使历史车轮倒转的反动性；另一方面，作为劳动者，他们又深受地主和资本家的统治与压榨，因而具有转入无产阶级队伍的革命性。所以，无产阶级在争取自身解放的革命斗争中，应当联合农民和手工业者及其他小资产阶级建立统一战线，共同推翻资产阶级的统治和压迫。这一点对于生产力水平落后的国家尤其重要，因为在这些国家，无产阶级的数量相对较少，他们更加需要通过领导与联合其他阶级来寻找革命的力量。比如，中国无产阶级领导的新民主主义革命和社会主义革命，通过建立工农联盟，实施正确的路线纲领和政策，找到了革命的主力军。在当时的德国，为了无产阶级的利益，应当促成独立的无产阶级运动，同时联合农民和小资产阶级反抗封建势力，凡是小资产阶级同容克贵族和国王发生冲突时就支持小资产阶级，这是符合无产阶级利益的正确政策。

难道在最近这次选举中有人向手工业者、小工业家等等以及**农民**说过：对我们说来，你们同资产者和封建主一起只组成反动的一帮吗？

拉萨尔熟知《共产党宣言》，就像他的信徒熟知他写的福音书一样。他这样粗暴地歪曲《宣言》，不过是为了粉饰他同专制主义者和封建主义者这些敌人结成的反资产阶级联盟。

此外，在上面这一段，他的格言是勉强塞进去的，它同那句从国际章程中摘来但被歪曲了的引语毫不相干。这纯粹是一种狂妄无耻的做法，而且绝对不是俾斯麦先生所不喜欢的，这是柏林的马拉所干的廉价的蛮横行径之一。

【论断】拉萨尔同专制主义者和封建主义者结成了反对资产阶级的联盟。

马克思首先用归谬法进一步证明上文拉萨尔派所谓"反动的一帮"的论点在理论和实践上的荒谬性。如果在选举中对手工业者、小工业家以及农民说你们同资产者和封建主一起只组成反动的一帮，那必然会失去他们的支持，甚至使其投入敌方的阵营。拉萨尔在非常熟悉《共产党宣言》的情况下，仍然粗暴地歪曲其中的科学内容，这一定是另有目的的。这个目的就是粉饰他同专制主义者、封建主义者等所结成的反对资产阶级的联盟。所以拉萨尔派的"其他一切阶级只是反动的一帮"这句话是不能和从国际章程中摘抄并被歪曲的那句话"工人阶级的解放应该由工人阶级自己去争取"捆绑在一起的,两者的内涵毫不相干。因为马克思已经洞察到拉萨尔派分子和俾斯麦之间的勾结,所以他说这种做法是俾斯麦所喜欢的。这段文字中提到的选举是指1874年1月10日的德意志帝国国会选举,在这次选举中德国社会民主工党取得了很大的胜利。马克思在这里用"柏林的马拉"讽刺的是《新社会民主党人报》的主编威·哈赛尔曼。这份报纸是拉萨尔派的全德工人联合会的机关报。该报完全执行了拉萨尔派迎合俾斯麦制度和巴结德国统治阶级的政策,反映了拉萨尔派领导人推行的机会主义和民族主义的方针。该报站在宗派主义的立场上,一贯反对国际的马克思主义的领导,反对德国社会民主工党,支持巴枯宁派和其他反无产阶级流派的势力所进行的仇视国际总委员会的活动。"在现代社会,劳动资料为资本家阶级所垄断;由此造成的工人阶级的依附性是一切形式的贫困和奴役的原因"。① 哥达纲领将工人阶级"贫困和奴役"的原因只归结给资本家,掩盖了容克贵族代表的封建地主阶级的掠夺和剥削。"反动的一帮"论和德国工人党在实践中的做法也不相符。

5."工人阶级为了本身的解放,首先是**在现代民族国家的范围内**进行活动,同时意识到,它的为一切文明国家

---

① 《马克思恩格斯选集》第3卷,北京:人民出版社2012年版,第360页。

的工人所共有的那种努力必然产生的结果,将是各民族的国际的兄弟联合。"

同《共产党宣言》和先前的一切社会主义相反,拉萨尔从最狭隘的民族观点来理解工人运动。有人竟在这方面追随他,而且这是在国际进行活动以后!

【论断】拉萨尔是从狭隘的民族观点来理解工人运动的。

马克思在这里指出哥达纲领中所谓的工人阶级为了本身的解放首先是在现代民族国家的范围内进行活动,以及各民族的国际的兄弟联合将是结果的说法,是从最狭隘的民族观点来理解工人运动的。事实上,早在两党合并之前,拉萨尔派就在国会投票中赞成俾斯麦的军费预算,支持普鲁士对巴黎公社的镇压,完全不站在工人阶级的立场上考虑战争的非正义性。这同《共产党宣言》及先前的一切社会主义的精神背道而驰。尤其在国际工人协会已经成立并且开始活动的情况下,这种论调还有人追随,尤其令人难以容忍。"各民族的国际的兄弟联合"最大的错误是用民族的国际联合取代了无产阶级的国际联合。拉萨尔派将德国工人运动局限在本民族范围内,把国际工人联合当作一种抽象意识,将工人运动推向了狭隘民族主义。

不言而喻,为了能够进行斗争,工人阶级必须在国内作为阶级组织起来,而且它的直接的斗争舞台就是本国。

所以，它的阶级斗争不就内容来说，而像《共产党宣言》所指出的"就形式来说"，是本国范围内的斗争。但是，"现代民族国家的范围"，例如德意志帝国，本身又在经济上处在"世界市场的范围内"，在政治上"处在国家体系的范围内"。任何一个商人都知道德国的贸易同时就是对外贸易，而俾斯麦先生的伟大恰好在于他实行一种**国际的**政策。

【**论断**】工人阶级的阶级斗争就形式来说是本国范围内的斗争，但现代民族国家在经济上处在世界市场的范围内，在政治上处在国家体系的范围内。

资本主义生产方式出现以后，人类真正的世界历史才逐渐拉开帷幕。因为是资本主义生产方式带来了真正的世界分工。无产阶级的斗争虽然就其表现形式来看首先是在国内，但就其斗争内容而言不可能不带有国际性。因为"现代民族国家的范围"本身在经济上处在"世界市场的范围内"，在政治上"处在国家体系的范围内"。这种世界市场和国家体系的内在骨架就是私有资本逻辑所构建的世界体系。而且国际垄断资产阶级往往以国家的相对独立性来掩盖经济上实际的关联性和整体性。在马克思的年代，资本主义发展的国际性还远没有达到今天的程度，但是这个根本性的特点已经被马克思揭示出来，包括后发的资本主义国家德国也是如此。马克思以德国为例指出德国的贸易同时就是国际贸易，俾斯麦所实施的政策就带有国际性。在国际工人协会已经成立，《共产党宣言》已发出"全世界无产者联合起来！"的口号的情况下，哥达纲领仍然把拉萨尔派理解工人运动的狭隘民族观点纳入其中是不应该的。各国工人阶级的联合和相互支持与国家内部工人阶级的斗争之间应当是相互配合的，无产阶级的国际主义精神和实际的相互支援才是各国工人阶级开展国内斗争的有力条件和手段。

而德国工人党把自己的国际主义归结为什么呢？就是意识到它的努力所产生的结果"将是**各民族的国际的兄弟联合**"。这句从资产阶级的和平和自由同盟那里抄来的话，是要用来代替各国工人阶级在反对各国统治阶级及其政府的共同斗争中的国际兄弟联合的。这样，**关于**德国工人阶级的**国际职责**竟一字不提！德国工人阶级竟然应当这样去对付为反对它而已经同其他一切国家的资产者实现兄弟联合的本国资产阶级，对付俾斯麦先生的国际阴谋政策！

【论断】所谓"各民族的国际的兄弟联合"是资产阶级性质的，哥达纲领忽略了德国工人阶级的国际职责。

马克思在这里以非常愤慨的语气批判德国工人党对国际主义的理解。他们只是把国际主义理解为结果性的"各民族的国际的兄弟联合"。这是从资产阶级的和平和自由同盟那里抄来的话，这种空洞的带有意识形态性的所谓民族的兄弟联合要被用来代替各国工人阶级在斗争中形成的国际联合。这里忽略了德国工人阶级应当承担的国际职责。

德国的资产阶级已经和其他一切国家的资产者结成了联合，资产阶级的国际联合就是为了对付包括德国工人阶级在内的各国工人阶级。而哥达纲领还在愚蠢地倡导所谓"民族的"国际的兄弟联合。马克思主义的深刻之处在于揭示了"国家""民族"等范畴背后的阶级本质。在各国资产阶级实现国际联合的情况下，各国无产阶级如果仍坚持狭隘的民族观点，造成的局面就是被国际垄断资产阶级分而治之，各个击破。马克思的这段论述对于当今的国际共产主义运动仍然具有很强的启示和指导意义。这里所提到的和平和自由同盟，是指国际和平和自由同盟，是由一批小资产阶级共和主义者和自由主义者于1867年在瑞士日内瓦建立的资产阶级和平主义组织。1867—1868年，巴枯宁参加了这一组织的领导工作，在其领导下企图利用工人运动和国际工人协会来达到自己的目的。马克思指出，这一组织是"为同无产阶级国际相对抗而创立的国际资产阶级组织"。这里提到的俾斯麦的国际阴谋政策是指俾斯麦上台后为了镇压各国工人阶级的革命运动搞的一系列阴谋活动。1871年，他同法国的梯也尔勾结并镇压了巴黎公社；1871—1872年，他企图与奥匈帝国和俄国缔结一个共同镇压革命的工人运动的正式协定；1873年10月，根据俾斯麦的倡议，俄、奥、德三国皇帝缔结了被称为"三国同盟"的协定，规定一旦出现战争或革命的危险，三国应立即协商，采取共同行动。

实际上，这个纲领的国际信念，比自由贸易派的国际信念**还差得难以估量**。自由贸易派也说，它的努力所产生的结果是"各民族的国际的兄弟联合"。但是它还**做**一些事使贸易成为国际性的，而决不满足于意识到一切民族只在本国从事贸易。

【论断】哥达纲领的国际信念比自由贸易派的国际信念还要差得多。

马克思认为哥达纲领的国际信念还不如自由贸易派，因为自由贸易派还做一些事情使贸易具有国际性。这里提到的自由贸易派是指曼彻斯特学派，它是19世纪上半叶在英国出现的资产阶级政治经济学派别。该学派提倡自由贸易，要求国家不干涉经济生活，反对贸易保护主义原则，要求减免关税并奖励出口，废除有利于土地贵族的、规定高额谷物进口关税的谷物法。

各国工人阶级的国际活动绝对不依赖于"**国际工人协会**"的存在。"国际工人协会"只是为这种活动创立一个中央机关的第一个尝试；这种尝试由于它所产生的推动力而留下了不可磨灭的成绩，但是在巴黎公社失败之后，已经不能再以**它的第一个历史形态**继续下去了。

俾斯麦的《北德报》为了使其主子满意，宣称德国工人党在新纲领中放弃了国际主义，这倒是完全说对了。

【论断】"国际工人协会"是为各国工人阶级的国际活

动创立中央机关的第一个尝试；哥达纲领中放弃了国际主义。

马克思在这里说明了国际工人协会的历史意义，以及国际工人协会和各国工人运动的关系。他指出，各国工人阶级的国际性的活动并不依赖于国际工人协会。国际工人协会只是第一次为各国工人阶级的国际活动创立一个中央机关的尝试，但是这种尝试本身就产生了积极的推动力，因而留下了不可磨灭的历史功绩。它还在巴黎公社期间以各种形式积极地支持和指导巴黎公社运动。但巴黎公社失败之后，国际工人协会很难再以原有的形式发挥作用了。马克思在这里使用了"第一个历史形态"的表述，这就暗示着未来会有第二、第三等其他历史形态。国际工人运动的合作平台还会以其他的方式继续发挥作用，后来国际共产主义运动的历史也证明了这一点。马克思在这里提到的《北德报》的这句话，指的是1875年3月20日的《北德总汇报》抓住哥达纲领草案中对德国工人运动有关国际主义的错误表述，在每日政治新闻栏目发表的一篇社论中所说的："社会民主党的鼓动在某些方面变得比较谨慎了，它在背弃国际……"。这从侧面证明马克思对哥达纲领中关于工人阶级国际主义表述不当的批判的正确性。在斗争策略方面，哥达纲领的制定者对外不懂得联合各国工人阶级相互促进各自的革命活动，甚至主动放弃了无产阶级的国际主义原则。

二

"德国工人党从这些原则出发,用一切合法手段去争取建立**自由国家**——和——社会主义社会:废除工资制度**连同铁的工资规律**——和——任何形式的剥削,消除一切社会的和政治的不平等。"

【论断】 引文略。

这是哥达纲领中关于采用拉萨尔派所谓"铁的工资规律"的一段话。

关于"自由"国家,我后面再讲。

这样,德国工人党将来就必须信奉拉萨尔的"铁的工资规律"了!为了不让它埋没掉,竟胡说什么"废除工资制度(应当说:雇佣劳动制度)**连同铁的工资规律**"。如果我废除了雇佣劳动,我当然也就废除了它的规律,不管这些规律是"铁的"还是海绵的。但是拉萨尔反对雇佣劳动的斗争几乎只是围绕着这个所谓的规律兜圈子。所以,为了证明拉萨尔宗派已经获得胜利,应当废除"工资制度连同铁的工资规律",而不是不连同后者。

【论断】 拉萨尔派的所谓"铁的工资规律"是不科学的。

马克思在这里开始展开对拉萨尔派关于"铁的工资规律"的批判。他首先引用了哥达纲领中相关的引文，然后指出既然把这一理论纳入纲领，那么德国工人党就不得不信奉这一理论。接着他指出"废除工资制度"应当改为废除雇佣劳动制度，因为后者才是根本，前者是后者的附属物。正因为有资本主义雇佣劳动制度这种社会关系，所以才会有这种工资制度。如果釜底抽薪式地废除了雇佣劳动制度，也就废除了工资规律。拉萨尔派的错误在于，不是从根本性的雇佣劳动制度入手，而仅仅围绕其表现——工资问题绕圈子，更何况其所谓"铁的工资规律"理论本身是不科学的。

所谓"铁的工资规律"是拉萨尔的一个经济学观点。他对于这一观点是这样表述的：这个在先进的关系之下，在劳动的供求的支配之下，决定着工资的铁的经济规律是这样的：平均工资始终停留在一国人民为维持生存和繁殖后代按照习惯所要求的必要的生活水平上。这是这样一个中心点：实际日工资总是在它周围摆动，既不能长久地高于它，也不能长久地低于它。实际的日工资不能长期地高于这个平均数，否则就会由于工人状况的改善而发生工人人手供应的增加，结果又会把工资压低到原来的或者低于原来的水平。工资也不可能长期地大大低于这个必要的生活水平，因为那时就会发生人口外流、独身生活、节制生育，以致最后由于贫困而造成工人人数减少等现象，这样就会使工资重新回到它原来的较高水平。因此，实际的平均工资处于运动之中，始终围绕着它这个中心上下摆动，时而高些，时而低些。他最初是在《就莱比锡全德工人代表大会的召开给中央委员会的公开答复》中论述这个"规律"的。这个所谓"规律"的错误在于从马尔萨斯的人口理论出发，将工人的工资与工人人口数量的增减捆绑在一起，把贫困归因于人口法则。

大家知道，在"铁的工资规律"中，除了从歌德的"永恒的、铁的、伟大的规律"中抄来的"铁的"这个词以外，没有什么东西是拉萨尔的。**"铁的"**这个词是正统的信徒们借以互相识别的一个标记。但是，如果我接受带有拉萨尔印记因而是拉萨尔所说的意义上的规律，我就不得不连同他的论据一起接受下来。这个论据是什么呢？正如朗格在拉萨尔死后不久所表明的，这就是（朗格自己宣扬的）马尔萨斯的人口论。但是，如果这个理论是正确的，那么，我即使把雇佣劳动废除一百次，也还废除不了这个规律，因为在这种情况下，这个规律不仅支配着雇佣劳动制度，而且支配着**一切**社会制度。经济学家们五十多年以来正是以此为根据证明，社会主义不能消除**自然本身造成的**贫困，而只能使它**普遍化**，使它同时分布在社会的整个表面上！

【论断】所谓"铁的工资规律"不是拉萨尔最先提出的，其论据是马尔萨斯的人口论。

马克思在这里揭露所谓"铁的工资规律"不是拉萨尔创造的，这个观点真正的依据其实是马尔萨斯的人口论。马尔萨斯的人口论是英国资产阶级经济学家托·马尔萨斯提出的，他在1798年出版的《人口原理：人口对社会未来进步的影响》一书中认为，人口按几何级数（1、2、4、8、16……）增加，生活资料按算数级数（1、2、3、4、5……）增加。所以人口的增加超过生活资料的增加是一条永恒的自然规律。他把资本主义制度下劳动人民遭受失业、贫困的原因归之于这个规律，认为只有通过战争、瘟疫和饥饿等办法使人口减少，人口与生活资料的数量才能相适应。这一理论的错误在于忽视了人类的科技进步或者新资源的发现所带来的生产力的大幅进步；另一方面，人口也并不只是不断增加，随着人们生活质量的提升，生育率并不是提升或者不变，也有可能下降。如果按照这一谬论的话，资产阶级的人口应该大大增加才是，而事实上并非如此。这一理论也缺乏对劳动人民的尊重，隐含着站在资产阶级立场上对劳动人民的蔑视，无论在科学性和价值观上都是反动的。拉萨尔这个论断和资产阶级的经济学家们站在一起了。而弗·朗格在1865年发表的《工人问题及其在目前和将来的意义》一书中，宣扬了马尔萨斯的人口论。恩格斯于1865年3月29日写信给朗格，对他书中的观点进行了批判。马克思在这里还指出"铁的"这个词抄自歌德《神性》中的诗句："我们大家必须顺从永恒的、铁的、伟大的规律，完成我们生存的连环。"

但是，这一切都不是主要的。**完全撇开**拉萨尔对这个规律的**错误**表述不谈，真正令人气愤的退步在于：

自从拉萨尔死后，在**我们**党内，这样一种科学见解已经给自己开辟了道路，就是**工资**不是它**表面上呈现的**那种东西，不是**劳动的价值**或**价格**，而只是**劳动力的价值**或**价格**的隐蔽形式。这样，过去关于工资的全部资产阶级见解以及对这种见解的全部批评都被彻底推翻了，并且弄清了：雇佣工人只有为资本家（因而也为同资本家一起分享剩余价值的人）白白地劳动一定的时间，才被允许为维持自己的生活而劳动，就是说，才被允许**生存**；整个资本主义生产体系的中心问题，就是用延长工作日，或者提高生产率，增强劳动力的紧张程度等等办法，来增加这个无偿劳动。因此，雇佣劳动制度是奴隶制度，而且劳动的社会生产力越发展，这种奴隶制度就越残酷，不管工人得到的报酬较好或是较坏。

【论断】哥达纲领在工资问题上严重退步；事实上工资只是劳动力的价值或价格的隐蔽形式；资本主义生产体系的中心问题是增加无偿劳动。

马克思在这里重申了他所揭示的剩余价值规律的核心内容，指出哥达纲领真正令人气愤的退步除了拉萨尔错误的观点之外，主要是在通过剩余价值规律已经科学地揭示了工资的本质，并且这种科学理论已经在工人群体内部越来越有影响的情况下，竟然又把错误的理论引入进来。马克思指出，工资的本质并不是劳动的价值或价格，而只是劳动力的价值或价格的形式。资本主义生产关系的秘密就在于通过延长工作日、提高生产率、增强劳动力的紧张程度等办法来剥削超过工人劳动力价值（即工资）之外的剩余价值。资本家只有能够获得剩余价值才会允许工人劳动和生存。随着这一真相和规律的解释，之前关于工资的全部资产阶级理论以及对这些理论抓不住要害的批评都被彻底推翻了。马克思在这里捍卫了剩余价值理论。

而现在，当这个见解在我们党内越来越给自己开辟出道路的时候，竟有人倒退到拉萨尔的教条那里去，虽然他们应当知道，拉萨尔并**不懂得**什么是工资，而是跟着资产阶级经济学家把事物的外表当作事物的本质。

【论断】哥达纲领在工资问题上倒退到了拉萨尔的错误教条那里去了，跟着资产阶级经济学家把事物外表当作本质。

马克思继续愤慨地指出，当剩余价值规律已经被党内越来越多的同志所接受的时候，哥达纲领竟然又带来了理论的退步。而且这些编写纲领的人应当很清楚，拉萨尔并不知道工资的本质，而只是跟着资产阶级经济学家把现象当作本质。

这正像奴隶们终于发现了自己受奴役的秘密而举行起义时，其中有一个为陈旧观念所束缚的奴隶竟在起义的纲领上写道：奴隶制度必须废除，因为在奴隶制度下，奴隶的给养最多不能超过某个非常低的标准！

我们党的代表们竟如此粗暴地践踏这个在党员群众中广泛传播的见解，仅仅这一事实岂不就证明了他们在草拟妥协纲领时是多么令人不能容忍地轻率，多么无耻！

【论断】关于工资问题的表述，证明哥达纲领令人难以容忍的轻率和无耻。

马克思继续通过比喻的方式在这里强烈抨击哥达纲领的重大理论失误。他指出，哥达纲领关于工资问题的表述，就像奴隶已经找到被奴役的原因正要起义时，却被持陈腐观念的个别奴隶搞乱了起义的纲领。马克思用"令人不能容忍""轻率""无耻"等措辞严厉的字眼对当时党的领导人的无原则让步进行了批判。

本段末尾"消除一切社会的和政治的不平等"这一不明确的语句，应当改成：随着阶级差别的消灭，一切由这些差别产生的社会的和政治的不平等也自行消失。

【论断】随着阶级差别的消灭，社会的和政治的不平等也将自行消失。

马克思在这里通过提出修改建议，强调指出社会的和政治的不平等的根源是阶级差别，只有消除了阶级差别才能够使社会的和政治的不平等自行消失。在阶级差别不消除的情况下，试图消除一切社会的和政治的不平等是不可能的。这里蕴含着马克思主义深刻的方法论：解决问题的最根本的方法就是消除问题得以产生的前提条件。

三

"为了**替**社会问题的解决开辟道路，德国工人党要求**在劳动人民的民主监督下**，依靠**国家帮助**建立生产合作社。在工业和农业中，生产合作社**必须广泛建立，以致能从它们产生总劳动的社会主义的组织。**"

在拉萨尔的"铁的工资规律"之后，就是这个先知提出的救世良方！"道路"确实"开辟"得不错！现存的阶级斗争被换上了拙劣的报刊作家的空话——要"开辟道路"来**"解决"**的"**社会问题**"。"总劳动的社会主义的组织"不是从社会的革命转变过程中，而是从国家给予生产合作社的"国家帮助"中"产生"的，并且这些生产合作社是由**国家**而不是由工人"**建立**"的。这真不愧为拉萨尔的幻想：靠国家贷款能够建设一个新社会，就像能够建设一条新铁路一样！

【论断】哥达纲领的所谓"总劳动的社会主义的组织"不是从社会革命中，而是通过国家给予生产合作社的"国家帮助"中产生是谬论。

马克思在这里开始批判哥达纲领采纳的另一个拉萨尔派的主张,即在国家帮助下建立生产合作社。这其实是一个比所谓"铁的工资规律"还要拙劣和令人恶心的主张。马克思在这里使用了两个反讽的语句,讽刺拉萨尔这个"先知"开出的"救世良方","道路""开辟得不错"。这个主张的错误主要是两个方面。一是用需要"开辟道路"来"解决"的"社会问题"置换了现存的阶级斗争;二是其提出的解决方案是"国家帮助"工人阶级建立生产合作社,进而从中产生出"总劳动的社会主义的组织",即从"国家帮助"下而不是从社会革命的转变过程中产生"总劳动的社会主义的组织"。马克思讽刺其真不失为拉萨尔的幻想,靠国家贷款建设一个新社会就像建设一条新铁路一样!这个主张忘记了这里所说的"国家"又是什么东西呢?这里的国家本身就是为资产阶级和封建土地所有者服务的代表机构,希望其发善心帮助工人建立生产合作社,这无异于与虎谋皮。关于国家与生产合作社等经济组织之间的关系问题,针对哥达纲领中提出的通过国家帮助建立生产合作社来解决社会问题的方案,马克思指斥这样的做法终将是黄粱美梦。他指出,生产合作社的建立不是由国家机构自上而下主导形成的,而是工人为了变革现存的生产条件自发实现的。只有这样的生产合作社才有价值,否则,即便有所谓"劳动人民的民主监督",生产合作社也将蜕变为旧国家机器的工具，难以实现解放。

　　拉萨尔派试图在不触动资本主义基本经济制度的基础上，依靠国家帮助建立合作社走向社会主义。哥达纲领提出的通过国家帮助建立生产合作社，其实质是放弃阶级斗争和无产阶级革命。马克思指出，"阶级的存在仅仅同生产发展的一定历史阶段相联系"①。阶级斗争是生产力和生产关系矛盾运动的表现形式。"社会的物质生产力发展到一定阶段，便同它们一直在其中运动的现存生产关系或财产关系（这只是生产关系的法律用语）发生矛盾。于是这些关系便由生产力的发展形式变成生产力的桎梏。那时社会革命的时代就到来了。"② 推动社会革命的是代表未来先进生产方式的阶级。具体到资本主义时代的社会革命，就要由代表未来共产主义生产方式的无产阶级来担负历史使命。阶级斗争作为无产阶级反抗资产阶级剥削和压迫的手段，达到了相当激烈的程度。无产阶级应当在自己的政党的领导下团结起来，通过无产阶级革命，推翻资本主义国家制度，建立无产阶级专政。1848年的欧洲革命和1871年的巴黎公社革命，从正反两方面证明了只有无产阶级革命才是正确的道路和方向。哥达纲领认为，解决资本主义社会问题和实现社会主义社会，都可以通过资产阶级的国家帮助

---

① 《马克思恩格斯文集》第10卷，北京：人民出版社2009年版，第106页。
② 《马克思恩格斯文集》第2卷，北京：人民出版社2009年版，第591—592页。

建立生产合作社来实现。这是忘记了国家作为"统治阶级的工具"这一本质，而且当时的普鲁士德意志帝国主要代表和维护的是容克地主和资产阶级的利益，同时镇压无产阶级和其他劳动人民的反抗，甚至通过组织国际资产阶级联盟来绞杀各国的无产阶级运动。所以哥达纲领的这一主张是南辕北辙的。

土地贵族、资产阶级为了维护其统治，往往利用社会福利领域的让步和推行普选等诱使劳动者就范。事实上在私有制条件下劳动者阶级与统治阶级的根本利益矛盾是不可调和的，劳动者只有通过革命斗争才能根本改变自身地位。机会主义者总是以各种方式站在反动势力一边，阻挠、破坏革命运动；在革命胜利后，又往往运用两面派手法和阴谋手段试图使革命政权变质，恢复剥削阶级的统治。拉萨尔机会主义就体现了这一点。比如，拉萨尔在《论工人问题》中宣称："似乎你们有理由憎恨工厂主或企业主。这是极大的误会，因为谁也不能对现存制度负责……必须脱下你们脚上的镣铐，但是必须根据明智的倡议并在有产阶级同情的帮助下和平地解除……你们应当对有产者和有教养的人说：'在现有文明水平下，你们必须贡献出自己的全部力量，使我们摆脱这些镣铐！'"他在《科学和工人》中称："我证明，资产阶级思想的统治是全世界解放的历史事业，它是一个最伟大的道德和文化历史过程，甚至是工人等级思想发展必要的世界历史和过渡阶段。因此，我证明了这种统治客观上是合理的,使工人等级容顺资产阶级的历史统治。"官僚贵族和垄断资产阶级为了维护统治往往会收买工人中的上层分子,培植工人贵族。工人贵族是产生机会主义的温床。任何机会主义都是有害的,无产阶级应当坚持彻底的、不妥协的反对资产阶级的斗争。"无产阶级只有废除自己的现存的占有方式,从而废除全部现存的占有方式,才能取得社会生产力。无产者没有什么自己的东西必须加以保护,他们必须摧毁至今保护和保障私有财产的一切。"①

由于还知道一点羞耻,于是就把"国家帮助"置于——"劳动人民的民主监督下"。

第一,德国的"劳动人民"大多数是农民而不是无产者。

第二,"民主的"这个词在德语里意思是"人民当权的"。什么是"劳动人民的人民当权的监督"呢?何况所说的是这样的劳动人民,他们通过向国家提出的这些要求表明,他们充分意识到自己既没有当权,也没有成熟到当权的程度!

【论断】所谓"劳动人民的民主监督",在德国是不可能实现的。

---

① 《马克思恩格斯选集》第1卷,北京:人民出版社1995年版,第283页。

马克思在这里主要批判所谓"劳动人民的人民当权的监督"这一说法。主要有两点：第一点，劳动人民在不同时代不同国家有着不同的具体内容。在当时的德国，劳动人民的大多数还是农民而不是无产者，这是因为德国的资本主义生产方式的发展落后于英国等资本主义国家。所以，这里把国家帮助置于劳动人民的监督下，实际上并不是置于无产阶级的监督下。第二点，在德语中"民主的"意思是"人民当权的"。照这个意思解读，"劳动人民的民主监督下"意思就是：以农民为主的劳动人民当权的监督下。这就犯了多重错误。农民并不代表先进的生产方式，而这个纲领是无产阶级的纲领。况且无论是农民还是无产者都实际上并没有"当权"，因为他们还需要向国家提出这些要求。而如果他们已经当权，又何必再向国家提出这种要求呢？所以，这里的表述是驴唇不对马嘴。因为缺乏科学性，纲领连知道的"一点羞耻"也无法维持了。马克思在这里实际上指出，即使把这种"国家帮助"置于人民的监督之下，也是空谈。因为一方面德国的劳动人民没有这种权利；另一方面，当时德国劳动人民的主体是农民。他们受到封建贵族和地主的剥削压迫，文化水平和组织程度都很低，也承担不了这种监督的任务。

在这里深入批评毕舍在路易-菲力浦时代为了**对付**法国社会主义者而开列的、被《工场》派的反动工人所采用的药方，那是多余的。主要的过失不在于把这个特殊的万灵药方写入了纲领，而在于从阶级运动的立场完全退到宗派运动的立场。

【论断】哥达纲领的条文从阶级运动立场完全倒退到宗派运动立场上去了。

马克思在这里实际上指出，依靠国家建立合作社并不是拉萨尔的首创，这种主张最早是在19世纪40年代，由法国历史学家、基督教社会主义者菲利普·毕舍提出的。马克思当时就对这种理论观点和政策主张进行了批驳。可是几十年后哥达纲领竟然又把这一错误主张写进了党纲。这完全背叛了科学社会主义的基本原理和无产阶级的根本利益，使工人运动沦为狭隘的学派运动。拉萨尔的工人在国家帮助下建立生产合作社的主张，就是毕舍在路易-菲力浦时代为了对付法国社会主义者而开列的、被《工场》派的反动工人所采用的药方。法国基督教社会主义者菲·毕舍在19世纪40年代提出过由国家帮助建立生产合作社来消除社会弊病的主张。类似主张的共同错误是对反动统治阶级的国家仍然心存幻想，而忘记了无产阶级劳动人民和反动统治阶级存在着根本的利益矛盾。正确的斗争方向应当是通过无产阶级革命建立无产阶级专政的社会主义制度。马克思在这里指出，纲领草案的主要过失是从阶级运动立场向宗派运动立场的倒退。

如果说工人们想要在社会的范围内，首先是在本国的范围内创造合作生产的条件，这只是表明，他们力争变革现存的生产条件，而这同靠国家帮助建立合作社毫无共同之处！至于现有的合作社，它们**只是**在工人自己独立创办，既不受政府保护，也不受资产者保护的情况下，才有价值。

【论断】工人在本国范围内创造合作生产的条件同依靠国家帮助建立合作社毫无共同之处；现有合作社只有在工人独立创办，且既不受政府保护也不受资产者保护才有价值。

马克思进一步分析真正的工人阶级的生产合作社应当是什么性质的。如果工人想要在本国的社会范围内创造合作生产的条件，这只不过表明他们试图去变革现存的生产关系。而所谓依靠国家帮助建立合作社的说法，则表明持这种主张的人根本就没有正确认识无产阶级与统治阶级之间根本冲突的利益关系。所以两者之间毫无共同之处。因为存在这种根本的阶级利益冲突，所以现有的合作社中只有工人自己独立创办的才有意义。而那种所谓受政府保护、受资产者保护的生产合作社则要么是不可能建立的，要么是虚假的"集中营"。这种阶级利益矛盾分析法具有真正的科学性，即使在当今社会也是看穿各种迷雾、抓住问题本质的金钥匙。

马克思指出，只有工人自己建立的合作社或者合作工厂才有积极的意义。作为对资本和劳动两者对立的积极的扬弃，可以作为通向社会主义社会的过渡。在资本主义社会中，工人建立的一些信贷和消费合作社，可以减少中间盘剥环节，对改善工人的生活具有一定的作用。马克思对这种形式给予了肯定。他说，"工人自己的合作工厂，是在旧形式内对旧形式打开的第一个缺口"，尽管在合作工厂中还存在着现有制度的一切缺点，但"资本和劳动之间的对立在这种工厂内已经被扬弃，虽然起初只是在下述形式上被扬弃，即工人作为联合体是他们自己的资本家，也就是说，他们利用生产资料来使他们自己的劳动增殖"①。马克思还把工人合作工厂与股份公司做了比较。他认为，股份公司作为适应社会化大生产发展需要的产物，是对私人资本的扬弃。股份公司和合作工厂都是以信用制度为基础的，两者都"应当被看作是由资本主义生产方式转化为联合的生产方式的过渡形式，只不过在前者那里，对立是消极地扬弃的，而在后者那里，对立是积极地扬弃的"②。即股份公司是对劳动和资本的对立的消极的扬弃，工人的合作工厂是对劳动和资本的对立的积极的扬弃。他在这里所说的"联合的生产方式"就是指未来社会的自由人联合体的生产方式。股份公司和工人的合作工厂都是从资本主义生产方式向共产主义生产方式的过渡形式。前提是生产合作社必

---

① 《马克思恩格斯文集》第 7 卷，北京：人民出版社 2009 年版，第 499 页。
② 《马克思恩格斯文集》第 7 卷，北京：人民出版社 2009 年版，第 499 页。

须是工人自己建立的，而不是靠国家贷款帮助建立的。两者的性质和目的是截然不同的。而且资产阶级的国家也不会违背资产阶级自身的利益去建立这种生产合作社，即使建立甚至以"国有制"的名义建立，其实质也不过是国家作为"总资本家"建立的为资产阶级服务或者缓和阶级矛盾的机构。

四

现在我来谈民主的一节。

A."国家的自由的基础。"

首先，照第二节的说法，德国工人党争取建立"自由国家"。

自由国家，这是什么东西？

使国家变成"自由的"，这决不是已经摆脱了狭隘的臣民见识的工人的目的。在德意志帝国，"国家"几乎同在俄国一样地"自由"。自由就在于把国家由一个高踞社会之上的机关变成完全服从这个社会的机关；而且就在今天，各种国家形式比较自由或比较不自由，也取决于这些国家形式把"国家的自由"限制到什么程度。

【论断】所谓自由国家是无法理解的；自由在于把国家从高踞社会之上的机关变成完全服从于社会的机关；国家

形式上的自由与否取决于这些国家形式把"国家的自由"限制到什么程度。

马克思在这里开始辨析批判纲领中的"民主""自由""国家"等观点。在马克思和恩格斯看来，国家是阶级矛盾不可调和的产物和表现，其实质是阶级统治的暴力机器。所以国家作为阶级统治的工具，只可能实现统治阶级的自由，而不可能是包括被统治阶级在内的所有社会成员的自由。哥达纲领草案中提出所谓"自由国家"，抹杀了国家的阶级本质，就德国当时的情况而言是故意掩盖普鲁士德意志帝国的反动本质，是典型的机会主义主张。他指出，所谓"自由国家"是无法理解的。因为现有的国家本身就是统治阶级的工具，让国家变自由，意思就变成了让统治阶级的国家为所欲为。在德意志帝国，国家机构因为受到的制约更少，所以它其实和俄国差不多的"自由"。这种国家的"自由"，其实就是对社会和人民的专制。马克思指出，社会若想实现自由，就需要把国家从高踞社会之上的机关变成完全服从于社会的机关。各种国家形式的自由与否，往往取决于这些国家形式把"国家的自由"限制到什么程度。这个问题的实质是国家机构的权力能不能受到社会的有效制约和监督，以及多大程度上受到社会的有效制约和监督，决定了这个社会的自由程度。这里提到的"狭隘的臣民见识"是广泛流传于德国的一种说法，源于1838年初普鲁士内务大臣冯·罗霍给埃尔宾城居民的信。当时有人以埃尔宾城居民的名义写信支持格丁根七教授反对汉诺威国王废除该邦宪法。罗霍在回信中写道："臣民应当对自己的国王和邦君表示理所当然的服从……但是不应当以自己的狭隘见识为标准去度量国家元首的行为……"。这是典型的封建专制主义的论调。在现代资本主义生产方式发展相对落后，前现代交往方式残余积淀深厚的社会，比如德国、俄国、中国等国家，前现代的人身依附性的封建意识形态和思维方式往往非常顽固，对广大劳动人民思想的毒害也很严重。哥达纲领以"自由"这类模糊概念作为目的降低了德国工人运动的水平。由于对"自由"标准的不同界定，这一概念的使用掩盖了德国封建势力和资产阶级的剥削压迫。将国家作为超阶级的存在又否认了阶级斗争和无产阶级革命。

德国工人党——至少是当它接受了这个纲领的时候——表明：它对社会主义思想领会得多么肤浅，它不把现存社会（对任何未来社会也是一样）当作现存**国家的**（对未来社会来说是未来国家的）**基础**，反而把国家当作一种具有自己的**"精神的、道德的、自由的基础"**的独立存在物。

【论断】社会是国家的基础，国家不是一种独立存在物。

马克思指出，从哥达纲领草案可以看出，德国工人党对社会主义思想理解得非常肤浅。它不是把现存社会当作现存国家的基础，把未来社会当作未来国家的基础，而是把国家当作一种可以脱离社会基础的独立存在物。根据唯物史观，经济基础决定上层建筑。作为上层建筑的国家，是由经济基础决定并反作用于经济基础的，它绝不是可以脱离社会的独立存在物。把国家视为独立于社会之外的存在物，甚至要求国家去改造社会经济关系，这就割裂和颠倒了经济基础和上层建筑的辩证关系。

而且纲领还荒谬地滥用了"现代国家""现代社会"等字眼，甚至更荒谬地误解了向之提出自己要求的那个国家！

"现代社会"就是存在于一切文明国度中的资本主义社会，它或多或少地摆脱了中世纪的杂质，或多或少地由于每个国度的特殊的历史发展而改变了形态，或多或少地有了发展。"现代国家"却随国境而异。它在普鲁士德意志帝国同在瑞士不一样，在英国同在美国不一样。所以，"现代国家"是一种虚构。

【论断】现代社会是指资本主义社会，现代国家则随国境而异。

马克思对"现代国家观"的批判有一个历史发展进程：从《莱茵报》时期的"理性国家观"，到克罗茨纳赫时期的"市民社会决定政治国家"的思想，再到《哥达纲领批判》时期的国家观。马克思在这里澄清了拉萨尔派关于"现代社会"和"现代国家"的模糊观念,指明"现代社会"即资本主义社会,"现代国家"即资产阶级国家。他批判哥达纲领滥用了"现代国家""现代社会"等词语,尤其荒谬的是误解了德意志帝国,并进一步解释了"现代社会"的含义,就是指资本主义社会。这种社会在一定程度上摆脱了封建社会的因素,由于不同国度特殊的历史发展进程而在一定程度上改变了形态,在一定程度上实现了发展。而"现代国家"则德国的不同于瑞士的,英国的不同于美国的。所以,所谓标准样态的"现代国家"是一种虚构。马克思对"现代国家观"的批判主要是:第一,揭露现代国家的本质。所谓现代国家,是资产阶级推翻封建阶级建立起来的国家形态。所以,现代国家建立在现代资产阶级社会的基础上,是资产阶级作为统治阶级的国家形态。第二,批判庸俗民主政治。当时的德国政府开放了党禁,这使得德国社会民主党部分领导人对议会斗争产生了幻想。马克思一针见血地指出民主政治本身并不能改变现代国家阶级压迫的本质。他在《法国工人党纲领导言》中指出,"包括借助于由向来是欺骗的工具变为解放工具的普选权",即民主政治至多只是一种工具,不应当成为无产阶级追求的目标。第三,对将国家作为独立于社会的存在物观点的批判。马克思指出,国家是建立在现存社会基础上的,是现有经济基础在上层建筑的反映,并不是抽象的存在。无产阶级政党不应把资产阶级的国家观作为自己的国家观,因为资产阶级国家在本质上是一种虚构。现代化和现代性在马克思所处的时代就是指资本主义的现代化和现代性,后来随着历史的发展,现实中的社会主义国家尤其是中国特色社会主义的出现探索出了社会主义现代化的新道路,进而创生出了一种新的社会主义的现代化和现代性。

但是,不同的文明国度中的不同的国家,不管它们的形式如何纷繁,却有一个共同点:它们都建立在现代资产阶级社会的基础上,只是这种社会的资本主义发展程度不同罢了。所以,它们具有某些根本的共同特征。在这个意义上可以谈"现代国家制度",而未来就不同了,到那时"现代国家制度"现在的根基即资产阶级社会已经消亡了。

【论断】不同文明国家虽然形式纷繁,但都建立在现代资产阶级社会基础上,只是资本主义发展程度不同。

马克思这里主要说明的是现代国家作为上层建筑是建立在资本主义生产关系的基础之上的。不同文明的现代国家不管形式如何多样和不同,但都是建立在资本主义生产关系这个经济基础之上的,而且不同国家的资本主义发展具有不平衡性。比如英国资本主义的发展程度就高于法国,而英、法资本主义的发展程度又高于德国、俄国这类国家。在这个意义上可以谈论现代国家制度,但是在未来,随着其资本主义的经济基础的消亡,现代国家制度作为上层建筑也将被抛弃。马克思的无产阶级专政理论、打碎资产阶级国家机器等思想具有重要的理论和实践指导意义。从俄国十月革命建立的苏维埃政权到如今现存的社会主义国家，它们开创出了不同于资本主义国家制度的社会主义国家制度。尤其中国特色社会主义的建立，探索出了符合中国国情的人民民主专政制度，这是对马克思主义无产阶级专政理论的坚持和发展。中国共产党第十九届四中全会对中国特色社会主义的制度问题进行了历史性的总结。

于是就产生了一个问题：在共产主义社会中国家制度会发生怎样的变化呢？换句话说，那时有哪些同现在的国家职能相类似的社会职能保留下来呢？这个问题只能科学地回答；否则，即使你把"人民"和"国家"这两个词联接一千次，也丝毫不会对这个问题的解决有所帮助。

在资本主义社会和共产主义社会之间，有一个从前者变为后者的革命转变时期。同这个时期相适应的也有一个政治上的过渡时期，这个时期的国家只能是**无产阶级的革命专政**。

【论断】共产主义社会国家制度发生怎样的变化，有哪些同现在的国家职能类似的社会职能保留下来的问题只能科学地回答；在资本主义社会和共产主义社会之间有一个革命转变时期：**无产阶级的革命专政**。

马克思提出的问题蕴含两个观点：第一，"现在的国家"即资产阶级国家，具有政治职能和社会职能；第二，在共产主义社会第一阶段即社会主义社会，即"未来共产主义社会的国家制度"的政治职能将消失，若干社会职能将保留。恩格斯在其《反杜林论》中，也明确讲到国家有政治职能和社会职能两种职能，并分析了这两种职能的相互关系。他说："政治统治到处都是以执行某种社会职能为基础，而且政治统治只有在它执行了这种社会职能时才能持续下去。"意思是说国家承担社会职能对于其阶级压迫职能也是十分必要的。任何一个统治阶级只有行使社会职能，其国家政权才能巩固，才能发挥阶级压迫的职能。国家就其本质来说是阶级压迫的工具，政治职能是它的主要职能。国家之所以行使社会职能，也是从统治阶级利益出发，为统治阶级服务的。同时，这种社会职能在客观上也在某些方面和一定程度上有利于全体社会成员。

无产阶级专政的国家也有政治职能和社会职能两种职能，但与之前的国家形态相比，其社会职能更加重要。正是在这个意义上列宁强调："无产阶级专政的实质不仅在于暴力，而且主要不在于暴力。"① 具体而言：无产阶级专政的力量源泉主要不在于暴力。无产阶级专政作为上层建筑，其力量来源于社会主义经济基础。所以无产阶级夺取政权以后，必须毫不停顿地建立巩固、发展壮大社会主义经济基础，发展生产力，否则无产阶级专政就成为空中楼阁。

---

① 《列宁选集》第3卷，北京：人民出版社1995年版，第835页。

列宁指出:"在没有经济根基的情况下,可以使用暴力,但历史注定它是要失败的。但依靠先进阶级,依靠社会主义制度、秩序和组织的更高原则,是可以使用暴力的。那时暴力也可能暂时遭到失败,但它是不可战胜的。"① 暴力在革命时期具有十分重要的作用,它是新社会诞生的助产婆。无产阶级如果不使用革命的暴力,就不能推翻资产阶级的统治,就不能镇压剥削者的反抗,也不能维护社会秩序的安定。除此之外,无产阶级专政经常性的任务是领导和组织群众参加革命和建设。这种对群众的领导和组织工作是在任何时候、任何条件下都必须进行的经常性的工作,也是社会主义事业取得胜利的条件。无产阶级专政还需要对小生产者进行教育和改造,克服其自发性和旧习惯,这也主要不是依靠暴力来完成的。无产阶级在推翻资产阶级的统治后,社会上往往还存在大量小生产者阶层。小生产者具有两面性,无产阶级需要把他们引上社会主义道路。完成这个任务只能采用示范引导和民主教育的方法,从关心其利益的角度入手。这需要做大量艰苦和耐心细致的工作。无产阶级专政必须严格规定革命暴力的适用范围。如果超出范围地使用暴力甚至违法乱纪,侵害人民利益,则属于极为严重的错误。列宁曾针对某些党和国家干部滥用暴力的行为严肃指出:"有人在滥用革命暴力,滥用专政,我要

---

① 《列宁选集》第3卷,北京:人民出版社1995年版,第831页。

警告你们防止这种违法乱纪现象。革命暴力和专政如果用得得当，该用的时候就用，该用于谁就用于谁，那是很好的东西。但在组织方面是不能用它们的。"①

马克思在这里强调了极为重要的无产阶级专政思想。他首先指出，对于共产主义社会中国家制度将发生什么样的变化问题的回答，必须坚持彻底的科学态度。仅仅把"人民"和"国家"两个词放在一起并不能解决问题。马克思不主张对未来国家制度在脑海里事先规划一个蓝图，而只能"科学地回答"。至于什么是"科学地回答"，他并未正面阐释，而是把未来国家制度的某些必要特征勾勒了出来。他提出，从资本主义社会到社会主义社会要经历一个革命的转变时期和政治上的过渡时期，与这个转变时期相适应的国家政治制度只能是无产阶级的革命专政，并深刻阐发了这一学说，进而丰富了科学社会主义理论。虽然马克思在这里并未详述，但他在《法兰西内战》和《巴枯宁〈国家制度和无政府状态〉》等文献中阐明了采取无产阶级专政这一国家形式的必要性。因为在无产阶级专政时期，阶级斗争依然存在，所以"无产阶级就必须采用暴力措施，也就是政府的措施；如果无产阶级本身还是一个阶级，如果作为阶级斗争和阶级存在的基础的经济条件还没有消失，那么就必须用暴力来消灭或改造这种经济条件，并且必须

---

① 《列宁全集》第36卷，北京：人民出版社1985年版，第134页。

用暴力来加速这一改造的过程"①。无产阶级的革命专政一方面要镇压资产阶级及其他反动阶级残余的反抗，另一方面要组织社会生产，大力解放和发展生产力。无产阶级专政同过去的国家形式既有联系又有不同，它仍然是阶级关系处理的政治工具；另一方面它又具有过渡性，是国家走向消亡的最后过渡阶段。旧有的国家职能将被新的社会组织关系彻底扬弃。

早在古罗马共和国时期就存在这样一种制度，当国家处于紧急状态下时，就由元老院推荐并经平民大会批准，授予特定的行政长官以绝对权力，使其能够高效地拯救国家脱离危难状态。这种行政长官被称为专政者，但其任期不超过6个月。而近代一些国家的宪法，也规定了其最高行政长官在国家处于紧急状态下可以行使的绝对权力，即法定的"专政"。一旦紧急状态解除了，这种"专政"也就宣告结束。马克思所说的无产阶级专政也带有这种含义，只不过是由无产阶级来实施。而且无产阶级专政不同于历史上其他社会形态的专政之处在于，它不再是少数人对多数人的专政，而是绝大多数人对少数人的专政。"无产阶级的运动是绝大多数人的，为绝大多数人谋利益的独立的运动"②。

---

① 《马克思恩格斯文集》第3卷，北京：人民出版社2009年版，第403页。
② 《马克思恩格斯文集》第2卷，北京：人民出版社2009年版，第42页。

早在1848年的《共产党宣言》中，马克思和恩格斯就提出了无产阶级专政的思想内容："工人革命的第一步就是使无产阶级上升为统治阶级，争得民主。无产阶级将利用自己的政治统治，一步一步地夺取资产阶级的全部资本，把一切生产工具集中在国家即组织成为统治阶级的无产阶级手里，并且尽可能快地增加生产力的总量。"① 这里虽然没有出现"专政"两个字，但这里提到的无产阶级上升为统治阶级并逐步夺取资产阶级的全部资本，以及将全部生产工具集中到国家等行动，只有通过"无产阶级专政"才能够实现。

马克思在研究1848—1850年的法兰西阶级斗争时指出，无产阶级"要在资产阶级共和国范围内稍微改善一下自己的处境只是一种空想"②。所以，必须放弃对资产阶级国家的幻想，明确提出了"推翻资产阶级！工人阶级专政！"③ 无产阶级只有推翻资产阶级政权，建立无产阶级专政，才能完成解放自己和解放全人类的使命。科学的社会主义"就是宣布不断革命，就是无产阶级的阶级专政"④。他在《1848年至1850年的法兰西阶级斗争》中把无产阶级社会经济改造的任务概括为："占有生产资料，使生产资料受联

---

① 《马克思恩格斯文集》第2卷，北京：人民出版社2009年版，第52页。
② 《马克思恩格斯文集》第2卷，北京：人民出版社2009年版，第103页。
③ 《马克思恩格斯文集》第2卷，北京：人民出版社2009年版，第104页。
④ 《马克思恩格斯文集》第2卷，北京：人民出版社2009年版，第166页。

合起来的工人阶级支配,也就是消灭雇佣劳动、资本及其相互间的关系。"即无产阶级要对生产资料进行占有、支配和管理。马克思在1852年写给约瑟夫·魏德迈的信中说:"阶级斗争必然导致无产阶级专政;这个专政不过是达到消灭一切阶级和进入无阶级社会的过渡。"① 马克思在总结巴黎公社的经验教训时,再一次着重论述了打碎资本主义国家机器,建立无产阶级专政的必然性。他在《法兰西内战》中指出,工人阶级不能简单地掌握现成的国家机器,并运用它来达到自己的目的。巴黎公社作为人类历史上首次实行无产阶级专政的实践,证明了无产阶级专政在阶级斗争中的必要性和重要性。"公社的真正秘密就在于:它实质上是工人阶级的政府,是生产者阶级同占有者阶级斗争的产物,是终于发现的可以使劳动在经济上获得解放的政治形式。"② 马克思强调,如果巴黎公社没有实施无产阶级专政,公社就没有存在的可能。马克思又进一步指出:"公社是一个实干的而不是议会式的机构,它既是行政机关,同时也是立法机关。警察不再是中央政府的工具,他们立刻被免除了政治职能,而变为公社的承担责任的、随时可以罢免的工作人员。其他各行政部门的官员也是一样。从公社委员起,自上至下一切公职人员,都只能领取相当于工人工

---

① 《马克思恩格斯文集》第10卷,北京:人民出版社2009年版,第106页。
② 《马克思恩格斯文集》第3卷,北京:人民出版社2009年版,第158页。

资的报酬。"① 《哥达纲领批判》所追求的无产阶级建立的国家形式，其各级部门的工作人员都是为社会提供服务的公仆，而不再是现代国家中的政治家、军人、警察、法官等。马克思在《哥达纲领批判》中所呈现的那种超越现代国家的未来国家，是"完全服从这个社会的机关"②，而不是成为"高踞社会之上的机关"。正如西方马克思主义学者列斐伏尔指出的："能否把无产阶级专政定义为国家对于社会的服从呢？这对于马克思来说，是肯定的。"③

可以这样理解，无产阶级专政是阶级斗争所导致的必然结果；实行无产阶级专政的时期就是从资本主义社会向无阶级社会的过渡时期。打个比方，现代宇宙飞船中的宇航员如果进行出舱的太空行走，需要先进入一个减压舱，只有当减压舱内的气压和环境与外部太空环境基本一致时，才能完全打开舱门进入太空。无产阶级专政这个过渡就类似于从宇宙飞船进入外太空之间的减压舱的功能。在这个"减压舱"内，创造条件结束阶级对立、发展生产力，逐步进入到共产主义社会。马克思指出："只要其他阶级特别是资本家阶级还存在，只要无产阶级还在同它们进行斗争（因为在无产阶级掌握政权后，无产阶级的敌人和旧的社会组织还没有消失），无产阶级就必须采用暴力措施，也就是

---

① 《马克思恩格斯文集》第3卷，北京：人民出版社2009年版，第154页。
② 《马克思恩格斯文集》第3卷，北京：人民出版社2009年版，第444页。
③ ［法］列斐伏尔：《论国家》，重庆：重庆出版社1988年版，第131页。

政府的措施；如果无产阶级本身还是一个阶级，如果作为阶级斗争和阶级存在的基础的经济条件还没有消失，那么就必须用暴力来消灭或改造这种经济条件，并且必须用暴力来加速这一改造的过程。"① 还要通过无产阶级专政，消除资产阶级的势力和旧社会的残余，这样才可能实现无产阶级的政治解放。这一专政就是"要求改造社会，要把民主共和机构保存起来作为他们运动的工具，团结在作为决定性革命力量的无产阶级周围"②。所以，无产阶级专政除了镇压和改造经济关系的使命，还有人民当家作主进行社会管理的功能。包括管理各种国家事务，进行社会治理，以保证社会安定有序，朝着有利于人民根本长远利益的方向发展。从《哥达纲领批判》中的各项扣除，就可以看出这种社会管理包括社会福利功能的存在和必要性。

无产阶级专政具有哪些特点？首先是阶级性。无产阶级要镇压资产阶级及其他反动阶级的反抗并进行生产关系改造。此外，它还具有管理性、民主性和过渡性的特点。所谓管理性，是指上升为统治阶级的无产阶级需要通过对生产资料的占有、分配和管理，来实现人民的根本利益。无产阶级专政的内容是"由人民当家作主来管理国家事务、有效治理社会，包括对极少数人专政"，目标是维持社会安

---

① 《马克思恩格斯文集》第3卷，北京：人民出版社2009年版，第403页。
② 《马克思恩格斯文集》第2卷，北京：人民出版社2009年版，第164页。

定有序，并朝着有利于实现最广大人民的根本利益的方向发展。所谓民主性，指无产阶级专政既对敌对分子实施"专政"，又对人民实施"民主"。马克思从"专政"和"民主"两概念的德语词源进行分析，强调"专政"不是"专制"，而是在国家紧急状态下的举措。特指国家在紧急状态下通过人民当权的方式实现从资本主义制度向共产主义制度的过渡。"民主"也不是资产阶级民主的意思，而是人民当权的意思。马克思认为，在这一时期，"专政"是手段，而实现无产阶级的政治解放"民主"才是目的。长期以来，西方学界和媒体常常把无产阶级专政等同于专制主义、极权主义。这种观点是没有根据的。无产阶级专政中的"专政"既非专制也非极权统治。事实上，马克思正是从反对专制主义、集权主义的角度理解无产阶级的民主。民主是无产阶级专政的内在要求。民主和社会主义紧密相连。列宁指出："没有民主，就不可能有社会主义。"邓小平也指出："没有民主就没有社会主义，也就没有社会主义现代化。"无产阶级专政带有"过渡性"，是过渡时期的国家形态，其历史使命就是为消灭阶级创造条件。无产阶级专政这种国家形态是暂时的，一旦阶级对立和阶级斗争消失，无产阶级专政也将消亡，这种国家形态便告别历史舞台。无产阶级专政将"持续到阶级存在的经济基础被消灭的时候为止"[①]。巴枯宁

[①] 《马克思恩格斯选集》第3卷，北京：人民出版社1995年版，第291页。

曾经质疑"'上升为统治阶级的'无产阶级是什么意思呢？"马克思回答说："这就是说，无产阶级不再在一个个场合同经济特权阶级做斗争，它获得的力量和组织使它足以在同这些阶级做斗争时采取普遍的强制手段；但是，它只能运用经济手段来消除它作为雇佣工人的特性，因而消除它作为阶级的特性；随着它获得彻底胜利，它的统治也就结束了，因为它的阶级性质已经消失了。"① "阶级统治一旦消失，目前政治意义上的国家也就不存在了"②。那么在共产主义社会的社会管理将采取什么形式呢？恩格斯用"共同体"这个概念给予了回答。

无产阶级专政是从资本主义社会向共产主义社会"过渡时期"即"革命转变时期"的国家形式。未来社会发展可大致划分为：从资本主义向共产主义进行革命转变的过渡时期、共产主义社会的第一阶段、共产主义社会的高级阶段。那么无产阶级专政存在于哪些阶段？可以肯定的是，在共产主义的高级阶段无产阶级专政已经完成了其历史使命，因为那时候阶级都不存在了。在革命转变的过渡时期无产阶级专政是肯定存在的。在共产主义的第一阶段（社会主义社会）无产阶级专政还存不存在？回答这个问题的关键是研究无产阶级专政为什么存在，它存在的使命是什

---

① 《马克思恩格斯文集》第3卷，北京：人民出版社2009年版，第405页。
② 《马克思恩格斯文集》第3卷，北京：人民出版社2009年版，第406页。

么。无产阶级专政的使命有三个：一是镇压资产阶级等阶级残余的反抗，逐步改造社会生产关系；二是大力解放和发展社会生产力；三是进行必要的社会管理和服务。所以无产阶级专政存在到什么时候，这取决于阶级关系的情况。只要资产阶级还存在，只要资本主义生产关系还没有彻底退出历史舞台，无产阶级专政就会存在。"无产阶级专政"意味着在从资本主义向共产主义社会制度转变时期无产阶级的阶级统治。在这个阶段，它仍然要与来自资产阶级的威胁做斗争。但无产阶级的统治也会随着人类阶级社会的结束自行瓦解。当资产阶级最后的反抗及其思想影响都消失的时候，所有人都成为劳动者，对阶级统治的需要消失，无产阶级专政也将消失。但是资产阶级和资本主义生产关系或者还有其他的阶级和生产关系是否完全退出历史舞台，这又是由生产力发展水平所决定的。所以这个问题的答案是：什么时候生产力发展到资本主义生产关系和资产阶级，及其他阶级和相应的生产关系完全没有存在必要，并且无产阶级专政也在社会上层建筑和经济基础领域实际完成了清除这些阶级和生产关系的时候，无产阶级专政也就完成了自己的历史使命。

列宁对《哥达纲领批判》的解读，可以给我们以莫大的启示。列宁在创作《国家与革命》的准备材料《马克思主义论国家》的笔记中，摘录了马克思在《哥达纲领批判》中的论述并随后写道："由此可见，无产阶级专政是'政治上的过渡时期'；显然这个时期的国家也是从国家到非国家的过渡，就是说，'已经不是原来意义上的国家'。""但是，马克思接着谈到'未来共产主义社会的国家制度的'！！就是说，甚至在'共产主义'社会还有国家制度！！这不是矛盾吗？"列宁回答说："不矛盾"。他接着以列表的方式指出：资产阶级需要国家——在资本主义社会是原来意义上的国家；无产阶级需要国家——过渡（无产阶级专政）：过渡型的国家（不是原来意义上的国家）；不需要国家，国家消亡——共产主义社会：国家消亡。列宁列出上表以后说："完全合乎逻辑，并且十分清楚！！"[1] 他接着写道："《哥达纲领批判》对未来社会进行经济分析的几段十分重要，这几段也同国家问题有关。"[2] 列宁在引证了马克思关于经济的几段论述后说："由此可见，这里明显地、清楚地、准确地区分了共产主义社会的两个阶段。"[3] 在共产主义社会的低级阶段，"消费品的分配是和每个人向社会提供的劳动量'成比例的'"，"也是一种强制形式：'谁不劳动，谁就没饭吃'"，"分配的不平等还很严重"，还没有完全超出"狭隘的资产阶级权利眼界"，因此，"和（半资产阶级）权利一起，（半资产阶级）国家也还不能完全消失"。而在共产主义社会的高级阶段，将实行"各尽所能，按需分配"，"劳

---

[1] 《列宁全集》第31卷，北京：人民出版社1985年版，第161页。
[2] 《列宁全集》第31卷，北京：人民出版社1985年版，第162页。
[3] 《列宁全集》第31卷，北京：人民出版社1985年版，第164页。

动成了生活的第一需要","不用强制","只有在这个高级阶段,国家才能完全消亡"①。列宁在这里所说的在共产主义社会的低级阶段还没有完全消失的"(半资产阶级)国家",也就是马克思在《哥达纲领批判》中所说的"未来共产主义社会的国家制度",它与"无产阶级的革命专政"不是一回事。这种国家形式已经丧失了政治职能,但不再具有阶级压迫的功能,而只保留社会管理的功能。

  列宁在《国家与革命》第四章中引证了恩格斯在《论权威》中的一段话。这段话对于理解马克思、恩格斯、列宁关于未来国家状况及其演变思想至关重要。恩格斯说:"如果自治论者仅仅是想说,未来的社会组织只会在生产条件必然要求的限度内允许权威存在,那也许还可以同他们说得通。但是,他们闭眼不看一切使权威成为必要的现实,只是拼命地反对字眼。""为什么反权威主义者不只是限于高喊反对政治权威,反对国家呢?所有的社会主义者都认为,国家以及政治权威将由于未来的社会革命而消失,这就是说,社会职能将失去其政治性质,而变为维护社会利益的简单的管理职能。但是,反权威主义者却要求在那些产生政治国家的社会关系废除以前,一举把政治国家废除。他们要求把废除权威作为社会革命的第一个行动。"② 列宁

---

① 《列宁全集》第31卷,北京:人民出版社1985年版,第164—165页。
② 《列宁全集》第31卷,北京:人民出版社1985年版,第58—59页。

在摘录了恩格斯这段话以后说："在这些论述中涉及了在考察国家消亡时期的政治与经济的关系……时应该考察的问题。那就是关于社会职能由政治职能变为简单管理职能的问题和关于'政治国家'的问题。后面这个说法（它特别容易引起误会）指出了国家消亡有一个过程：正在消亡的国家在它消亡的一定阶段，可以叫作非政治国家。"恩格斯和列宁所说的"政治国家"，指的是具有政治和阶级压迫功能的国家。之前历史上统治阶级专政的国家和过渡时期无产阶级专政的国家都是"政治国家"，列宁所说的"正在消亡的国家"则包括两个阶段：第一阶段是过渡时期的无产阶级专政的国家，它仍然具有政治和阶级压迫功能，所以仍属于"政治国家"；第二阶段即"在它消亡的一定阶段"，属于"非政治国家，指的是在共产主义社会的低级阶段还没有完全消亡的国家"。列宁这里所讲的"非政治国家"就是马克思在《哥达纲领批判》中所说的"未来共产主义社会的国家制度"，它和"无产阶级的革命专政"这种"政治国家"的国家形式并不是同一种国家制度。

列宁在《国家与革命》第五章中对于国家消亡问题讲得清楚而明确。他认为在共产主义社会的低级阶段即社会主义社会，人们还不能立即学会摆脱法律规范而为社会劳动，况且资本主义社会的崩溃不能立即为这种改变创造经济前提。这时候还需要国家保卫生产资料公有制，保卫劳动的平等和产品分配的平等。这时"国家正在消亡，因为资本家已经没有了,阶级已经没有了,因而也就没有什么阶级可以镇压了"。"但是,国家还没有完全消亡,因为还要保卫那个确认事实上的不平等的'资产阶级权利'。要使国家完全消亡,必须有完全的共产主义。"①"可见,在共产主义下,在一定时期内,不仅会保留资产阶级权利,甚至还会保留资产阶级国家,——但没有资产阶级!"② 这里讲的共产主义社会的"一定时期",就是指共产主义社会的第一阶段,即社会主义社会;这里所讲的没有资产阶级的"资产阶级国家",既不是指资产阶级专政的国家,也不是指无产阶级专政的国家,而是指不具有政治和阶级压迫功能而只具有社会管理功能的国家,即马克思所说的"未来共产主义社会的国家制度"。

十月革命胜利以后,列宁仍然把无产阶级专政的苏维埃政权与社会主义社会的国家制度明确区分开来。他在1918年写的《人民委员会工作报告》中指出:"我们创立了新型的国家政权,我们已经有了社会主义的苏维埃共和国。"但是,"我知道我们才开始向社会主义过渡的时期,我们还没有达到社会主义。""我们甚至远没有结束从资本主义到社会主义的过渡时期。我们从来没有幻想过,不靠国际无产阶级的帮助就能结束这个过渡时期。"③ 列宁在同

---

① 《列宁全集》第31卷,北京:人民出版社1985年版,第91页。
② 《列宁全集》第31卷,北京:人民出版社1985年版,第95页。
③ 《列宁选集》第3卷,北京:人民出版社1995年版,第409页。

年5月写的《论"左派"幼稚性和小资产阶级性》中说："没有一个共产主义者否认过社会主义苏维埃共和国这个名称是表明苏维埃政权有决心实现向社会主义的过渡,而决不是表明新的经济制度就是社会主义制度。"① 这些都说明,列宁认为无产阶级专政是从资本主义社会向社会主义社会过渡时期的国家制度,但还不是社会主义社会的国家制度。在列宁那里,只要无产阶级专政还存在,就表明过渡时期还没有结束;过渡时期一旦结束,社会进入社会主义社会阶段,无产阶级专政的国家制度就完成了其历史使命,不复存在。代替无产阶级专政的将是"未来共产主义社会的国家制度"。

综合来看,马克思、恩格斯、列宁都认为,从资本主义社会到社会主义社会过渡时期的国家制度是无产阶级专政。过渡时期结束进入社会主义社会以后,国家正在消亡,但还没有完全消亡。这种正在消亡而没有完全消亡的国家已经失去了政治功能,不再是阶级压迫的工具,但还保留着社会管理的职能。马克思称其为"未来共产主义社会的国家制度",恩格斯称其为"非政治国家",列宁则称其为"(半资产阶级)国家"。即未来社会将出现"无产阶级革命专政"和"未来共产主义社会的国家制度"两种国家形式。其中"无产阶级革命专政"是过渡时期的产物,是过渡性

---

① 《列宁选集》第3卷,北京:人民出版社1995年版,第521页。

的国家和暂时的政治形式。"未来共产主义社会的国家制度"不是无产阶级专政,而是扬弃了无产阶级专政之后的国家形式。这时的国家正在消亡,但还没有完全消亡。它已经失去政治职能,不再具有阶级压迫的性质,只保留管理职能。而在共产主义社会的高级阶段,国家消亡。可见在国家消亡问题上,马克思、恩格斯、列宁都严格坚持了历史唯物主义基本原理。在他们看来,国家的消亡将是一个长期的、自发的过程。这个过程开始于无产阶级专政的建立,终结于共产主义社会的高级阶段。在这个过程中,先是国家的政治和阶级压迫功能日渐削弱,社会管理功能留存;当过渡时期结束阶级消灭,进入共产主义第一阶段,国家的政治和阶级压迫功能将完全消失,只保留社会管理职能;等到了共产主义社会的高级阶段,国家完全消亡,社会进入新的组织形式。在相当长的时间里,我国理论界有不少人把马克思所说的"未来共产主义社会的国家制度"理解为"无产阶级的革命专政"。这种理解其实并不符合马克思的原意。这种误解是因为对马克思所说的"过渡时期"有不正确的理解。

列宁没有把马克思的文本当作教条。他指出,"马克思丝毫不想制造乌托邦,不想凭空猜测无法知道的事情。马克思提出共产主义的问题",并不是为未来社会制定具体模式和实现步骤,而只是"像自然科学家提出某一新的生物变种的发展问题一样",尽量科学地说明未来的共产主义社会"是怎样产生以及朝着哪个方向演变的"。① 列宁根据当时俄国的实际情况，把社会主义具体化为社会大"工厂"和国家"辛迪加"。他在《国家与革命》中进行了许多理论创新，提出了对社会主义制度较为完整的构想：在经济制度方面建立由全体工人管理的"国家辛迪加"，"全体公民都成了国家（武装工人）的雇员"，"他们在正确遵守工作标准的条件下，同等地工作，并同等地领取报酬"。② 这个设想包括了生产资料所有制（武装工人管理的国家所有制）、劳动组织和调节方式（国家辛迪加）、收入分配方式（按劳分配）。列宁用"劳动平等，报酬平等"概括社会主义经济制度的性质。列宁没有照搬马克思的经典论述，他的设想与《哥达纲领批判》中关于共产主义第一阶段的设想存在不同。"国家辛迪加""全体公民成为国家的雇员"等是列宁根据当时发达国家国家垄断资本主义发展的新进展做出的创新。列宁在后来的实践中不断完善《国家与革命》中的观点，如农业生产资料不可能归社会所有，工农业之间要进行商品交换。在新经济政策实施过程中，他明确指出"我们对社会主义的整个看法根本改变了"。③ 主要是：通过批判"工会国家化"，否定了由全体工人直接管理苏维埃国家的设想，代之以无产阶级政党领导的行政等级制的国家

---

① 《列宁选集》第3卷，北京：人民出版社2012年版，第187页。
② 列宁：《国家与革命》，北京：人民出版社2015年版，第103页。
③ 《列宁全集》第33卷，北京：人民出版社1957年版，第429页。

机器和企业组织；商品交换和货币关系不能完全取消，特别是在国家与农民的交换中，商品货币关系仍发挥着重要的作用。可以说，列宁打开了社会主义和商品交换、货币关系的探索之门，后来在这一方向中国特色社会主义得出了社会主义市场经济的成果。

但后来斯大林中止了新经济政策的探索。斯大林虽然意识到没有一定条件如高度发达的生产力、阶级对立和阶级差别的消灭，共产主义是不可能实现的，商品生产也不可能消除；但他仍认为至少可以在一个国家或在"资本主义和生产集中都充分发达的"部门实现对未来社会的设想。于是，他建立了苏联模式，把商品生产的范围限于个人消费品，并以"外壳论"为由"限制价值规律发生作用的范围"，用计划和指令取代之。苏联通过强力推行集体农庄制度消灭小商品生产，认为社会主义"特种的商品生产"仅限于国家、集体农庄、合作社生产的个人消费品，并且劳动力商品、剩余价值、资本、资本利润、平均利润率等都不再适用于社会主义经济。苏联的《政治经济学教科书》，也将社会主义生产关系的基本内涵固化为公有制＋计划经济＋按劳分配的公式。

新中国成立后，我国建立起人民民主专政的社会主义国家。毛泽东在《论人民民主专政》中指出："对人民内部的民主方面和对反动派的专政方面，互相结合起来，就是人民民主专政。"① 人民民主专政是马克思无产阶级专政原则同中国具体实际相结合的产物，在根本上符合科学社会主义理论。毛泽东曾指出苏联模式存在问题，他敏锐地意识到这一模式的最大"毛病"在于权力过于集中，"不给工厂一点权力，一点机动的余地，一点利益"，所以工厂没有能动性。虽然当时中国试图独立自主地探索适合中国实际的社会主义道路，并提出了不少理论创新点，但没有实现对公有制+计划经济+按劳分配的社会主义"基本原则"的突破。

20世纪70年代之后，邓小平在中国改革开放启动时期指出："我们总结了几十年搞社会主义的经验，社会主义是什么，马克思主义是什么，过去我们并没有完全搞清楚。"② 他通过对社会主义实践正反两个方面经验教训的总结反思，打破了对社会主义的思维定势，提出了社会主义市场经济理论。社会主义虽然在所有制方面已经超越了资本主义，将"物质的生产条件"由"非劳动者"的私有财产转化为"劳动者自己的集体财产"，但它并没有超越商品市场经济这一社会发展阶段。其生产力基础仍然是社会化大生产，仍然需要市场机制调节供求，实现资源的合理配置。从而突破了把社会主义与资本主义截然对立的形而上学思维方

---

① 《毛泽东选集》第4卷，北京：人民出版社1991年版，第1475页。
② 《邓小平文选》第3卷，北京：人民出版社1993年版，第137页。

式,实现了对资本主义由外在竞争向内在扬弃的转变。中国再次将关注重点聚焦到商品市场经济上,通过改革开放,最终完成了计划经济向社会主义市场经济的体制转型,并创造了经济和社会发展的奇迹。中国特色社会主义为马克思关于共产主义第一阶段(社会主义)理论增添了新的内容。

在落后国家建立社会主义制度无论采取哪种形式都只能算是部分跨越,因为生产力的跨越才是关键问题。如果生产力长期不能实现跨越,那么社会主义制度就会岌岌可危。马克思指出:"人们在发展其生产力时,即在生活时,也发展着一定的相互关系;这些关系的形式必然随着这些生产力的改变和发展而改变。"① 恩格斯指出:"为了使社会主义变为科学,就必须首先把它置于现实的基础之上。"② 马克思的理论"所提供的只是总的指导原理,而这些原理的应用具体地说,在英国不同于法国,在法国不同于德国,在德国又不同于俄国"③。中国所经历的社会主义初级阶段,既不是从资本主义社会到社会主义社会的过渡时期,也不是发达的社会主义社会。与此相对应,我国目前的人民民主专政,既不同于马克思所说的从资本主义社会到社会主义社会过渡时期的"无产阶级的革命专政",也与马克思所说的"未来共产主义社会的国家制度"不完全相同。从某

---

① 《马克思恩格斯选集》第4卷,北京:人民出版社2012年版,第413页。
② 《马克思恩格斯选集》第3卷,北京:人民出版社2012年版,第789页。
③ 《列宁选集》第1卷,北京:人民出版社2012年版,第275页。

种意义上说，它是介于两者之间，是由前者向后者转变，并兼有两者属性和职能的特殊国家形式。比如，共产主义社会第一阶段的国家形式与目前我国坚持和完善中国特色社会主义制度，推进国家治理体系和治理能力现代化存在相通之处。中国特色社会主义国家形式的政治职能和社会职能针对不同情况和问题需要具体情况具体分析，其主要围绕解决社会主义社会的基本矛盾、主要矛盾以及政治领域内的两类矛盾来发挥作用。

像中国这样从经济文化比较落后的状态进入社会主义社会以后，在相当长的时期都必须坚持无产阶级专政。因为就国际环境而言，发达资本主义国家仍然在很大程度上主导国际秩序，它们并没有放弃对社会主义国家的遏制和颠覆；就国内环境而言，中国的现代化尚未实现，多种经济成分并存，阶级矛盾和斗争仍然在一定范围内存在。邓小平指出："依靠无产阶级专政保卫社会主义制度，这是马克思主义的一个基本观点。马克思说过，阶级斗争学说不是他的发明，真正的发明是关于无产阶级专政的理论。历史经验证明，刚刚掌握政权的新兴阶级，一般来说，总是弱于敌对阶级的力量，因此要用专政的手段来巩固政权。对人民实行民主，对敌人实行专政，这就是人民民主专政。运用人民民主专政的力量，巩固人民的政权，是正义的事情，没有什么输理的地方。我们搞社会主义才几十年，还处在初级阶段，巩固和发展社会主义制度，还需要一个很长的历史阶段,需要我们几代人、十几代人,甚至几十代人坚持不懈地努力奋斗,决不能掉以轻心。"①

这说明了坚持无产阶级专政的必要性、重要性和长期性。首先,在社会主义时期仍然需要无产阶级专政镇压剥削阶级残余的反抗。在国内,剥削阶级虽然已经被推翻,并且作为一个完整的阶级已经被消灭,但其残余势力还会同无产阶级进行较量,其思想观念和传统习惯还会产生长期影响。试图颠覆社会主义的分子、刑事犯罪分子依然存在。在国外,国际垄断资产阶级依然强势,拥有科技、经济、文化和军事优势,它们对社会主义国家展开武装进攻、"和平演变"或者施加各种封锁制裁。苏联领导人在改革的过程中因背弃科学社会主义原则导致苏联亡党亡国就是反面例证。因此必须坚持无产阶级专政。"社会主义社会中的阶级斗争是一个客观存在,不应该缩小,也不应该夸大。实践证明,无论缩小或者夸大,两者都要犯严重的错误。"②"一定要把对人民的民主和对敌人的专政结合起来。"③"坚持社会主义就必须坚持无产阶级专政,我们叫人民民主专政。在四个坚持中,坚持人民民主专政这一条不低于其他三条。"④ 其次,社会主义不仅要建立制度,而且要进行建设。只有建立了先

---

① 《邓小平文选》第3卷,北京:人民出版社1993年版,第379—380页。
② 《邓小平文选》第2卷,北京:人民出版社1994年版,第182页。
③ 《邓小平文选》第2卷,北京:人民出版社1994年版,第176页。
④ 《邓小平文选》第3卷,北京:人民出版社1993年版,第365页。

进的物质文明、精神文明、政治文明、社会文明和生态文明，社会主义制度才能真正得到巩固。否则，资本主义还有复辟的危险，苏联东欧国家就是前车之鉴。所以，无产阶级专政必须长期坚持。

习近平在党的十九届四中全会上强调，要坚持和完善人民当家作主制度体系，发展社会主义民主政治，其中首要条件是建立在以工人阶级领导的、以工农联盟为基础的人民民主专政的社会主义国家之上；为了保证人民民主专政，就必须坚持和完善党的领导制度体系，因为中国共产党领导是中国特色社会主义最本质的特征，是中国特色社会主义制度的最大优势，党是最高政治领导力量。

中国特色社会主义对科学社会主义的坚持和发展主要体现在以下几个方面。

社会主义初级阶段论深化了社会主义发展阶段理论。我国目前所处的社会发展阶段，还不能认为达到了马克思所说的共产主义第一阶段的水平，但基本达到了列宁所界定的社会主义的水平，并有所超越和创新。中国已经是社会主义社会，需要继续坚持社会主义的基本原则和方向；同时，中国的社会主义还处于初级阶段，需要从初级阶段的实际出发进行建设。社会主义初级阶段特指我国在生产力水平落后、商品经济不发达条件下建设社会主义必然经历的历史阶段。这个阶段不同于社会主义经济基础尚未奠定的过渡时期，也不同于已经实现社会主义现代化的阶段，而是中国特色社会主义在发展进程中必然要经历的特定历史阶段。

在基本经济制度方面坚持并发展了科学社会主义的所有制理论。在《共产党宣言》中,马克思、恩格斯认为,共产主义必须废除资产阶级所有制,但不会废除一般的所有制。中国特色社会主义的基本经济制度,在坚持科学社会主义所有制理论基本原则的基础上做出了重大创新,建立了公有制为主体,多种所有制经济共同发展的所有制形式。这是由中国的生产力水平所决定的。作为发展中国家,中国建设社会主义的起点低,必须通过解放和发展生产力逐步实现人民的共同富裕,实现现代化。需要一方面发挥社会主义制度的优越性,将主要生产资料集中在国家和集体的手中,以生产资料公有制作为中国特色社会主义经济制度的主要基础。另一方面根据现有生产力发展水平和要求,允许多种经济成分并存和非公有制经济的长期发展。

在分配制度方面坚持并发展了科学社会主义的分配理论。分配方式由生产方式决定,分配方式的合理化也会促进生产方式的完善。中国特色社会主义分配制度是以按劳分配为主体,多种分配方式并存。按劳分配是社会主义公有制在分配方面的体现,中国坚持按劳分配主体地位,体现了公有制主体地位和基本经济制度的社会主义性质。同时这种分配制度允许劳动、技术、管理和资本等生产要素按贡献参与分配。按劳分配以外的多种分配方式,实际上是按生产要素的贡献分配，这是由社会主义初级阶段的多种所有制结构决定的，符合我国现阶段生产力发展要求。

科学社会主义是中国特色社会主义的思想基础，中国的国情是中国特色社会主义的现实基础。科学社会主义的基本原则在中国特色社会主义发展过程中，在与中国国情的结合过程中不断被具体化。这既体现了对科学社会主义基本原则的坚持，又实现了对其的重要发展。

但是，这个纲领既不谈无产阶级的革命专政，也不谈未来共产主义社会的国家制度。

纲领的政治要求除了人所共知的民主主义的陈词滥调，如普选权、直接立法、人民权利、国民军等等，没有任何其他内容。这纯粹是资产阶级的人民党、和平和自由同盟的回声。所有这些要求，只要不是靠幻想夸大了的，都已经**实现**了。不过实现了这些要求的国家不是在德意志帝国境内，而是在瑞士、美国等等。这类"未来国家"就是**现代国家**，虽然它是存在于德意志帝国的"范围"以外。

【论断】哥达纲领既没有谈无产阶级的革命专政，也没有谈未来共产主义社会的国家制度，其中的政治要求是民主主义的陈词滥调。

马克思批判了哥达纲领的短视性。经济基础决定上层建筑，在资本主义生产关系未改变之前，在这个经济基础之上的只能是资本主义国家。哥达纲领既没有谈无产阶级专政，也没有对未来共产主义社会的政治制度进行设想，反而提出的政治要求和资产阶级民主派的政治要求类似。这类政治要求在德国之外的资本主义国家很多都已经实现了。这些较为发达的资本主义国家就是现代国家。在德国之所以还没有实现这些，是因为德国是后发的资本主义国家。但无论如何，哥达纲领作为无产阶级政党的纲领，不能止步于提出资产阶级民主主义的要求，而应当进一步提出社会主义和共产主义的政治要求。这里提到的人民党指德国人民党，该党成立于1865年，主要由德国南部各邦的小资产阶级民主派以及一部分资产阶级民主派组成。该党执行反普鲁士政策，提出一般民主口号，反对确立普鲁士对德国的领导权，宣传实行联邦制，反对以集中统一的民主共和国的形式统一德国，反映了德意志某些邦的分立主义意图。1866年，以工人为基本核心的萨克森人民党并入德国人民党。人民党的这支左翼，除了反普鲁士的情绪和力求共同努力以民主方法解决国家的全民族统一问题之外，实质上与原来的德国人民党毫无共同之处，以后它就朝着社会主义的方向发展。后来该党的基本成员脱离了小资产阶级民主派，于1869年8月参加了德国社会民主工党的建立工作。和平和自由同盟指国际和平和自由同盟，是由一批小资产阶级共和主义者和自由主义者于1867年在瑞士日内瓦建立的资产阶级和平主义组织。

但是他们忘记了一点。既然德国工人党明确地声明，它是在"现代民族国家"内，就是说，是在自己的国家即普鲁士德意志帝国内进行活动，——否则，它的大部分要求就没有意义了，因为人们只要求他们还没有的东西，——那么，它就不应当忘记主要的一点，就是说，这一切美妙的玩意儿都建立在承认所谓人民自主权的基础上，所以它们只有在**民主共和国**内才是适宜的。

【论断】这些都需要建立在承认所谓人民自主权的基础上，只有在民主共和国内才是适宜的。

马克思这里事实上指出哥达纲领的这些政治要求即使提出来也是难以实现的，因为缺少实现的前提——民主共和国。而当时的普鲁士德意志帝国是一个还没有承认人民自主权的国家。纲领草案提出的政治要求水平如此之低，是因为普鲁士德意志帝国连这些资本主义民主制度应当实现的政治要求都还没有实现。

既然他们没有勇气（1891年发表时这里是"既然他们不可能"。——编者注）像法国工人纲领在路易-菲力浦和路易-拿破仑时代那样要求民主共和国，——而这是明智的，因为形势要求小心谨慎，——那就不应当采取这个既不"诚实"也不体面的（1891年发表时删去了"既不'诚实'也不体面的"这几个字。——编者注）手法：居然向一个以议会形式粉饰门面、混杂着封建残余、同时已经受到资产阶级影响、按官僚制度组成、以警察来保护的军事专制国家，要求只有在民主共和国里才有意义的东西，并且还向这个国家庄严地保证，他们认为能够"用合法手段"从它那里争得这类东西！(1891年发表时删去了"并且……这类东西！"这半句话。——编者注)

【论断】哥达纲领的编写者没有勇气要求民主共和国，却居然向一个军事专制国家要求只有在民主共和国里才有意义的东西，甚至认为能够用合法手段争得这类东西。

马克思在这里以讽刺的口吻指出了纲领草案所提出的这些政治要求的不可能实现性。他指出哥达纲领编写者的怯懦性，不但没有当年法国工人阶级通过纲领向法国皇帝提出建立民主共和国的勇气，而且还向一个军事专制的帝国政府要求只有在民主共和国里才有意义的东西。更加显得猥琐的是，哥达纲领还向这个专制国家的政府保证，能够"用合法手段"从它那里争取这类东西。这种做法既不"诚实"也不体面。马克思鲜明地描绘了当时普鲁士德意志帝国国家的特点：是以议会的形式粉饰门面、混杂着封建残余、已经受到资产阶级影响、按官僚制度组成、以警察来保护的军事专制国家。

如果按照哥达纲领起草者的逻辑，那么无产阶级就并非如马克思、恩格斯在《共产党宣言》中所说的"工人没有祖国……因为无产阶级首先必须取得政治统治，上升为民族的阶级，把自身组织成为民族，所以它本身还是民族的，虽然完全不是资产阶级所理解的那种意思"①，而应该是现代民族国家的领导者，并在现代民族国家的范围内活动。既然无产阶级不是为了全世界的解放而奋斗，而是为其所在的民族国家而努力，那么由无产阶级领导建设的国家就不是自由人联合体，而是现代民族国家。拉萨尔派主张通过采取议会斗争的方式夺取政权。所谓"一切合法手段"，就是指在遵守普鲁士德意志帝国法律的前提下，通过议会斗争的方式使德国工人党成为占议会大多数的党派，从而实现工人阶级对德国的统治。这违背了马克思、恩格斯在《共产党宣言》等论著中通过阶级斗争、暴力革命的方式推翻资产阶级统治的主张。在他们看来，国家与生产合作社、国民教育并不是相互独立的，生产合作社和国民教育都可以在国家帮助下建立或实现改革。事实上，哥达纲领对无产阶级民族国家属性的强调，通过议会斗争方式夺取国家政权的主张，在国家帮助下建立生产合作社发展国民教育等论调，都不过是资本主义现代国家的通行做法，其目的是维护资产阶级的统治。因为这种国家本质上仍然是资产阶级对无产阶级实行统治的工具，不过是"管理整个资产阶级的共同事务的委员会罢了"②。

---

① 《马克思恩格斯文集》第2卷，北京：人民出版社2009年版，第50页。
② 《马克思恩格斯文集》第2卷，北京：人民出版社2009年版，第33页。

庸俗民主派把民主共和国看作千年王国，他们完全没有想到，正是在资产阶级社会的这个最后的国家形式里阶级斗争要进行最后的决战，——就连这样的庸俗民主派也比这种局限于为警察所容许而为逻辑所不容许的范围内的民主主义高明得多。

【论断】庸俗民主派也比哥达纲领中这种局限于为警察所容许而为逻辑所不容许的民主主义高明得多。

马克思非常到位和形象地指出，哥达纲领中的民主主义是一种局限于试图被普鲁士专制制度所容许的范围，但却被逻辑的范围所不容许的尴尬主张。庸俗民主派把民主共和国的实现视为其最终目的，只要这个目的实现，也就实现了他们的"千年王国"，类似于后来历史的终结论的论调。他们不会想到在民主共和国这种最后的国家形式里无产阶级和资产阶级将要进行最后的决战。马克思指出，就是这样的庸俗民主派也要比哥达纲领草案所提出的这种民主主义要高明。至少庸俗民主派还有属于他们自己的逻辑，而哥达纲领草案中提出的这种民主主义连自己的逻辑都不能自洽，因为无产阶级既要在这种民主的最后形式与资产阶级决战，还要在之后最终超越这种民主形式。这些科学内涵在哥达纲领草案中都没有体现出来。这里所谓的"千年王国"，是基督教用语。指世界末日到来之前，基督将再次降临，在人间为王统治一千年，届时魔鬼将被暂时捆锁，福音将传遍世界。此语常被用来象征理想中的公正平等、富裕繁荣的太平盛世。

事实上,他们是把"国家"理解为政府机器,或者理解为构成一个由于分工而同社会分离的独特机体的国家,这可以从下面的话得到证明,"德国工人党提出下列要求作**为国家的经济的基础;……交纳单一的累进所得税……**"赋税是政府机器的经济的基础,而不是其他任何东西的经济的基础。在存在于瑞士的"未来国家"里,这种要求差不多已经实现了。所得税是以不同社会阶级的不同收入来源为前提,因而是以资本主义社会为前提。所以,利物浦的财政改革派——以格莱斯顿的弟弟为首的资产者——提出和这个纲领相同的要求,这是不足为奇的。

【论断】哥达纲领的制定者把国家理解为政府机器,或者由于分工而同社会分离的独特机体。

马克思这里对哥达纲领的批判主要集中于其所提出的经济要求所反映的对国家的理解。马克思指出,他们一方面把国家只是理解为政府机器或者是某种同社会分离的独特机体;另一方面又没有跳出对资本主义国家的理解范围。这从其对所得税的理解可以佐证。哥达纲领提出把单一累进所得税作为国家的经济基础。而所得税是以不同阶级的不同收入为前提的,在马克思所在的时代所得税是以私有制为前提的,所以马克思说这种税是以资本主义制度为前提的。而且纲领所提出的这一要求在比较先进的资本主义国家如瑞士已经差不多实现了。马克思还指出，这一要求和资产阶级的利物浦财政改革派的主张是一致的。无产阶级提出的经济要求竟然没能跳出资本主义制度的视野，一方面反映了哥达纲领的肤浅；另一方面也反映出当时德国资本主义发展的相对滞后。国家并不是脱离社会悬浮于空中的独立的机体，它作为社会上层建筑是经济基础的反映，确切地说主要反映的是经济基础中处于统治地位的阶级的意志。国家即使成为了不同阶级的博弈的"舞台"，这个舞台的基本架构仍然是统治阶级所搭建的。无产阶级应当打破这个"舞台"的前提，打碎资产阶级的国家机器，建立无产阶级专政，将生产资料收归公有，大力发展生产力，进而向无阶级社会过渡。而不是围绕累进所得税之类的东西做文章，因为这至多是在资本主义制度范围内的改良主义举措。

B."德国工人党提出下列要求作为国家的精神的和道德的基础：

1. 由国家实行普遍的和**平等的国民教育**。实行普遍的义务教育。实行免费教育。"

平等的国民教育？他们怎样理解这句话呢？是不是以为在现代社会中（而所谈到的只能是现代社会）教育对一切阶级都可以是**平等的**呢？或者是要求用强制的方式使上层阶级也降到国民学校这种很低的教育水平，即降到仅仅适合于雇佣工人甚至农民的经济状况的教育水平呢？

【论断】 哥达纲领所提出的所谓平等的国民教育是模糊的和不能实现的。

马克思在这里集中批判了哥达纲领提出的关于教育的空泛的不科学的主张。其中所谓"平等的国民教育"是模糊的，在阶级社会也是不可能实现的。这里存在一个需要批判的前提，即所有阶级在教育方面可以实现平等，而事实上这在阶级社会不可能做到。马克思在这里提出了对其模糊的具体要求的质疑。他追问要实现教育的平等是不是要用强制的方式，使上层阶级教育水平降低到国民学校或仅适合于雇佣工人及农民经济状况的教育水平呢？如果是这个意思的话，首先，上层阶级不会答应。作为上层阶级代理人的国家更不会通过强制方式去这样做。其次，雇佣工人以及农民应当接受的教育水平也不应当是低水平低质量的。应当为劳动人民提供更高质量的教育。从纲领草案的语境来看，这里的意思应当是指雇佣工人和其他劳动者应当有机会接受和上层阶级一样的平等教育。但问题在于统治阶级及其代理人国家不会答应这个要求。

"实行普遍的义务教育。实行免费教育。"前者甚至存在于德国，后者就国民学校来说存在于瑞士和美国。如果说，在美国的几个州里，"高一级的"学校也是"免费的"，那么，事实上这不过是从总税收中替上层阶级支付了教育费用而已。顺便指出，A项第5条所要求的"实行免费诉讼"也是如此。刑事诉讼到处都是免费的，而民事诉讼几乎只涉及财产纠纷，因而几乎只同有产阶级有关。难道他们应当用人民的金钱来打官司吗？

在关于学校的一段中，至少应当把技术学校（理论的和实践的）同国民学校联系起来提出。

【论断】普遍义务教育和免费教育在资本主义国家已经存在；所谓免费不过是从总税收中拿出钱来替上层阶级支付教育费用而已，免费诉讼也是如此。

马克思在这里批判哥达纲领提出的对教育的要求太低了，因为普遍的义务教育在德国都已经存在了，那种国民学校类的免费教育在瑞士、美国等资本主义国家也已经存在了。马克思还一针见血地指出了资本主义免费教育的本质，他指出，美国的"高一级"的免费教育之所以免费，是因为国家作为"总资本家"已经从总税收中替上层阶级支付了教育费用而已，"羊毛出在羊身上"。他还顺便指出，前文所谓的"免费诉讼"也是这种性质。马克思具体分析了不同诉讼免费的情况。一方面刑事诉讼的免费是不用提的，因为刑事诉讼在哪里都是免费的。而民事诉讼主要涉及财产纠纷，主要和资产阶级相关，所以民事诉讼没有必要为资产阶级免费。如果这种诉讼"免费"，则意味着要用人民的金钱去填补相关的费用。资本主义社会的税收以及其他公共费用的来源，其本质就是剥削而来的剩余价值。

所以"免费"如果是针对劳动人民的话,也不过是把其应得的返还给他们;如果免费是针对资产阶级的话,那么国家在这里不过扮演的就是"总资本家"的角色,免费和不免费其实并无实质差别。

"由国家实行国民教育"是完全要不得的。用一般的法律来确定国民学校的经费、教员资格、教学科目等等,并且像美国那样由国家视察员监督这些法律规定的实施,这同指定国家为人民的教育者完全是两回事!相反地,应当把政府和教会对学校的任何影响都同样排除掉。在普鲁士德意志帝国(他们会说,他们谈的是"未来国家",但是这种空洞的遁辞也无济于事;我们已经看到,这是怎样一回事了),倒是需要由人民对国家进行极严厉的教育。

【论断】由国家实行国民教育完全要不得,应排除政府和教会对学校的任何影响,需要由人民对国家进行教育。

关于国家与教育之间的关系,马克思驳斥了哥达纲领由国家主导国民教育的做法。他主张资产阶级政府不能干涉国民教育。国民教育应当遵循由立法机构制定的一般法律,并有相应的监督机制保证严格依照法律实施。这也才能使受教育者真正享受科学的教育,而不致受到资产阶级国家的影响。马克思尖锐地指出,不需要普鲁士德意志帝国去教育人民,而应当由人民来教育普鲁士德意志帝国。国家尤其是作为反动统治阶级的国家是不能由其来教育人民的，如果这样的话，就等于放弃了教育这个阵地，使之成为反动统治阶级推行其意识形态，愚弄人民的工具。马克思指出，把国家作为人民的教育者和用一般的法律规定国民学校的经费、教员资格、教学科目等，包括监督这些法律的实施是完全不同的。前者带来的危害更大更深入。他还特别强调，应当排除掉政府和教会对学校教育的任何影响。哥达纲领即使把这里的国家辩解为是指"未来国家"也无济于事，因为从上下文来看根本不是那种意思。

但是整个纲领，尽管满是民主的喧嚣，却彻头彻尾地感染了拉萨尔宗派对国家的忠顺信仰，或者说感染了并不比前者好一些的对民主奇迹的信仰，或者说得更正确些，整个纲领是这两种对奇迹的信仰的妥协，这两种信仰都同样远离社会主义。

【论断】对国家的信仰和对资本主义民主的信仰都远离社会主义。

马克思明确指出，哥达纲领草案彻底浸染了拉萨尔派对普鲁士国家的信仰，以及对资本主义民主的信仰。这两种信仰都背离了社会主义。

"科学自由"——普鲁士宪法中有一条就是这样写的。为什么把它写在这里呢？

"信仰自由"！如果现在，在进行文化斗争的时候，要想提醒自由主义者记住他们的旧口号，那么只有采用下面这样的形式才行：每一个人都应当有可能满足自己的宗教需要，就像满足自己的肉体需要一样（1891年发表时这里是"满足自己的宗教需要……"——编者注），不受警察干涉。但是，工人党本来应当乘此机会说出自己的看法：资产阶级的"信仰自由"不过是容忍各种各样的**宗教信仰自由**而已，工人党则力求把信仰从宗教的妖术中解放出来。但是他们不愿越过"资产阶级的"水平。

现在我就要讲完了，因为纲领中接下去的附带部分不是纲领的**重要**组成部分。所以我在这里只简单地谈一谈。

【论断】资产阶级的"信仰自由"不过是容忍各种各样的宗教信仰自由而已，而工人党应把信仰从宗教中解放出来。

马克思在这里对哥达纲领中关于科学尤其是宗教信仰问题的条文进行了批判，指出他们不愿意超出资产阶级的水平。他指出，没有必要把科学自由的条文放在这里，因为在普鲁士的宪法中已经有这样的条文了，所以没有必要再浪费笔墨。普鲁士的宪法中都有这样的条文，说明科学的自由在资本主义社会就很大程度上实现了，因为资本主义社会正是把科技发展作为推动生产力发展的有力杠杆。社会主义和共产主义的任务主要是让科学技术和生产力为人民所拥有。而对于"信仰自由"，马克思指出，空泛地谈论信仰自由并没有超出自由主义者所要求的高度，因为这是自由主义者早就提出过的旧口号。如果一定要在纲领中提及，只有用这样的表述形式才具有一定的合理性：每个人都应当有可能满足自己的宗教需要，就像满足自己的肉体需要一样，不受警察干涉。但是马克思进一步指出，工人党应当在这里表明自身对于宗教信仰的观点：资产阶级的所谓信仰自由只不过是对各种各样的信仰自由的容忍，而无产阶级的宗教观则是要把信仰从宗教信仰中解放出来。从唯物史观的角度来理解信仰，揭示宗教信仰的本质；同时建立起在科学规律基础上的，理性和辩证地把握处理已知和未知关系的先进信仰。这里所提到的文化斗争这一概念是由左翼自由派医生鲁·微耳和提出的，是对19世纪70年代以俾斯麦政府与资产阶级自由派为一方，以具有资产阶级分裂主义倾向的教会中央党和天主教教会为另一方展开的政治论战的概括。由于内政和外交上的原因，俾斯麦与天主教教权主义势力处于敌对状态。中央党与其他分裂主义势力，其中包括进入帝国国会的波兰人结成了联盟。俾斯麦认为，这一联盟危及具有普鲁士特征的、以新教为主的帝国进一步巩固，因而采取了一系列有针对性的法律措施。俾斯麦利用在论战过程中，于1872年3月11日在普鲁士公布的教学监督法压制波兰居民的文化活动，推行波兰居民的普鲁士化。按照这项法律，普鲁士官员不仅应对波兰神职人员进行监督，而且也应对所有波兰居民的学校进行监督。1872年10月26日颁布的一项王室法令以及

1873年10月27日由波森省颁布的一项命令还规定，除宗教课以外，德语为波森中等学校和国民学校的教学用语。在反对天主教的借口下，俾斯麦政府在普鲁士统治下的波兰地区加强民族压迫，同时煽起宗教狂热，使一部分工人脱离阶级斗争。80年代初，在工人运动发展的形势下，俾斯麦为了纠集反动力量，取消了大部分法律措施。

在马克思看来，信仰自由是每个人的权利，国家不仅不能剥夺，而且应当维护每个人的信仰自由。但要"力求把信仰从宗教的妖术中解放出来"。马克思认为，不能用强力手段消灭宗教，而应当着力于消灭产生宗教的社会原因。但是，"这需要有一定的社会物质基础或一系列物质生存条件，而这些条件本身又是长期的、痛苦的发展史的自然产物。"[1] 马克思指出宗教的条件：第一，在人与人的关系上，"只有当实际日常生活的关系，在人们面前表现为人与人之间和人与自然之间极明白而合理的关系的时候，现实世界的宗教反映才会消失"[2]；第二，为了实现人与人、人与自然之间的合理关系，"通过占有和有计划地使用全部生产资料而使自己和一切社会成员摆脱奴役状态"[3]，即生产资料归社会公有。

---

[1] 《马克思恩格斯文集》第5卷，北京：人民出版社2009年版，第97页。
[2] 《马克思恩格斯文集》第5卷，北京：人民出版社2009年版，第97页。
[3] 《马克思恩格斯文集》第9卷，北京：人民出版社2009年版，第334页。

2."正常的工作日。"

其他任何国家的工人党都没有局限于这种含糊的要求,而总是明确地指出,在当前条件下多长的工作日是正常的。

【论断】 应明确指出当前条件下正常的工作日有多长。

马克思这里批评了哥达纲领草案中表述含糊的地方。关于工作日时长的问题是一个非常重要的问题,因为劳动力的价值包括商品价值是由社会必要劳动时间所决定的。工人的劳动在超出创造其劳动力价值所需要时间之外的剩余劳动时间创造了剩余价值,整个资本主义生产关系的根本就是剩余价值的攫取和分配。所以,在劳动时长这个关键问题上,是不应该用所谓"正常"之类的含糊用语表述的,应当明确提出具体时长要求,而且这是一个与资方的关键斗争领域。

3."限制妇女劳动和禁止儿童劳动。"

如果限制妇女劳动指的是工作日的长短和工间休息等等,那么工作日的正常化就应当已经包括了这个问题;否则,限制妇女劳动只能意味着在那些对妇女身体特别有害或者对女性来说违反道德的劳动部门中禁止妇女劳动。如果指的是这一点,那就应当说清楚。

【论断】 应明确说清楚限制妇女劳动的内涵。

这段话是马克思对于哥达纲领草案中关于妇女劳动条文的评述。他主要指出了条文表述的不清晰问题。在马克思所处的时代，资本家为了降低成本大量使用女工和童工，并支付比男工低得多的工资。所以，哥达纲领草案提出了相关要求，但是表述得非常笼统。马克思指出工作日的正常化就包括了女工工作日长短和工间休息问题，限制妇女劳动应当指限制妇女从事对身体特别有害或者对女性来说违反道德的劳动部门中劳动，但是应当表述清楚。

"禁止儿童劳动"！ 这里绝对必须指出**年龄界限**。

普遍禁止儿童劳动是同大工业的存在不相容的，所以这是空洞的虔诚的愿望。

实行这一措施——如果可能的话——是反动的，因为在按照不同的年龄阶段严格调节劳动时间并采取其他保护儿童的预防措施的条件下，生产劳动和智育的早期结合是改造现代社会的最强有力的手段之一。

【论断】 禁止儿童劳动应当指出年龄界限；生产劳动和智育的早期结合是改造现代社会的最强有力的手段之一。

马克思认为，在不同年龄段让儿童从事适宜的劳动，可以促进儿童的智力发育和生产劳动的结合，也是改造现代社会最强有力的手段之一。马克思这里所说的和资本主义社会滥用和虐待童工的问题不是一回事。他是从科学的角度出发阐释这一问题的，而且特别指出了儿童劳动的条件：一是要根据儿童的不同年龄段严格调节劳动时间，二是要采取保护儿童的相关措施。儿童从事适宜的劳动将有利于其智力和体力的发育,有利于其养成热爱劳动的意识和良好的劳动习惯。这已经被科学和大量案例所证实。当下中国特别强调对青少年的劳动教育,培养德智体美劳全面发展的社会主义建设者和接班人,正是对马克思这一思想的呼应。

4."对工厂工业、作坊工业和家庭工业实行国家监督。"

在普鲁士德意志这样一个国家里,应当明确地要求:工厂视察员只有经过法庭才能撤单;每个工人都可以向法庭告发视察员的失职行为;视察员必须是医生。

【论断】应当明确要求:工厂视察员只有经过法庭才能撤单;每个工人都可以向法庭告发视察员的失职行为;视察员必须是医生。

马克思在这里对哥达纲领相关条文做了进一步的补充和修订。指出在普鲁士德意志这样的国家里仅笼统地要求对工厂工业、作坊工业和家庭工业进行国家监督是不够的,还应提出更加明确的要求,包括工厂视察员只有经过法庭才能撤单,工人都可以向法庭告发视察员的失职行为,视察员必须是医生,等等。马克思非常注重纲领所提出要求的可操作性,防止其失之于空洞笼统。

5."调整监狱劳动。"

在一个一般性的工人纲领里面,这是一种微不足道的要求。无论如何应当明白说出，工人们不愿意由于担心竞争而让一般犯人受到牲畜一样的待遇，特别是不愿意使他们失掉改过自新的唯一手段即生产劳动。这是应当期望于社会主义者的最低限度的东西。

【论断】让监狱犯人改过自新的唯一手段是生产劳动。

马克思指出，在一般性的工人纲领里提出调整监狱劳动这种要求是微不足道的。从事生产劳动是让犯人可能改过自新的唯一手段。监狱对于罪犯不应当只是发挥惩罚的作用，还应当发挥改造的作用。今天社会主义国家的监狱主要就是发挥改造犯人的作用。马克思认为，纲领应当明确指出工人不愿意因为担心竞争，而让监狱的犯人受到像牲畜那样的对待，只是被关押圈养起来，而不从事适当的生产劳动以改过自新。这是应当期望于社会主义者的最低限度的东西。

6."实行有效的责任法。"

应当说明，"有效的"责任法是什么意思。

顺便指出，在正常的工作日这一条中，忽略了工厂立法中关于卫生设施和安全措施等等那一部分。只有当这些规定遭到破坏时，责任法才发生效力。

总之，这一附带部分也是写得很草率的。（1891年发表时删去了这句话。——编者注）

【论断】实行有效的责任法的内涵应当明确具体，而不应草率。

马克思在这里又一次批评了哥达纲领在行文上的草率和表述的模糊。纲领中提到的实行有效的责任法，应当说明有效的责任法具体指什么。而且纲领草案在正常的工作日这一条中，忽略了工厂立法中关于卫生设施和安全措施等等那一部分。在现代工厂中卫生设施和安全措施是和工人的生命健康安全息息相关的，这一部分被忽略或者粗疏地处理是不应该的。马克思指出，只有当这些卫生设施和安全措施的规定遭到破坏时，所谓的责任法才会发生效力，所以这些规定应当非常明确。

我已经说了，我已经拯救了自己的灵魂。

【论断】我已经尽了我的责任。

这句话的原文是拉丁文：Dixi et salvavi animam meam，源于《旧约全书·以西结书》，意思是，我已经尽了责任。马克思抱病对哥达纲领进行了全面的深入细致的批判，在批判的过程中阐释了关于社会主义和共产主义的重要设想，为我们留下了一篇科学社会主义的极为重要的经典著作。

弗·恩格斯
给奥·倍倍尔的信

1875 年 3 月 18—28 日于伦敦

【论断】标题

这是恩格斯批判拉萨尔主义的重要文献。恩格斯批评了德国社会民主工党（爱森纳赫派）在准备与全德工人联合会（拉萨尔派）合并时在纲领草案中对拉萨尔派的无原则妥协让步。恩格斯强调指出，对于工人阶级政党来说，一个新的纲领是一面公开树立起来的旗帜，外界就是根据它来判断这个党的，因此必须清除纲领草案中的拉萨尔主义。他在信中批判了斐·拉萨尔鼓吹的"对工人阶级说来，其他一切阶级只是反动的一帮"以及所谓"铁的工资规律"和"国家帮助"等错误观点。他还批判了纲领草案中关于建立"自由国家"的错误主张，指出："当无产阶级还需要国家的时候,它需要国家不是为了自由,而是为了镇压自己的敌人,一到有可能谈自由的时候,国家本身就不再存在了。"这封信同马克思的《哥达纲领批判》有密切的联系,表明了马克思和恩格斯对拉萨尔主义进行坚决斗争以维护科学社会主义原则的共同立场和观点。写信的直接原因是:1875年3月7日,《人民国家报》和《新社会民主党人报》发表了两个工人党的合并纲领草案。这个草案在原则上认同了拉萨尔主义,充斥着大量的荒谬论点。马克思和恩格斯对这个纲领草案进行了严厉的批判。他们认为,必须在理论问题和政治问题上坚持原则,决不能向拉萨尔派妥协让步,而应当迫使拉萨尔派放弃他们的错误主张,只有在这种条件下才能实现两党的合并。但是,爱森纳赫派领导人没有接受马克思、恩格斯的批评,这个合并纲领草案只在文字上略加修改就于1875年5月在哥达举行的合并大会上通过。恩格斯的这封信写于1875年3月18—28日,36年之后才首次发表在奥·倍倍尔的回忆录《我的一生》中(1911年,斯图加特版第2卷)。

亲爱的倍倍尔:

我已经接到您2月23日的来信,并且为您身体这样健康而高兴。

【论断】我已经接到您的来信,并为您身体健康而高兴。

倍倍尔于2月23日给恩格斯写信，询问他对于德国社会民主工党（爱森纳赫派）和全德工人联合会（拉萨尔派）合并的看法，恩格斯收到了信并写了这封回信。

您问我，我们对合并这件事有什么看法？可惜我们的处境和您完全一样。无论是李卜克内西或其他什么人都没有给我们通报任何情况，因此，我们知道的也只是报纸上登载的东西，而且报纸上并没有登载什么，直到大约一星期前才登出了纲领草案。这个草案的确使我们吃惊不小。

【论断】哥达纲领的制定者没有给马克思和恩格斯通报任何情况；他们从报纸上看到了哥达纲领草案并非常吃惊。

在德国社会民主工党（爱森纳赫派）和全德工人联合会（拉萨尔派）合并这件事上，李卜克内西或爱森纳赫派的其他领导人事先没有给马克思和恩格斯通报，并认真听取他们的意见，结果犯下了这种历史性的错误。以至于马克思和恩格斯也只是通过报纸才了解到哥达纲领的具体内容，这使得他们非常愤慨。这不是出于个人的恩怨，而是出于对德国工人运动发展的责任心。

我们党经常向拉萨尔派伸出手来，建议和解或者至少是合作，但是每次都遭到哈森克莱维尔们、哈赛尔曼们和特耳克们的无礼拒绝，因而就连每个小孩子都必然要由此得出这样一个结论：既然这些先生们现在自己跑来表示和解，那他们一定是陷入极端困难的境地了。但是，考虑到这些人的尽人皆知的本性，我们有责任利用这种困境取得一切可能的保证，使这些人无法靠损害我们党的利益在工人舆论中重新巩固他们已经动摇的地位。我们应当以极其冷淡的和不信任的态度对待他们，是否合并要看他们有多少诚意放弃他们的宗派口号和他们的"国家帮助"，并基本上接受1869年的爱森纳赫纲领或这个纲领的适合目前情况的修正版。

【论断】党应当以冷淡和不信任的态度对待拉萨尔派，是否合并要看他们是否放弃其宗派口号和"国家帮助"的主张，并基本接受1869年的爱森纳赫纲领或者纲领的修正版。

恩格斯指出，爱森纳赫派之前曾经多次向拉萨尔派提出和解或者合作的建议，但都遭到了拉萨尔派的拒绝。所以非常明显，拉萨尔派现在向爱森纳赫派提出和解，那一定是他们自己遇到极端的困难了。但这时候反而要提高警惕，考虑到这些人不可靠的本性，我们需要利用他们遇到的这种困境迫使其放弃他们之前持有的拉萨尔机会主义主张。对其要听其言，观其行，看其有多大的诚意并要求他们接受爱森纳赫派的纲领或者纲领根据新的形势的修正版。

我们的党在理论方面，即在对纲领有决定意义的方面，绝对没有什么要向拉萨尔派学习的，而拉萨尔派倒是应当向我们的党学习；合并的第一个条件是，他们不再做宗派主义者，不再做拉萨尔派，也就是说，他们首先要放弃国家帮助这个救世良方，即使不完全放弃，也要承认它同其他许多可能采取的措施一样是个次要的过渡措施。

【论断】我们党没有需要向拉萨尔派学习的，拉萨尔派应向我们党学习；合并的条件是他们放弃宗派主义主张或至少将其作为次要过渡措施。

恩格斯在这里指出，爱森纳赫派在理论的科学性上远超拉萨尔派，绝对没有什么需要向这个机会主义派别学习的地方，反倒是拉萨尔派在理论上应当向爱森纳赫派靠拢和学习。两党合并的第一个条件应当是促使拉萨尔派放弃其错误主张，不再做宗派主义者。他们需要放弃的错误主张首先是与虎谋皮的所谓"国家帮助"，即使不完全放弃也要说明这不过是一个次要的过渡措施。因为这一主张把国家当成了脱离社会的独立存在，没有看清楚普鲁士德意志帝国的反动本质，看不到工人阶级和其所代表的反动统治阶级在利益上的根本对立性，认识不到无产阶级打破旧制度、建立新制度的必然历史使命。

纲领草案证明，我们的人在理论方面比拉萨尔派的领袖高明一百倍，而在政治机警性方面却差一百倍；"诚实的人"又一次受到了不诚实的人的极大的欺骗。

【论断】哥达纲领草案证明，爱森纳赫派领导人在政治机警性方面差得多。

恩格斯在这里批评爱森纳赫派的领导人缺乏政治敏锐性和机警性，虽然其原本在理论方面要比拉萨尔派的领导人高明得多，但是为了急于合并却放弃了科学社会主义的理论原则，这是得不偿失的。给我们的启示是：马克思主义政党在建立统一战线时，要坚持在思想理论和政治上的领导权，要始终站在潮头代表整个运动的利益。尤其是高举的思想理论旗帜要以马克思主义理论作为根本指导，必须始终保持无产阶级政党的先进性和纯洁性，不断与各种党内外的机会主义思想开展斗争。无产阶级政党的先进思想理论是具体路线和策略的指导，决不能为了具体的策略和短期目标就降低思想理论的高度和科学性。这里所提到的"诚实的人"是指爱森纳赫派。恩格斯借用这个称呼讽刺其受到了拉萨尔派的欺骗。

第一，接受了拉萨尔的响亮的但从历史的观点来看是错误的说法：对工人阶级说来，其他一切阶级只是反动的一帮。这句话只有在个别例外场合才是正确的，例如，在像巴黎公社这样的无产阶级革命时期，或者是在这样的国家，那里不仅资产阶级按照自己的形象塑造了国家和社会，而且民主派小资产阶级也跟着资产阶级彻底完成了这种变形。拿德国来说，如果民主派小资产阶级属于这反动的一帮，那么，社会民主工党怎么能够多年同他们，同人民党携手一道走呢？《人民国家报》自己的几乎全部的政治内容怎么能够取自于小资产阶级民主派的《法兰克福报》呢？怎么能够在这个纲领中列入不下七项在字句上同人民党和小资产阶级民主派的纲领完全一致的要求呢？我所指的是七项政治要求，即1—5和1—2，这七项要求中没有一项不是资产阶级民主主义的要求。

【论断】哥达纲领草案错误地接受了拉萨尔派"反动的一帮"理论；民主派小资产阶级不属于反动的一帮；纲领草案中有多项属于资产阶级民主主义的要求。

恩格斯指出了哥达纲领草案在条文内容上的自相矛盾性。他指出的第一点就是接受了拉萨尔派把工人阶级之外的阶级视为反动的一帮的说法，如果接受这一说法，那就等于把小资产阶级也列入反动的一帮里面去了。假如这成立的话，德国社会民主工党为什么和小资产阶级及其党派合作呢？甚至报纸的政治内容都取自于小资产阶级民主派的报纸，并且哥达纲领草案的条文中列入了多项在性质上属于资产阶级民主主义的要求，这本身就是自相矛盾的。这里提到的几项政治要求是指哥达纲领草案中的相关内容：德国工人党提出下列要求作为国家自由的基础：1. 凡年满21岁的男子在国家和地方的一切选举中都享有普遍的、平等的、直接的和秘密的选举权；2. 实行人民有权提出和否决议案的直接的立法；3. 实行普遍军事训练，以国民军代替常备军，由人民代表机关决定宣战与媾和；4. 废除一切特别法律，尤其是关于新闻出版、结社和集会的法律；5.

实行人民判决，实行免费诉讼。德国工人党提出下列要求作为国家的精神和道德的基础：1. 由国家实行普遍的和平等的国民教育。实行普遍的义务教育。实行免费教育。2. 科学自由。信仰自由。

第二，工人运动的国际性原则实际上在当前完全被抛弃，而且是被五年来在最困难的情况下一直极其光荣地坚持这一原则的人们所抛弃。德国工人处于欧洲运动的先导地位，主要是由于他们在战争期间采取了真正国际性的态度；任何其他国家的无产阶级都没有能做得这样好。现在，在国外，当各国政府极力镇压在某一个组织内实现这一原则的任何尝试，而各国工人到处都极力强调这个原则的时候，竟要德国工人抛弃这个原则！工人运动的国际主义究竟还剩下什么东西呢？只剩下渺茫的希望——甚至不是对欧洲工人在今后争取解放的斗争中进行合作的希望，不是的，而是对未来的"各民族的国际的兄弟联合"的希望，是对和平同盟中的资产者的"欧洲合众国"的希望！

【论断】纲领草案的第二点错误是抛弃了工人运动的国际性原则，代之以资产阶级主张的所谓"各民族的国际的兄弟联合"的希望。

恩格斯在这里批判了哥达纲领草案对无产阶级国际主义的背弃。马克思和恩格斯早在1848年的《共产党宣言》的最后就发出了全世界无产者联合起来的号召。他愤慨地指出，爱森纳赫派的领导人在过去五年极其困难的情况下都光荣地坚持了无产阶级的国际主义原则，现在竟然为了党派的合并而主动放弃了这一重要的原则。原本德国工人阶级因为在战争期间坚持国际主义原则而在欧洲工人运动中居于先导地位，比其他国家的工人做得都要好。当时德国以外的各国政府都在镇压工人组织中的国际主义活动，而各国工人正强调这一原则的时候，哥达纲领竟然主动背弃了这一原则。更为严重的是，无产阶级的国际主义原则被偷换成了带有资产阶级色彩的抽象的"各民族的国际的兄弟联合"主张。

当然根本没有必要谈国际本身。但是，至少不应当比1869年的纲领后退一步，而大体上应当这样说：虽然德国工人党首先是在它所处的国境之内进行活动（它没有权利代表欧洲无产阶级讲话，特别是讲错误的话），但是它意识到自己和各国工人的团结一致，并且始终准备着一如既往继续履行由这种团结一致所带来的义务。即使不直接宣布或者认为自己是"国际"的一部分，这种义务也是存在着的，例如，在罢工时进行援助并阻止本国工人移居国外，设法使德国工人通过党的机关刊物了解国外的运动的情况，进行宣传反对日益迫近的或正在爆发的王朝战争，在这种战争期间采取1870年至1871年所模范地实行过的策略，等等。

【论断】哥达纲领至少不应该比1869年的爱森纳赫纲领后退一步。德国工人党虽然首先是在国境之内活动，但它始终准备一如既往地履行自己和各国工人的团结一致所带来的义务。

恩格斯指出，哥达纲领草案虽然未必要谈国际工人协会本身，但是纲领的思想内容至少不应当比1869年的纲领退步。恩格斯认为，至少可以在纲领中表述德国工人党虽然首要的是在德国境内活动，但是它将和各国工人团结一致并努力承担相应的任务。这是实质上应当做的事情，不管是否公开承认自身是国际的一部分。恩格斯列出了一系列德国工人党可以承担的义务：在罢工时援助并阻止本国工人移居国外，这是为了避免不同国家工人阶级之间的竞争给资产阶级提供可乘之机；党的机关刊物向德国工人介绍国外工人运动的情况；在工人中间宣传反对将要爆发或者正在进行的王朝战争，在战争期间采取1870—1871年所采取的策略；等等。恩格斯在这里科学地阐述了各国工人在本国的活动和国际工人协同活动的相互支持和策应的关系。各国工人阶级不应当各自为政而应当相互配合。这种相互配合包括多种形式，信息的互通，在罢工尤其是战争期间的相互支持。他还强调，德国工人党没有权利代表欧洲无产阶级讲话，尤其是不能讲错误的话。这体现了真正的国际主义精神。它需要避免两个极端：一个是避免把特定国家的工人运动当作国际运动中心来发号施令，各国工人阶级应当根据本国国情来独立自主地开展活动；另一个是避免各国工人运动互不联系和在可能的情况下也不相互支援的各自为政状态。真正的国际主义精神需要各国工人运动在马克思主义指导下既独立自主又相互配合。

第三，我们的人已经让别人把拉萨尔的"铁的工资规律"强加在自己头上，这个规律的基础是一种陈腐不堪的经济学观点，即工人平均只能得到最低的工资，之所以如此，是因为按照马尔萨斯的人口论工人总是过多（这就是拉萨尔的论据）。但是，马克思在《资本论》里已经详细地证明，调节工资的各种规律非常复杂，根据不同的情况，时而这个规律占优势，时而那个规律占优势，所以它们绝对不是铁的，反而是很有弹性的，这件事根本不像拉萨尔所想象的那样用三言两语就能了结。拉萨尔从马尔萨斯和李嘉图（歪曲了后者）那里抄袭来的这一规律的马尔萨斯论据，例如拉萨尔在《工人读本》第5页上引自他的另一本小册子的这一论据，已被马克思在《资本的积累过程》①这一篇中驳斥得体无完肤了。接受拉萨尔的"铁的规律"，也就是承认一个错误的论点和它的错误的论据。

【论断】 哥达纲领草案的第三点错误是接受了拉萨尔的

---

① 《马克思恩格斯文集》第5卷，北京：人民出版社2009年版，第651—887页。

"铁的工资规律"。

恩格斯在这段重点批判了哥达纲领草案竟然接受了一个已经被马克思所证伪了的观点,即拉萨尔派主张的所谓"铁的工资规律"。这个观点是拉萨尔以马尔萨斯的人口论为论据提出的,认为从长期来看工人平均只能得到最低的工资。马克思在《资本论》中已经详细地证明,影响工资涨落的因素非常多,这些因素的相互作用有时推动工资上涨,有时又造成工资下跌。工资规律是很有弹性的,而不是"铁的"。哥达纲领草案把这样一条已经被证伪的观点写入纲领,犯了非常严重的错误。为了追求党派的顺利合并,放弃了纲领的科学性。

第四,纲领把拉萨尔从毕舍那里剽窃来的国家帮助原封不动地提出来作为唯一的社会的要求。而在这之前,白拉克已经非常出色地指出这个要求毫无用处,并且我们党的即使不是全部,也是几乎全部的发言者在同拉萨尔分子的斗争中都已经被迫起来反对这种"国家帮助"!我们党不能比这更忍辱屈从了。国际主义竟降低到阿曼德·戈克的水平,社会主义竟降低到资产阶级共和主义者毕舍的水平,而毕舍针对社会主义者提出这个要求,是为了排挤他们!

【论断】纲领草案的第四点错误,是把拉萨尔从毕舍那里剽窃来的国家帮助观点提出来作为唯一的社会要求。

恩格斯在这里以非常愤慨的语气批判哥达纲领草案犯

的最严重的理论错误,就是吸收了拉萨尔派的所谓"国家帮助"的主张。他指出拉萨尔这个主张其实是剽窃的毕舍的观点。而且关于这个问题,包括白拉克在内的爱森纳赫派的几乎所有发言者都反对过这种错误的主张。哥达纲领草案接受这种错误主张,意味着无产阶级的国际主义竟然降低到了阿曼德·戈克的水平,社会主义竟降低到资产阶级共和主义者毕舍的水平。这是让人难以容忍的忍辱屈从。威·白拉克曾经在其《拉萨尔的建议》中深刻地批判了拉萨尔关于依靠国家帮助建立生产合作社的主张,指出:"王室为了它自己,不可能真诚地、完全地代表一个被压迫的社会阶级的利益。工人阶级只有依靠自己的力量和觉悟才能获得解放。除此之外,不能依靠任何人。"他称拉萨尔的这种反动主张为"徒然追求宫廷恩准的普鲁士王国政府的社会主义"。这里提到的毕舍,是法国基督教社会主义创始人之一。他1825年后受圣西门思想影响,1830年创立天主教"社会主义"学派,主张在国家帮助下建立工人生产协会,企图调和社会主义与天主教,支持罗马教会的天主教领导权,赞同罗伯斯比尔的人民主权思想。

但是,拉萨尔所说的"国家帮助"至多也只是为达到下述目的而实行的许多措施中的一个,这个目的在纲领草案中是用软弱无力的词句表述的:"为了替社会问题的解决开辟道路。"好像我们还有一个在理论上没有解决的社会问题似的！所以，如果这样说：德国工人党力求通过工业和农业中的以及全国范围内的合作生产来消灭雇佣劳动从而消灭阶级差别；它拥护每一项有助于达到这一目的的措施！——那是没有一个拉萨尔分子能提出什么反驳来的。

【论断】拉萨尔所说的"国家帮助"至多是为了通过合作生产来消灭雇佣劳动从而消灭阶级差别而实行的许多措施之一。

恩格斯在这里直接提出了修改的建议和正确的处理方式。他在这里示范了如何在文件中处理好原则性和策略性的关系。如果说为了照顾到两党的合并一定要提及"国家帮助"的话，就要把其定位成为了达到更高的目的而采取的过渡性或者阶段性的措施之一。关于合作生产，无产阶级的目的是：力求通过工业和农业中的以及全国范围内的合作生产来消灭雇佣劳动从而消灭阶级差别。也就是说，合作生产是达到消灭雇佣劳动和阶级差别的手段。为了达到这个目的，可以拥护所有有助于达到这一目的的措施。这样就可以将"国家帮助"的问题消解于有助于达到目的的措施之中，这样拉萨尔分子也提不出什么反驳的意见。但遗憾的是，哥达纲领草案的制定者在没有得到马克思和恩格斯的指导的情况下，就草率地发表了这一纲领，产生了难以挽回的负面影响。

第五，根本就没有谈到通过工会使工人阶级作为阶级组织起来。而这是非常重要的一点，因为工会是无产阶级的真正的阶级组织，无产阶级靠这种组织和资本进行日常的斗争，使自己受到训练，这种组织即使今天遇到最残酷的反动势力（像目前在巴黎那样）也决不会被摧毁。既然这一组织在德国也获得了这种重要性，我们认为，在纲领里提到这种组织，并且尽可能在党的组织中给它一个位置，那是绝对必要的。

【论断】 哥达纲领草案的第五点错误在于没有谈到通过工会使工人阶级作为阶级组织起来。

恩格斯在这里特别提到了工会的重要性，哥达纲领草案没有提到工会是一个严重的疏漏。应当在纲领中制定关于工会的条文，并在党组织中给工会以合理的定位。恩格斯指出工会的作用在于：第一，把工人作为阶级组织起来；第二，工会是无产阶级和资本开展日常斗争的组织形式；第三，工人可以在工会中受到训练；第四，工会这种组织形式具有很强的牢固性；第五，无产阶级应当处理好自己的政党和工会之间的关系。这些精辟的见解即使在今天仍然具有很强的指导意义。

所有这一切都是我们的人为了讨好拉萨尔派而做的。而对方做了些什么让步呢？那就是在纲领中列入一堆相当混乱的纯民主主义的要求，其中有一些是纯粹的时髦货，例如"人民立法"，这种制度存在于瑞士，如果它还能带来点什么东西的话，那么带来的害处要比好处多。要是说人民管理，这还有点意义。同样没有提出一切自由的首要条件：一切官吏对自己的一切职务活动都应当在普通法庭面前遵照普通法向每一个公民负责。至于在任何自由主义的资产阶级纲领中都会列入而在这里看起来有些奇怪的要求，如科学自由、信仰自由，我就不想再说了。

【论断】哥达纲领中列入了一堆杂乱的纯民主主义要求。

恩格斯在这里进一步批评哥达纲领为了党派的顺利合并而无必要地讨好拉萨尔派。至于拉萨尔派在这个纲领中所做出的让步，就是一些纯民主主义的要求，而不是科学社会主义的要求。比如，里面笼统地谈到诸如"人民立法"，但这种制度在瑞士已经存在了。所谓民主主义的要求，实质上仍然属于资本主义民主的范畴，无产阶级工人政党的纲领更应当体现科学社会主义的要求。所以，恩格斯说纲领中提出民主主义的要求带来的害处要多于好处。资本主义的改良举措会暂时缓和阶级矛盾，延长资本主义的寿命，但是并不能根本解决资本主义社会的基本矛盾，无产阶级的地位不会得到根本的改善。提出"人民管理"具有一定的意义，但是缺乏具体的举措。恩格斯强调自由的前提条件是：所有官吏对自己的职务活动都应在普通法庭面前遵照普通法向每个公民负责。所谓科学自由、信仰自由等，是属于资产阶级的自由主义的纲领中常出现的内容，出现在无产阶级的纲领里则显得奇怪了。这些所谓自由在本质上都是资本及其人格体现者的自由，是资本主义生产方式的发展所需要的。

自由的人民国家变成了自由国家。从字面上看，自由国家就是可以自由对待本国公民的国家，即具有专制政府的国家。应当抛弃这一切关于国家的废话，特别是出现了已经不是原来意义上的国家的巴黎公社以后。无政府主义者用"人民国家"这个名词把我们挖苦得很够了，虽然马克思驳斥蒲鲁东的著作①和后来的《共产主义宣言》② 都已经直接指出，随着社会主义社会制度的建立，国家就会自行解体和消失。既然国家只是在斗争中、在革命中用来对敌人实行暴力镇压的一种暂时的设施，那么，说自由的人民国家，就纯粹是无稽之谈了：当无产阶级还需要国家的时候，它需要国家不是为了自由，而是为了镇压自己的敌人，一到有可能谈自由的时候，国家本身就不再存在了。因此，我们建议把"国家"一词全部改成"共同体"（Gemeinwesen），这是一个很好的古德文词，相当于法文的"公社"。

【论断】应抛弃关于国家的废话；随着社会主义制度的建立，国家就会自行解体和消失；建议把"国家"一词改成

---

① 指《哲学的贫困》，见《马克思恩格斯文集》第1卷。
② 即《共产党宣言》。

"共同体"(Gemeinwesen)。

恩格斯在这里围绕国家进行了深入阐释。他先从字面上进行辨析，哥达纲领草案把自由的人民国家变成自由国家，而所谓自由国家就是国家可以对人民自由处置的国家，那也就是具有专制政府的国家。在巴黎公社出现之后，这些关于国家的字面上的辨析意义不大。马克思在他的著作中已经揭示了国家的本质和在社会主义制度建立后，国家走向消亡的必然趋势。国家是阶级矛盾不可调和的产物和表现，是统治阶级通过暴力、政治机构和意识形态构建的统治秩序。如果把国家理解为对敌人进行暴力镇压的临时设施，那么再说什么自由的人民国家就是逻辑上无法自洽的了。无产阶级建立无产阶级专政这种国家主要是为了镇压敌人，并向无阶级社会过渡。随着生产力的发展和阶级差别的消失，无产阶级专政也就完成了历史使命，国家这种社会组织形式也就彻底告别历史舞台了。恩格斯提出国家消亡之后，社会的组织形式可以采用"共同体"这个古德语词汇来描述，相当于法语中的"公社"。他指出了人类社会历史中国家的发展趋势，这是基于社会历史发展的基本规律的推演。后来历史的发展出现了社会主义国家和资本主义国家并存的情况。这些社会主义国家都建立了无产阶级专政，或者无产阶级领导的人民民主专政。两种制度国家的并存是因为人类社会的生产力水平，社会主义国家的生产力水平及由其决定的社会生产关系即经济基础还没有达到消灭阶级差别的程度。但是以中国为代表的社会主义国家正在探索社会主义现代化的新道路，推动国际关系向人类命运共同体的方向发展。人类命运共同体和恩格斯这里提到的"共同体"不是一回事。但是社会主义国家倡导的共同体，将是未来实现超越阶级性的国家的共产主义的共同体的过渡阶段。

用"消除一切社会的和政治的不平等"来代替"消灭一切阶级差别"，这也很成问题。在国和国、省和省，甚至地方和地方之间总会有生活条件方面的某种不平等存在，这种不平等可以减少到最低限度，但是永远不可能完全消除。阿尔卑斯山的居民和平原上的居民的生活条件总是不同的。把社会主义社会看作平等的王国，这是以"自由、平等、博爱"这一旧口号为根据的片面的法国人的看法，这种看法作为当时当地一定的发展阶段的东西曾经是正确的，但是，像以前的各个社会主义学派的一切片面性一样，它现在也应当被克服，因为它只能引起思想混乱，而且因为这一问题已经有了更精确的叙述方法。

【论断】总会有生活条件的不平等存在，这种不平等可以减少到最低限度但永远不可能完全消除。它现在应当被克服，因为这一问题已有了更精确的叙述方法。

恩格斯在这里重点辨析了平等这一范畴。因为哥达纲领草案用"消除一切社会的和政治的不平等"的提法取代了"消灭一切阶级差别"的科学要求。消除阶级差别的要求的内容是非常明确的，是指消除在生产关系中地位和分工的差异。但是消除社会和政治的不平等的含义是模糊的而且实际上也是做不到的。恩格斯指出，不同国家、不同省、不同地方之间都会有生活条件方面的差异和不平等存在，这种不平等可以被减少到最低的限度，但永远不可能完全消除。比如，阿尔卑斯山的居民和平原上的居民的生活条件注定是不同的。社会主义社会是超越了资本主义的平等内涵的社会形态。在特定的历史条件下比如在反对封建专制制度的历史阶段，"自由、平等、博爱"等口号曾经发挥过积极的作用。但是，至多达到形式上的平等，而不可能实现实质上的平等。问题的关键在于马克思曾经指出的实质上的平等也并不合理，因为每个人需要的情况和提供的劳动的质和量是不一样的，所以，让不同的人获得一样的待遇，这本身就是不合理的。社会主义社会和共产主义社会所追求的并不是完全一致式的平等，而是指人的各种需要得到各自的合理满足，是各得其所的状态。

我不再写下去了，虽然在这个连文字也写得干瘪无力的纲领中差不多每一个字都应当加以批判。它是这样一种纲领，一旦它被通过，马克思和我永远不会承认建立在这种基础上的新党，而且我们一定会非常严肃地考虑，我们将对它采取（而且还要公开采取）什么态度。请您想想，在国外人们是要我们为德国社会民主工党的一切言行负责的。例如，巴枯宁在他的著作《国家制度和无政府状态》中要我们替《民主周报》创办以来李卜克内西所说的和所写的一切不加思考的话负责。人们就是以为，我们在这里指挥着一切，可是您和我都知道得很清楚，我们几乎从来没有对党的内部事务进行过任何干涉，如果说干涉过的话，那也只不过是为了尽可能改正在我们看来是错误的地方，而且仅仅是理论上的。但是您自己会理解，这个纲领将成为一个转折点，它会很容易地迫使我们拒绝同承认这个纲领的政党一道承担任何责任。

【论断】这个连文字也写得干瘪无力的纲领差不多每个字都应加以批判。马克思和我永远不会承认建立在这种纲领基础上的新党，而且会严肃考虑将对它采取什么态度。我们拒绝同承认这个纲领的政党一起承担任何责任。

恩格斯在这里非常严肃地表明了态度，马克思和他将与建立在这个纲领基础上的政党划清界限。他指出，哥达纲领草案不但在内容而且文字上也写得干瘪无力，其中差不多每一个字都应当受到批判。如果这个纲领被通过，马克思和他不会承认这个新合并的党，而且将会非常严肃地考虑以什么样的公开的态度来对待这个党。当时在国外，很多人认为是马克思和恩格斯在幕后指挥着德国社会民主工党。而事实上他们几乎从来不对党的内部事务进行任何干涉，除非是理论上的错误。恩格斯明确指出，这个纲领将成为一个转折点,马克思和他不会为承认这个纲领的党一起承担任何责任。单从这个纲领草案来看,党的指导思想理论已经变质了。所以恩格斯非常严厉和明确地表明了态度。这体现了马克思和恩格斯对思想理论科学性的坚持和在原则问题上的坚定。

一般说来,一个政党的正式纲领没有它的实际行动那样重要。但是,一个新的纲领毕竟总是一面公开树立起来的旗帜,而外界就根据它来判断这个党。因此,新的纲领无论如何不应当像这个草案那样比爱森纳赫纲领倒退一步。我们总还得想一想,其他国家的工人对这个纲领将会说些什么;整个德国社会主义无产阶级向拉萨尔主义的这种投降将会造成什么印象。

【论断】政党的纲领没有它的实际行动重要;新纲领是公开树立的旗帜;合并的党的新纲领无论如何不应比爱森纳赫纲领还倒退一步。

恩格斯就哥达纲领的影响进行了估计。他指出,虽然政党的纲领一般来说没有它的实际行动那样重要,但纲领毕竟是一面公开的旗帜,一面供外界对其进行判断的旗帜。合并的新的党的纲领无论如何不应该在理论上比爱森纳赫派的纲领还要退步。必须考虑这个纲领将会造成的国际影响,其他国家的工人阶级会如何评价这个纲领。尤其是从这个纲领来看,德国社会主义工人阶级似乎突然向拉萨尔主义投降了，这将给各国工人阶级留下很坏的印象。

同时我深信，在这种基础上的合并连一年也保持不了。难道我们党的优秀分子会愿意不断地重复拉萨尔关于铁的工资规律和国家帮助那一套背熟了的词句吗？我想看看比如您在这种情况下的态度！而如果他们这样做，他们的听众就会向他们喝倒彩。而且我相信，拉萨尔派会死抱住纲领的这些条文不放，就像犹太人夏洛克非要他那一磅肉①不可。

【论断】在这种基础上两党的合并连一年也保持不了。党的优秀分子不会接受拉萨尔派的谬论的，而拉萨尔派会死抱住纲领的这些条文不放。

恩格斯指出，在哥达纲领这种理论基础上的两党的合并是坚持不下去的。因为德国社会民主工党里的优秀分子，尤其是较好地掌握了马克思主义理论的人不会愿意去重复拉萨尔派所谓铁的工资规律和国家帮助那一套谬论。如果这样做是会被喝倒彩的，并且合并进党内的拉萨尔派分子也会死揪住纲领中这些条文不放。这段话最后使用的典故出自莎士比亚的名剧《威尼斯商人》。

分裂是一定会发生的；但是到那时我们想必已经使哈

---

① 莎士比亚：《威尼斯商人》，第1幕第3场。

赛尔曼、哈森克莱维尔和特耳克及其同伙重新获得"诚实的"名声；分裂以后，我们将被削弱，而拉萨尔派将会增强；我们的党将丧失它的政治纯洁性，并且再也不可能有力地反对它自己一度写在自己旗帜上的拉萨尔词句；如果拉萨尔派以后又说：他们是真正的和唯一的工人党，我们的人是资产者，那么，他们是可以拿这个纲领来证明的。纲领中的一切社会主义措施都是他们的，我们的党除了小资产阶级民主派的一些要求以外就什么东西也没有添进去，而小资产阶级民主派又被这个党在同一个纲领中说成"反动的一帮"的一部分！

【论断】分裂以后爱森纳赫派将被削弱，而拉萨尔派将会增强；党将丧失它的政治纯洁性，并且再也不能有力地反对拉萨尔主义的主张。

恩格斯就哥达纲领通过之后可能发生的最坏的情况进行了估计。他认为分裂是肯定会发生的。合并之后再次分裂，将使爱森纳赫派被削弱，而使拉萨尔派被增强。爱森纳赫派因为这次合并和这个纲领丧失了政治上的纯洁性，也不能再有力地去反对拉萨尔派的主张，因为其自己所接受的纲领就包含了这些主张。更为糟糕的情况可能是，进入党内的拉萨尔派分子会摇身一变换一副嘴脸，说纲领中的一切社会主义措施都是他们提出的，爱森纳赫派只提出了一些小资产阶级民主派的要求，所以只有拉萨尔派才是真正的和唯一的工人党，爱森纳赫派是资产者或者小资产阶级民主派，是属于"反动的一帮"的组成部分。

我把这封信搁下来，是因为您在4月1日庆祝俾斯麦生辰那一天才会被释放，而我是不愿意让这封信去冒暗中传送时被搜去的危险的。

【论断】恩格斯解释没有把信发给倍倍尔的原因。

恩格斯在这里解释了为什么没有早一些给倍倍尔写回信，是因为他担心这封信在暗中传送时被反动政府搜去。

刚刚接到了白拉克的信，他对这个纲领也有很大的疑虑，他想知道我们的意见。因此，我把这封信寄给他，由他转寄，这样他也可以看一下此信，而我就用不着把这件麻烦事全部重写一遍。

【论断】白拉克对哥达纲领也有很大疑虑，所以恩格斯把信寄给他去转寄。

恩格斯接到白拉克给他写的信，在信中白拉克向他表达了对哥达纲领的很大疑虑，因为白拉克是明确反对拉萨尔派的主张的，他很想知道马克思和恩格斯的意见。所以恩格斯把这封信寄给他并由他转寄给倍倍尔，这样白拉克也就可以知道恩格斯对哥达纲领草案的态度。恩格斯就不用就同样的内容再重写一遍了。

此外，我也把真相告诉了朗姆，我给李卜克内西只是简单地写了几句。我不能原谅他，因为关于全部事件直到可以说太迟的时候他还连一个字也没有告诉我们（而朗姆和其他人以为他已经详细地通知我们了）。虽说他从来就是这样做的——因此，我们，马克思和我，同他进行了多次不愉快的通信——，而这一次做得实在太不像话了，我们坚决不和他一起走。

【论断】马克思和恩格斯不能原谅李卜克内西，因为直到太迟的时候他没有告诉他们。

恩格斯告诉倍倍尔，他也把这个问题的真相告诉了爱森纳赫派的另一位领导人朗姆，但是对李卜克内西只是冷淡地写了几句回信。因为李卜克内西就两党合并以及哥达纲领草案的内容直到很晚以至于来不及挽回的时候才告诉马克思和恩格斯。恩格斯指出，李卜克内西不止一次背着马克思和恩格斯我行我素，所以马克思和恩格斯对其进行过多次不愉快的通信。而这一次尤其过分，所以马克思和恩格斯坚决与其划清界限。可以看出，爱森纳赫派的领导人李卜克内西在思想理论和政治斗争经验上都存在不足，而且不主动向马克思和恩格斯寻求指导。但马克思和恩格斯对其的批评并非出自个人恩怨，而是从维护科学社会主义理论的先进性和纯洁性，从维护德国工人阶级和国际工人运动的根本利益出发的。

希望您设法夏天到这里来,当然您将住在我这里,如果天气好,我们可以去洗几天海水浴,这对于过了很久牢狱生活的您一定颇有裨益。

【论断】恩格斯邀请倍倍尔夏天来洗海水浴。

这段话体现了恩格斯对遭受迫害的战友的无微不至的关心。

致友好的问候。

您的 弗·恩·

马克思刚刚搬了家。他的住址是:伦敦西北区梅特兰公园月牙街41号。

恩格斯有关书信选编

恩格斯致威廉·白拉克

(1875年10月11日)

不伦瑞克
1875年10月11日于伦敦西北区瑞琴特公园路122号

亲爱的白拉克:

您最近几封来信(最后一封是6月28日)我拖到现在才回复,第一因为马克思和我有六个星期不在一起,他在卡尔斯巴德,我在海边,我在那里看不到《人民国家报》,第二因为我想稍微等一下,看看新的合并和联合委员会的实际情况如何。

【论断】迟回信一是因为马克思和恩格斯当时不在一起,而且看不到《人民国家报》;二是恩格斯想观察一下新合并的联合委员会的实际情况。

德国社会民主工党的领导人不顾马克思和恩格斯的建议进行了合并，在哥达通过的纲领只是对原草案略作修改就在合并大会上通过了。恩格斯因为1875年大约从8月中旬至9月22日在兰兹格特休养，而马克思1875年8月15日至9月11日在卡尔斯巴德治病，9月20日返回伦敦。两位革命导师在重要问题上都要相互沟通商议，这是他们多年养成的习惯。恩格斯也看不到相关的报纸，另外他想观察一下哥达合并之后新成立的联合委员会究竟如何再置评论。所以他一开始没有给白拉克回信。

我们完全同意您的看法，李卜克内西热衷于实行合并，为了合并不惜任何代价，结果把事情全搞糟了。本来可以认为这是必要的，但是不应当向对方说出来或表示出来。可是在那样搞了以后就总是要拿一个错误为另一个错误辩护。既然合并代表大会已经在腐朽的基础上召开了并且也四处宣扬了，他们就无论如何不愿意让它失败，从而不得不在本质问题上再次做出让步。您说得完全对：这种合并本身包含着分裂的萌芽。如果以后分离出去的只是不可救药的狂热分子，而不是他们的所有追随者，我将感到高兴，因为这些追随者本来很干练，在良好教育下是可以成为有用的人的。这要取决于这件不可避免的事情发生的时间和条件。

【论断】 马克思和恩格斯同意白拉克的看法，李卜克内西不惜代价推进两党合并，结果把事情弄糟了，后面又不断错上加错。这种合并包含着分裂的萌芽。

恩格斯表示他和马克思都同意白拉克的看法，李卜克内西为了促成两党的合并而在原则问题上做了不应该的让步，原本这件事可以更加策略地处理。但因为最初的原则让步以及产生的影响导致不得不再次在原则问题上让步。恩格斯指出这种合作是不牢固的，必然会走向分裂。如果后面发生分裂时只是把顽固的拉萨尔分子清除出去，同时还能把一些有用的人才经过教育争取过来的话还相对好一些，但这要看到时候的具体情况。恩格斯这里重点指出了李卜克内西所犯的放弃原则的严重错误，同时指出政党如果没有科学的理论和坚实的政治纲领作为基础的话，即使形式上合并也很有可能会走向分裂。他分析了如果后续发生分裂可能出现的情况，他希望把顽固的拉萨尔分子清除出去以维持党的纯洁，同时为党尽量教育争取过来更多的人。

这个经过最后修改的纲领包括下面三个组成部分：

1. 拉萨尔的词句和口号，这些在任何条件下都不应接受。如果两个派别合并，那末写入纲领的应该是双方一致同意的东西，而不是有争论的东西。然而我们的人竟容许了这些，心甘情愿地通过了卡夫丁轭形门；

【论断】拉萨尔主义的条文和口号任何时候都不能

接受。

  恩格斯指出，两党合并的纲领不应当接受拉萨尔主义的内容，并指出政党合并的基本原则是纲领只能吸收双方真正取得一致的东西。爱森纳赫派的领导人不应接受拉萨尔派的主张。这里提到的经过最后修改的纲领，是指1875年5月在哥达召开的合并代表大会上通过的德国社会主义工人党纲领。马克思的《哥达纲领批判》以及恩格斯1875年3月18—28日给奥·倍倍尔的信和马克思1875年5月5日给威·白拉克的信都对这个略加修改便在代表大会上通过的纲领草案做了评述和批判的分析。卡夫丁轭形门，是指公元前321年在第二次萨姆尼特战争时期，萨姆尼特人在古罗马卡夫丁城附近的卡夫丁峡谷中击败了罗马军团，并强迫他们通过"轭形门"，这对战败的军队来说是最大的耻辱。从此便有了"通过卡夫丁轭形门"的说法，意即遭到莫大的侮辱。

  2. 一系列庸俗民主主义的要求，这些要求是按照人民党的精神和风格拟出的；

  【论断】庸俗民主主义的要求。

  恩格斯指出，最后版本的纲领中的第二部分内容是带有资产阶级民主派色彩的庸俗民主主义的主张，而不是反映无产阶级要求的内容。

3. 一些所谓共产主义的原理，它们多半从《宣言》中抄来，但做了修改，仔细一看，全都是些令人毛骨悚然的谬论。如果不懂得这些东西，那就不要动它们，或者把它们从那些被公认为懂得这些东西的人那里一字不差地抄下来。

【论断】从《共产党宣言》抄来并又修改成了谬论的内容。

恩格斯指出，最后版本的纲领中的第三部分内容是从《共产党宣言》中抄来的，但又被修改成了让人毛骨悚然的谬论。如果不能很好地把握《共产党宣言》的内容，就要老老实实地按照真正懂的人的论述进行表述，而不应当任意改动，这样的改动会让真理变成谬误。

幸而这个纲领的遭遇比它应该有的遭遇要好些。工人、资产者和小资产者在其中领会出它本来应该有但现在却没有的东西，任何一方面的任何一个人都没有想到去公开分析这些奇怪的词句中任何一句的真实内容。这就使我们可以对这个纲领保持沉默。同时，这些词句不能译成任何一种外文，除非硬写成明显的胡言乱语，或者是给它们掺进共产主义的含义，而朋友和敌人都是采取后一种做法的。我自己在为我们的西班牙朋友翻译这个纲领时就不得不这样做。

【论断】哥达纲领造成的实际危害比预想的少，所以马克思和恩格斯暂时对其保持了沉默；纲领不能翻译成外文，除非扭曲它的词句掺入共产主义的内容。

哥达纲领通过后，党内外大都是从积极的方面去理解哥达纲领，从无产阶级应有的诉求去理解纲领，几乎没有人去深究这些词句。正如马克思和恩格斯所指出的，对于政党来说实际的行动往往比纲领更重要。所以马克思和恩格斯从当时复杂的斗争形势出发，从哥达纲领通过后的具体情况出发，选择了暂时的沉默。同时恩格斯也尽量减轻和挽回哥达纲领带来的负面影响。他利用语言翻译的一定限度的弹性，尽量给纲领的解释掺入共产主义的内涵。从霍·梅萨于1875年7月4日给恩格斯的信中可以看出，当梅萨在伦敦的时候，恩格斯向他读过哥达纲领。梅萨在信中请求恩格斯告知德国朋友们的近况，他们同拉萨尔派合并的情况以及关于哥达纲领的情况。梅萨打算把这些消息转告给马德里的朋友们。恩格斯就是这样处理这个问题的。这也给我们以应对问题的策略方面的启示，利用语言和范畴阐释的弹性尽量注入科学的先进的内涵。

就我所看到的委员会的活动来说，不是令人欣慰的。第一，针对您的和伯·贝克尔的著作所采取的行动；如果说它没有得逞，这与委员会无关。第二，宗内曼（马克思在旅途中曾遇到他）说，他曾建议瓦耳泰希为《法兰克福报》写通讯，但是委员会禁止瓦耳泰希接受这个建议！这比书报检查制度还要厉害，我不明白瓦耳泰希怎么能容忍这种禁令。真蠢！他们倒是应该设法使《法兰克福报》在德国各地都有我们的人为它服务！最后，拉萨尔派的成员在建立柏林联合印刷所方面的行动，在我看来也不是很有诚意的：我们的人在莱比锡印刷所轻信地赋予该委员会以监察委员会的职能以后，柏林人才被迫这样做。不过，我对这方面的详情不十分了解。

【论断】委员会的活动开展得不怎么样。

这里的委员会指的是德国社会主义工人党执行委员会（下同）。白拉克在1875年6月28日至7月7日给恩格斯的信中说，社会民主党执行委员会以拉萨尔派三票对爱森纳赫派二票通过以下决议：从发表在党的中央机关报《人民国家报》和《新社会民主党人报》上的党的文献目录中删去两本反拉萨尔主义的著作：威·白拉克《拉萨尔的建议》1873年不伦瑞克版（W. Bracke, *Der Lassalle'sche Vorschlag*, Braunschweig, 1873）和伯·贝克尔《斐迪南·拉萨尔在工人中间宣传的历史》1874年不伦瑞克版（B. Becker, *Geschichte der Arbeiter-Agitation Ferdinand Lassalle's*, Braunschweig, 1874）。这两本书由威·白拉克出版社出版。在白拉克的坚决要求下，党的执行委员会的这个决议被撤销。党的文献目录中的这两本书包含了对拉萨尔主义的批判。这是合并后党内对拉萨尔派机会主义斗争的反映。好在经过斗争这个错误的决议被撤销。但这件事情也反映出在合并后拉萨尔派分子在党内产生的负面影响。新成立的委员会禁止自己的党员给资产阶级的报纸写通讯，恩格斯对此表示愤慨，实际上应当努力去争取和利用所有的宣传阵地为无产阶级服务和发声。这也给我们以启示，先进阶级应当争取和利用所有可能的阵地开展斗争。根据哥达合并代表大会关于建立属于党的联合印刷所的决议，1875年6月成立了柏林全德联合印刷所。这个印刷所的管理委员会由过去的拉萨尔派威·哈森克莱维尔、威·哈赛尔曼和亨·拉科夫组成。恩格斯鉴于历史上曾经出现的问题，对拉萨尔派成员在这方面的作用表示不完全信任。莱比锡的联合印刷所于1872年7月由爱森纳赫派建立。《反社会党人非常法》实施后，社会民主党的联合印刷所被关闭。《反社会党人非常法》是俾斯麦政府在帝国国会多数的支持下于1878年10月21日实施的，旨在反对社会主义运动和工人运动。这个法律把德国社会民主党置于非法地位；党的一切组织、群众性的工人组织、社会主义的和工人的刊物都被禁止，社会主义文献被没收，社会民主党人遭到迫害。但是，社会民主党在马克思和恩格斯的积极帮助下战胜了自己队伍中的机会主义分子和"极左"分子，得以在非常法生效期间把地下工作同利用合法机会正确地结合起来，大大巩固和扩大了自己在群众中的影响。在群众性的工人运动的压力下，非常法于1890年10月1日被废除。

委员会的活动很少，而且正像这几天曾在这里的卡·希尔施所说的，它只是作为通讯机关和问讯机关混日子，这倒也好。委员会的任何积极的干预只会加速危机的到来，看来人们也感到了这一点。

【论断】 两党合并后的委员会除了作为通讯机关和问讯机关外活动很少，这个委员会的任何干预只会加速危机的到来。

恩格斯认为，在哥达纲领基础上的两党合并是存在严重隐患的，所以其委员会的活动很可能会加速党的危机甚至分裂的到来。

同意在委员会中有三个拉萨尔分子和两个我们的人，这是何等的软弱！

【论断】 在两党合并后的委员会中拉萨尔派占多数，而我们的人反而占少数，这太软弱了。

原本在两党合并这件事上爱森纳赫派居于有利的地位，结果他们不仅在理论上主动放弃了原则，而且在党的委员会组织问题上也主动放弃了有利地位，居于少数，也犯了严重的错误。

总之，我们算是走过来了，尽管损失是严重的。我们希望，事情不再发展下去，同时在拉萨尔派中间的宣传能起到作用。如果到下届帝国国会选举以前情况不变，事情就会好转。不过，施梯伯和特森多尔夫将全力以赴地进行活动，到那时候就会看清哈赛尔曼和哈森克莱维尔是些什么东西。

【论断】两党合并让爱森纳赫派损失惨重，恩格斯希望事情不要再恶化，并将更多的拉萨尔分子教育转化过来。

这里的帝国国会选举指的是1877年1月10日的帝国国会选举。在这次选举中，德国社会民主党有12人当选议员，他们获得了将近50万张选票。可以看出，当时爱森纳赫派领导人急于促成合并肯定是考虑到了这次选举的因素，希望国会党团能够获得更多的席位，所以不惜放弃原则。资本主义社会发展到一定阶段就会改变对工人阶级的控制方式，培养一小部分工人贵族，甚至给他们一定的头衔如议员资格。这是无产阶级政党内出现机会主义和修正主义的根源。无产阶级可以利用议会的阵地开展斗争，恩格斯也并不反对开展议会斗争，但是只靠这种斗争是不解决根本问题的。正确的方式是将合法斗争与非法斗争形式相结合，同时坚决地与修正主义、改良主义、机会主义做斗争。

马克思从卡尔斯巴德回来了，完全成了另外一个人，更加壮实、容光焕发、精神饱满、身体健康，很快就能够重新全力投入工作。他和我衷心问候您。有便时，请告诉我们这件事后来的发展情况。莱比锡人全同这件事有很深的关系，所以不向我们说明真相，而党的内部事情正是现在更加不公开了。

【论断】爱森纳赫派就两党合并相关的事项没有向马克思和恩格斯说明真相。

恩格斯对爱森纳赫派领导人就党的重要事项缺乏公开性，也不向马克思和他充分说明表示遗憾。

忠实于您的弗·恩·

恩格斯致奥古斯特·倍倍尔

(1875年10月12日)

莱比锡

1875年10月12日于伦敦

亲爱的倍倍尔:

您的来信完全证实了我们的看法:这种合并从我们这方面来说是太轻率了,而且它本身就包含着将来分裂的萌芽。如果这种分裂能推迟到下届帝国国会选举以后,那就很好了……

【论断】两党的合并太轻率,包含着未来分裂的萌芽。

马克思、恩格斯认为,两党的合并对爱森纳赫派来说太轻率了,因为放弃了太多的原则。在这种基础上的合并包含着未来分裂的很大可能。这种合并如能维持到1877年1月10日的帝国国会选举,就很不错了。

现在这个形式的纲领包括三个部分：

（1）拉萨尔的词句和口号，接受这些东西是我们党的一种耻辱。如果两派要想就共同的纲领达成协议，那就应当在纲领中采纳双方一致同意的东西，而不涉及双方不一致的地方。诚然，拉萨尔的国家帮助也曾列入爱森纳赫纲领，但是，在那里它不过是许多过渡措施中的一个，而且就我所听到的一切来看，差不多可以肯定地说，要不是合并，它就会在今年的代表大会上根据白拉克的提案删掉了。现在它却被看作医治一切社会病症的绝对正确的和唯一的良药。让别人把"铁的工资规律"和拉萨尔的其他词句强加在自己头上，这是我们党在道义上的一次巨大失败。我们的党改信拉萨尔的信条了。这是怎么也否认不了的。纲领的这一部分是卡夫丁轭形门，我们党就从这下面爬向神圣拉萨尔的赫赫声名；

【论断】哥达纲领包括三个部分。一是拉萨尔主义的主张。两党合并的纲领应采用双方都一致同意的东西。

这里提到的纲领指1875年5月在哥达召开的合并代表大会上通过的德国社会主义工人党纲领。这里提到的爱森纳赫纲领指1869年的爱森纳赫纲领的最后一条："三、社会民主工党主张把下列各点作为鼓动工作中的最近要求：……10.要求对合作社事业提供国家支援，对在民主保障下的自由的生产合作社给以国家信贷。"卡夫丁轭形门指公元前321年，在第二次萨姆尼特战争时期，萨姆尼特人在古罗马卡夫丁城附近的卡夫丁峡谷中击败了罗马军团,并强迫他们通过"轭形门",这对战败的军队来说是最大的耻辱。从此便有了"通过卡夫丁轭形门"的说法,意即遭到莫大的侮辱。

(2)民主要求,这些要求完全是按照人民党的精神和风格拟出的;

【论断】二是庸俗民主主义的要求。

恩格斯指出,最后版本的纲领中的第二部分内容是带有资产阶级民主派色彩的庸俗民主主义的主张,而不是反映无产阶级要求的内容。

(3)向"现代国家"提出的要求(而且不知道其余的"要求"应当向谁提!),这些要求是非常混乱和不合逻辑的;

【论断】纲领向"现代国家"提出的要求混乱而不合逻辑,而且不知道其他的"要求"向谁提。

哥达纲领一方面认识不到所谓资产阶级现代国家的反动本质,另一方面提出的要求也混乱而无逻辑。其余要求的提出对象也不明确。

(4)一般的原理,多半是从《共产党宣言》和国际的章程(卡·马克思《协会临时章程》。——编者注)中抄来的，但是修改得不是把内容全部弄错，就是变成了纯粹的谬论，正如马克思在您熟知的那篇文章（卡·马克思《哥达纲领批判》。——编者注）中所详细指出的那样。

【论断】纲领中有的内容是从《共产党宣言》和《协会临时章程》中抄来并加以修改的，但修改成了谬误。

马克思和恩格斯指出哥达纲领的部分内容抄袭并修改了《共产党宣言》和《协会临时章程》中的论述，结果变成了谬误。

整个纲领都是杂乱无章、毫无联系、不合逻辑和丢丑的。要是资产阶级新闻界中有一个有批判头脑的人，他就会把这个纲领加以逐句研究，弄清每句话的真实含义，极其明确地指出荒诞无稽的地方，揭露出矛盾和经济学上的错误（例如，其中断言：劳动资料今天为"资本家阶级所垄断"，似乎地主已经不存在了；不说工人阶级的解放，而胡说"劳动的解放"，而劳动本身在今天恰恰是过分自由了！），从而把我们的整个党弄得非常可笑。资产阶级新闻界的蠢驴们没有这样做，反而以非常严肃的态度来对待这个纲领，领会出其中所没有的东西，并做了共产主义的解释。工人们似乎也是这样做的。仅仅是由于这种情况，马克思和我才没有公开声明不同意这个纲领。当我们的敌人和工人都把我们的见解掺到这个纲领中去的时候，我们可以对这个纲领保持沉默。

【论断】哥达纲领的内容是杂乱、缺乏逻辑的；资产阶级的传媒领会出了纲领中所没有的东西并做了共产主义的解释，工人也这样理解，所以马克思和恩格斯保持了沉默。

恩格斯指出，哥达纲领本身存在严重的问题，好在资产阶级的传媒没有发现这些问题。当时的形势是无论资产阶级传媒还是工人都从马克思和恩格斯的正确的见解的角度，从共产主义的角度去解读这份纲领的内容。鉴于这种情况，马克思和恩格斯没有公开表明对这个纲领的态度而是保持了沉默。这是出于具体的斗争策略角度的考虑。但恩格斯指出，实际上纲领存在明显的矛盾错误。比如，分析占有社会生产资料的阶级时，把土地占有者忽略了。工人阶级的解放说成了"劳动的解放"。为什么说劳动的解放不对呢？因为劳动是劳动力的功能。而且资本就是凝固的劳动。恩格斯这里所说的劳动过分自由了，主要指的是资本过分自由了。资本作为死劳动控制并剥削滥用活劳动，但这不是解放劳动的问题，而是解放提供活劳动的工人阶级的问题。

如果您对人选问题上所达到的结果感到满意，那就是说，我们这方面的要求一定已降得相当低了。两个是我们的人，三个是拉萨尔派！因此，在这里，我们的人也不是享有平等权利的同盟者，而是战败者，并且从一开始就决定了要处于少数地位。

【论断】在两党合并委员会的组成上,党不是平权的同盟者而是失败者。

恩格斯指出在两党合并组织问题上爱森纳赫派的失误。不但没有取得对委员会的领导权,还处于少数地位。对于无产阶级政党来说,无论是统一战线还是建立同盟,最关键的就是争取领导权,而组织问题是领导权的保证。

委员会的活动,就我们所知道的来说,也不是令人欣慰的:(1)决议没有把白拉克的和伯·贝克尔的关于拉萨尔主义的两本著作包括在党的文献目录里;如果说这个决议撤销了,那末这与委员会无关,也与李卜克内西无关;

【论断】委员会的活动不让人欣慰。

社会民主党执行委员会以拉萨尔派三票对爱森纳赫派二票通过以下决议:从发表在党的中央机关报《人民国家报》和《新社会民主党人报》上的党的文献目录中删去两本反拉萨尔主义的著作:威·白拉克《拉萨尔的建议》1873年不伦瑞克版和伯·贝克尔《斐迪南·拉萨尔在工人中间宣传的历史》1874年不伦瑞克版。这两本书由威·白拉克出版社出版。在白拉克的坚决要求下,党的执行委员会的这个决议被撤销。党的文献目录中的这两本书包含了对拉萨尔主义的批判。这是合并后党内对拉萨尔派机会主义斗争的反映。好在经过斗争,这个错误的决议被撤销。

但这件事情也反映出在合并后拉萨尔派分子在党内产生的负面影响。

(2) 禁止瓦耳泰希接受宗内曼向他提出的担任《法兰克福报》记者的建议。这是宗内曼亲自告诉路过那里的马克思的。使我感到惊奇的，与其说是委员会的妄自尊大和瓦耳泰希对委员会不是嗤之以鼻而是唯命是从，不如说是这项决议的令人难以置信的愚蠢。委员会倒是应该设法使得像《法兰克福报》那样的报纸到处都只由我们的人替它服务。

【论断】 委员会禁止瓦耳泰希为《法兰克福报》写通讯，这是愚蠢的决定。

这里提到的委员会指的是德国社会主义工人党执行委员会。新成立的委员会禁止自己的党员给资产阶级的报纸写通讯，恩格斯指出应当努力去争取和利用所有的宣传阵地为无产阶级服务和发声。这也给我们以启示，先进阶级应当争取和利用所有可能的阵地开展斗争。

这整个事件是一次富有教育意义的试验，它即使在这种情况下也还有希望取得极其有利的结果，在这一点上，您是完全正确的。这样的合并只要能维持两年，就是一个很大的成功。但是，它无疑是可以用便宜得多的代价取得的。

【论断】 两党的合并的教训具有教育意义,同时也有希望争取有利的结果。

事物的发展具有辩证性,党的失误会成为有教育意义的事件,并且在错误的情况下也要尽量争取有利的结果。两党在哥达纲领基础上的合并是不稳固的,而且这次合并原本不用那么大的代价。

恩格斯致卡尔·考茨基

(1891年1月7日)

斯图加特

1891年1月7日于伦敦

亲爱的考茨基：

昨天我挂号给你寄去了马克思的手稿，这份手稿看来会使你感到高兴。在神圣的德意志帝国，我怀疑这份手稿能照这个样子发表。请你从这个角度看一遍，把使你担心而又可以删略的地方删掉，用省略号代替。至于从上下文来看不能删略的地方，请你在校样上标出，尽可能用几句话把你担心的理由告诉我，我再来酌情处理。凡是要改动的地方，我要加上括弧，并在我的短序中说明：这是改动过的地方。因此，请把长条校样寄来！

【论断】恩格斯给考茨基寄去了《哥达纲领批判》的手

稿。他担心在当时的德国能否照原样发表，所以有些表达方式需要处理。

由于当时的德国政府对于出版物的审查，所以恩格斯和考茨基商量《哥达纲领批判》的某些表达方式上的调整。

但是，发表这份手稿，除了警察当局以外，可能还有某些人不赞成。如果你认为不得不考虑这一情况，那就请你把这份手稿挂号转寄给阿德勒。在维也纳那里，大概可以全文刊印（可惜，关于宗教需要的精彩地方除外），但无论如何总是会刊印出来的。不过，我想，在这里告诉你的我这个十分坚定的意图，会使你完全避免任何非难。既然你们反正不能阻止手稿的发表，那末，在德国本国，就在专门为了刊登这类东西而创办的党的机关刊物《新时代》上发表，岂不好得多。

【论断】《哥达纲领批判》的发表除了政府当局不赞成，党内也有某些人不赞成。恩格斯建议在党的机关刊物上发表。

恩格斯努力推动《哥达纲领批判》的发表，如果不能在德国就在奥地利维也纳发表。他坚定地建议在党的机关刊物上发表，因为这可以充分地反映无产阶级政党勇于进行自我批判和自我革命的勇气，这是党真正强大和先进的表现。

为了给你准备这份手稿,我中断了关于布伦坦诺(弗·恩格斯《布伦坦诺 contra 马克思》。——编者注)的写作;因为我在这篇关于布伦坦诺的著作中需要利用手稿中关于铁的工资规律的评述,而且无须费很大气力就可以同时把全部手稿整理出来。我原想在本周内搞完布伦坦诺,但是又来了这么多事,又要处理这么多信,恐怕搞不完了。

如果有什么困难,请通知我。

这里还很冷。可怜的肖莱马感冒了,而且一时失去听力,因而未能来过圣诞节。赛姆·穆尔在阿萨巴病得很重,我正焦虑地等待着关于他的新消息。

你的 弗·恩格斯

向陶舍尔问好。

恩格斯致卡尔·考茨基

（1891年1月15日）

斯图加特

1891年1月15日于伦敦

亲爱的男爵：

你从随信寄去的校样中可以看出，我不是不近人情的，甚至还在序言中加了几滴使人镇静的吗啡和溴化钾，希望这对我们的朋友狄茨的忧虑心情会起相当的缓解作用。今天我就给倍倍尔写信。以前我没有同他谈过这件事，因为我不愿意使他在李卜克内西面前感到为难。否则，倍倍尔就有责任把这件事告诉李卜克内西，而李卜克内西——从他在哈雷所作的关于党纲的讲话来看，他已经从手稿中做了一些摘录——会采取一切办法阻挠手稿发表。

【论断】恩格斯抚慰党内相关同志的不安，预见到李卜克内西会阻挠手稿的发表。

恩格斯在这封给考茨基的信中解释了他的一些考虑,尽量减少当时爱森纳赫派几位相关人物倍倍尔和狄茨在发表《哥达纲领批判》问题上的压力。同时,他也判断李卜克内西会阻挠这篇文献的公开发表。

如果"满足自己的宗教需要,就像满足自己的肉体需要一样"这句话在文中不能保留,那就把加了着重号的字删掉,用省略号代替。这样,暗示就会更加微妙,而且仍然十分清楚。但愿这样一来,就不会引起疑虑了。

【论断】对相关语句暗示性的处理。

这句话是容易引起歧义的一句话,在后来正式发表的文本中被删去了。马克思主义强调宗教是一种社会历史文化现象,起源于人类在特定生产力水平和社会关系发展阶段下对无法解释和掌控的事物及现象的畏惧,以及对意义追寻和对现存生存状态超越性的理想和向往。宗教给予了这种需要以非理性的慰藉。在宗教现象中,此岸的属人的东西采取了彼岸的属神的形式。在不同社会形态和社会历史发展阶段,宗教也不断变换其形式。宗教文化内容也融入了大量哲学、道德伦理、艺术的内涵于其中。在阶级社会,统治阶级也往往利用宗教为其统治秩序服务。马克思主义认为,随着社会生产力的发展,以及人类认识水平的不断提升,尤其是社会关系条件的改变,宗教会随着其赖以存在的社会条件的消失而逐渐走向消亡。马克思在《哥达纲领批判》中强调了信仰和宗教信仰的不同。

其他地方,我都按你和狄茨的要求做了,而且你看,甚至比你们要求的还多。

…………

你的弗·恩·

恩格斯致卡尔·考茨基

(1891年2月3日)

斯图加特

1891年2月3日于伦敦

亲爱的考茨基:

你以为,马克思的文章(卡·马克思《哥达纲领批判》。——编者注)发表以后,给我们的信件会接连不断地飞来吗?恰恰相反,我们什么也没有听到,什么也没有看到。

星期六(1月31日。——编者注),我们没有收到《新时代》,我立刻就想到是否又出了什么事情。星期日,爱德来到这里,并把你的信给我看了。我以为,禁止发表这篇文章的手法还是得逞了。星期一,《新时代》终于收到了,不久以后,我发现《前进报》也转载了这篇文章。

【论断】《哥达纲领批判》在《新时代》发表,《前进报》也予以转载。

当时李卜克内西反对并试图阻挠《哥达纲领批判》发表的行为没有得逞。1891年2月1日和3日《前进报》第27和28号附刊（1）也转载了马克思的著作《哥达纲领批判》，但没有刊登恩格斯为它写的序言。

既然反社会党人法式的行政措施没有奏效，那末这一大胆的步骤就成为这些人所能采取的上策。而且，这一步骤还有一个好处：它在很大程度上消除了奥古斯特由于最初的惊恐所谈到的那个难以逾越的鸿沟。不管怎样，产生这种惊恐，首先是因为担心文章发表后，若是我们的敌人利用了怎么办？此文在正式机关报上转载，会使我们敌人的进攻锋芒减弱，也使我们能够这样讲：请看，我们是怎样自己批评自己的，我们是唯一能够这样做的政党；你们也这样试试看吧！这也正是这些人一开始就应该采取的正确立场。

【论断】无产阶级政党应该勇于自我批评，这是党的领导人应当采取的正确立场。

德国社会民主党领导人企图阻挠《新时代》杂志第18期的发行，因为该期刊载了马克思的著作《哥达纲领批判》。反社会党人法曾使德国社会民主党处于非法地位，是俾斯麦政府在帝国国会多数的支持下于1878年10月21

日通过的，旨在反对社会主义运动和工人运动。隔两三年法律的有效期延长一次。在群众性的工人运动的压力下，非常法于1890年10月1日被废除。恩格斯在这里用其来比喻和讽刺德国社会民主党领导人阻挠《哥达纲领批判》发表的行为。针对这个事件，恩格斯在这里指出了无产阶级政党及其领导人应当以什么样的立场和态度来面对及处理自己所犯的错误。任何政党包括无产阶级政党在工作中都不可能不犯错误，但无产阶级政党应该勇于进行自我批评和自我革命。这恰恰是无产阶级政党区别于资产阶级政党的先进性的表现。恩格斯在这里为我们树立了光辉的榜样。

因此，对你采取某种强制性的措施，也并不那么容易。我曾请你在必要时把手稿寄给阿德勒；一方面这是要对狄茨施加影响，另一方面也是要为你解脱责任，因为我在一定程度上曾经使你没有选择的余地。我也给奥古斯特写了信，说明全部责任由我承担。

如果还有什么人负有责任的话，那只有狄茨。他知道，在这类事情上，我对他总是好商量的。我不仅满足了他的全部要求，缓和了他提出的某些地方，甚至还缓和了另外一些地方。如果他标出更多的地方，那也会给予考虑的。但是，狄茨认为无可非议的地方，为什么我不保留下来呢？

【论断】恩格斯表示由他来承担发表《哥达纲领批判》

的全部责任,并在不违反原则的前提下对某些词句做了适当调整。

恩格斯考虑到《哥达纲领批判》的发表给党内相关执行人士带来的压力以及党内的团结,他主动承担全部责任。这体现了他在《哥达纲领批判》发表问题上原则性和灵活性的结合。

其实,惊恐之余,除了李卜克内西,大多数人都会感谢我发表这篇东西。它使未来的纲领免除任何不彻底性和空洞的言词,并且提出了他们中间大多数人未必敢于主动提出的无可争辩的论据。人们没有责备他们在反社会党人法实施期间没有修改这个不好的纲领,因为他们当时不能这样做。而现在,他们自己放弃了这个纲领。至于十五年前实行合并时,他们很不高明,竟然受了哈赛尔曼等人的蒙骗,这一点,老实说,他们现在满可以坦率地承认。总之,纲领的三个组成部分:(1)道地的拉萨尔主义,(2)人民党式的庸俗民主主义,(3)谬论,——并没有因为它们作为党的正式纲领保留了十五年之久而变得好些。如果今天还不能公开指出这一点,那要等到什么时候呢?

【论断】《哥达纲领批判》的发表可以使党未来的新纲领摆脱不彻底性和空洞言词,并提出无可争辩的论据;应指出哥达纲领中的拉萨尔主义、庸俗民主主义及其他谬论。

恩格斯指出《哥达纲领批判》的发表对于党制订新的

纲领所具有的重要意义。随着反社会党人法的停止实施，党的领导人更应该坦率地承认历史上所犯的错误。应当毫不迟延地批判哥达纲领中存在的拉萨尔主义、庸俗民主主义以及其他谬论。这里提到的人民党指德国人民党，成立于1865年，主要是由德国南部各邦——维尔腾堡、巴登、巴伐利亚的小资产阶级民主派以及一部分资产阶级民主派组成，因此又称为南德人民党和士瓦本人民党。德国人民党反对确立普鲁士对德国的领导权。这个党执行反普鲁士政策，提出一般民主口号，同时也是德国某些邦的分立主义倾向的代表者。它宣传建立联邦制的德国的思想，反对以集中统一的民主共和国的形式统一德国。

要是听到什么新消息，请告诉我们。
多多问候。

你的 弗·恩·

恩格斯致弗里德里希·阿道夫·左尔格

(1891年2月11日)

霍布根
1891年2月11日于伦敦

亲爱的左尔格：

1月16日的来信收到了。

你打算不再给我寄《国家主义者》，我很同意。在此地，我找不到，根本找不到一个人愿意读这份东西，我自己也无暇去看各种装模作样、爱出风头的人卖弄的小聪明。我早就想请你不要再寄了，但又想，这份东西既然是左尔格给我寄的，上面总会有点什么吧。

照片很快就可以取了。亨利希·肖伊想给我雕一幅木刻像，因此不久前我只得又去拍照。共拍了七张，可能会有一张成功的。

希望收到这封信时，你夫人（卡塔琳娜·左尔格。——编者注）的病已痊愈，你也恢复了健康。

关于《资本论》的美国版，我无可奉告，因为我从未见过，也不知道是个什么样子。那里的人有权翻印我们的作品，这是众所周知的。他们运用这个权利，正说明此事他们有利可图；这是十分可喜的，尽管继承人要蒙受损失。但是，我们本来就应当估计到，在美国的销路大大增加以后，会发生这样的情况。

第四版（《资本论》第一卷。——编者注）谅已收到。

在《新时代》上发表的马克思的文章（卡·马克思《哥达纲领批判》。——编者注），你已经读过了。这篇文章起初使德国社会党的统治者大为恼火，现在看来开始逐渐平静下来。相反地，在党内——老拉萨尔分子除外——这篇文章却很受欢迎。维也纳《工人报》（你将在下一邮班收到）驻柏林记者竟感谢我为党做了这件事（据我猜测，是阿道夫·布劳恩，他是维克多·阿德勒的内弟，李卜克内西的《前进报》的助理编辑）。李卜克内西当然要大发雷霆，因为整个批判就是针对他的，而且正是他伙同好男色的哈赛尔曼一起炮制了这个腐朽的纲领。人们最初的惊恐我很理解：这些人以前总是要求"同志们"只能最温和地对待他们，而现在他们竟受到这样无礼的对待，连他们的纲领也被斥为十足的谬论。在整个事件中一直表现得很勇敢的卡尔·考茨基在给我的信中说：党团打算发表一项声明，说明发表马克思这篇文章事先没有通知他们，他们不赞成发表。这样，就让他们聊以自慰去吧。但是，他们这样做大概是不会得到什么结果的，如果党内赞成这篇文章的人日益增多，并且他们认识到，"这会给敌人提供反对我们自身的武器"的叫嚷是没有多大价值的。

【论断】 恩格斯对《哥达纲领批判》发表后各方反应的评析。

《哥达纲领批判》发表之后，因为其科学的力量，在党内收到良好的反响。除了制定哥达纲领的当事人和少数顽固拉萨尔分子外，大部分同志持欢迎态度。1891年2月6日维也纳《工人报》第6号上发表的一则柏林通讯中报道：恩格斯在德国发表了一个具有重大理论和实践意义的文件——马克思对1875年哥达代表大会通过的德国党纲领的《批判》。通讯的作者指出了恩格斯的功绩，他写道：恩格斯"正是在现在，正是在需要十分明确地、毫不妥协地确定我们党的理论基础的时刻，把这一《批判》公诸于世"。这里提到的声明是指1891年2月13日《前进报》第37号发表的题为《马克思关于纲领的一封信》("Der Marx'sche Programm-Brief")的一篇社论，社会民主党国会党团在社论中表示不同意马克思这篇著作中对哥达纲领和拉萨尔的作用的评价。恩格斯认为，对于党团声明,应当继续坚持原则,不能退缩。这也给我们以启示,真正的马克思主义者应当彻底地坚持真理,勇敢同错误做斗争。

在此期间,我受到了这些先生们的抵制,这倒也好,因为可以使我少浪费一些时间。反正这种状况不会继续很久了。

布莱德洛死后,艾威林接到建议,提他为北安普顿的候选人,而这个建议正是社会民主联盟①地方分部提出的,因而名义上是海德门的拥护者提出来的!由于最近十八个月来运动的普遍高涨,联盟盟员大量增加;这些人甘愿把

---

① 恩格斯指的是斯·门德尔森同他妻子出席了社会民主联盟一个分部的会议。1891年1月3日《正义报》第364号对此有一篇报道,标题是《门德尔森在伦敦》。社会民主联盟——英国的社会主义组织,成立于1884年8月。这个组织联合了各种各样的社会主义者,主要是知识分子中的社会主义者。以执行机会主义和宗派主义政策的海德门为首的改良主义分子长期把持了联盟的领导。加入到联盟里的一小批革命马克思主义者(爱·马克思-艾威林、爱·艾威林、汤·曼等人),与海德门的路线相反,为建立同群众性的工人运动的密切联系而斗争。1884年秋天,联盟发生分裂,左翼组成了独立的组织——社会主义同盟;在此以后,机会主义者在联盟里的影响加强了。但是,在群众的革命情绪影响之下,即使在九十年代,联盟内部仍在继续产生不满机会主义领导的革命分子。1907年,在工人运动高涨的情况下,联盟改组为社会民主党。该党在1911年同独立工党左派合并,命名为英国社会党。它的部分成员后来参加了英国共产党的创建。

他们毫不了解的对外事务（同可能派①勾勾搭搭等）听任海德门之流去管；对这些先生们以前在爱尔兰的倾轧和内讧，他们也全然不知，所以肯定不会承担任何责任。实际上，正是因为海德门及其同伙有一段时间停止了在组织内部的攻击，这些人才加入了他们的组织。由此才有北安普顿人的上述步骤，这一步骤使海德门勃然大怒，特别是因为分

---

① 恩格斯指的是法国社会主义运动中的各种派别。茹·盖得（因此又有盖得派之称）和保·拉法格领导的马克思派，以1879年成立的工人党为代表。一开始，这一派的队伍中就进行着尖锐的思想斗争，因而使党于1882年在圣亚田代表大会上分裂为盖得派和可能派（即布鲁斯派）。盖得派仍保留工人党的名称。党以马克思参与制定并于1880年在哈佛尔代表大会通过的纲领为依据来进行活动。盖得派依靠的是法国大工业中心的无产阶级、巴黎的一部分无产阶级，主要是大工厂的无产阶级。党的基本任务之一是为争取广大工人群众而斗争。八十至九十年代，工人党在向法国无产阶级宣传马克思主义思想方面取得了一定的成就。党的机关报《社会主义者报》在这方面发挥了巨大的作用。马克思派积极参加了工会运动并领导了无产阶级的罢工斗争。由于保·拉法格参加竞选，党进行了大量宣传活动，拉法格在1891年被选入众议院，这是法国社会主义者的重大成就。法国工人党为了加强社会主义者的国际联系，为了揭露法国资产阶级共和国对外政策的侵略本质，特别是1891—1893年的法俄联盟，做了很多工作。但是，党的领导人并不总是执行彻底的马克思主义政策，他们有时也犯了机会主义性质的错误，例如，九十年代在农民问题上。马克思和恩格斯不止一次地批评他们，帮助他们制定工人运动的正确路线。布鲁斯派，即可能派——法国社会主义运动中的机会主义派别，以布鲁斯、马隆等人为首。他们在1882年造成法国工人党的分裂，并成立新党"法国社会主义革命工人党"。这个派别的领袖们反对革命的策略，他们宣布改良主义的原则，即只争取"可能"（possible）争得的东西，因此有"可能派"之称。在九十年代，可能派不再是一个统一的整体，他们在相当程度上已丧失影响。1902年，可能派的多数参加了饶勒斯创建的改良主义的法国社会党。

部把自己的决定立即通知了联盟中央机关。海德门之流耍了一些手法,但都未得逞。艾威林到了那里,受到盛情接待。但离正式提名只剩下四天时间,还需要缴纳一百英镑的选举费用保证金。二十个工人保证每人拿五英镑,凑足这笔款子,并且有一个人表示愿意在此保证下先垫出这一百英镑。后来经过了解才发现,这个人是保守党的一个大奸细。于是,艾威林拒绝了这笔钱,同时示威性地表示了应有的愤慨,并放弃自己的候选人资格。这当然加倍激怒了海德门,因为五年前,他和秦平一起为了竞选拿了托利党二百五十或三百五十英镑。① 不管怎样,艾威林现在是公认的北安普顿工人候选人,而且很有希望增加选票。这次他会得到九百至一千张选票。

介绍给你的那个年轻人(斯·帕德列夫斯基。——编者注),可能已经到过你那里。不过,罗姆夫妇认识他,这我那时还不知道。

德国人这次将在5月3日,而不是1日庆祝五一节,法国人对此大为恼怒。这完全是胡闹,去年庆祝五一节,给那天罢工的汉堡工人带来了同盟歇业(这是未得到定货的工厂主求之不得的),使工人损失了十万马克——外地捐款尚未计算在内,使他们组织良好的工会的力量遭到破坏,

---

① 暗指海德门和秦平在1885年11月议会选举期间的行径。当时,他们接受保守党领给的钱来进行社会民主联盟的竞选活动。

使其活动长期陷于瘫痪。现在，德国各工业部门出现了持续的生产过剩，如果在整个德国共同在5月1日举行庆祝，势必要破坏合同，那末，这一庆祝就将导致普遍的同盟歇业，使我们的全部现款消耗殆尽，使我们所有的工会遭到破坏，其结果不是情绪高涨，而是士气低落。因此，这样做是丧失理智。诚然，我们的人在巴黎代表大会上曾那样兴致勃勃地主张在5月1日庆祝这个节日①，以致现在使人觉得这种做法是个后退。此外，党团的呼吁书②也是一篇无谓的空谈。

在英国这里，哪一天举行庆祝的问题将在星期日解决。

---

① 保·拉法格在1891年2月7日给恩格斯的信中谈到庆祝1891年五一节问题时，指出了德国社会主义者的不彻底性。他们的代表团在巴黎的国际社会主义者代表大会上曾极力主张在5月1日那天举行庆祝活动。国际社会主义工人代表大会实际上是第二国际的成立大会，于1889年7月14日至20日在巴黎举行。出席代表大会的有欧洲和美洲20个国家的393位代表。大会听取了各国社会主义政党代表关于他们国家工人运动的报告，制定了国际劳工保护法的原则，通过了在法律上规定八小时工作日的要求，指出了实现工人要求的方法。大会着重指出了无产阶级政治组织的必要性和争取实现无产阶级政治要求的必要性；主张废除常备军而代之以普遍的人民武装。代表大会一项最重要的决议是规定5月1日为国际无产阶级的节日。代表大会对所讨论的一切问题，都通过了基本上正确的马克思主义的决议，打击了试图把自己的观点强加于大会的无政府主义者。

② 社会民主党德意志帝国国会党团告德国工人书，载于1891年2月6日《前进报》第31号。党团号召德国工人不在5月1日，而在5月3日庆祝五一节。它为了论证自己的这一决定，援引了巴黎国际社会主义工人代表大会决议的一条："各国工人应根据当地的条件，自行确定进行庆祝活动的方法和方式。"恩格斯批评了这一呼吁书，因为它表现出把在5月第一个星期日庆祝无产阶级节日一事永远合法化的倾向。

海德门及其同伙意识到自己去年的错误,这次想尽量起到领导作用,因此会有很多人赞成5月1日。但这里的资本家也在竭力寻找种种借口搞垮他们最恨的两个工联——码头工人工会,特别是杜西领导的煤气工人和杂工工会①。因此,杜西将在这里尽全力防止造成撕毁合同的借口,她将建议在5月3日,星期日,举行庆祝。煤气工人现在成为爱尔兰一个最强大的组织,并将在以后的选举中提出自己的候选人,既不理会帕涅尔,也不理会麦卡锡了。如果帕涅尔现在还能以工人朋友的身份出现,正是由于他会见了这些煤气工人,他们坦率地把全部真相告诉了他。他们使起初站在独立的爱尔兰工联方面的迈克尔·达维特也清楚了。

---

① 煤气工人和杂工工会——英国工人运动史上第一个非熟练工人的工联,是1889年3月底至4月初在八十至九十年代罢工运动高涨的条件下产生的。爱·马克思-艾威林和爱·艾威林在组织和领导这个工会方面起了很大的作用。这个工会提出了规定八小时工作日的要求。没有多久,它就在广大工人各个阶层产生了很大的影响。在一年中,参加该工会的煤气工人就有十万人之多。这个工会积极参与了组织著名的1889年伦敦码头工人的罢工。由于这一罢工和该工会活动的结果,产生了英国工人运动史上第二个非熟练工人的大的联合组织——码头工人工会,该工会在组织其他群众性新工联方面,在争取规定八小时工作日的斗争中,在筹备和安排九十年代的英国工人五一节示威游行方面,也起了显著的作用。由于在煤气工人中积极宣传社会主义思想和国际主义思想,首先是爱·马克思-艾威林进行了这样的工作,煤气工人给予爱尔兰的工人运动以巨大的影响,并成了爱尔兰一些群众性工联的发起者。参加这些工联的还有农业工人。大不列颠和爱尔兰煤气工人和杂工全国工会(该工会的全称)同其他国家的工人组织保持着联系,其领导人爱·马克思-艾威林和威廉·梭恩作为该工会的代表,出席了1891年在布鲁塞尔举行的第二次国际社会主义者代表大会。

煤气工人的宪法保障他们完全自由地行使地方自治。煤气工人第一个推动了爱尔兰的工人运动,这是他们的功绩。他们的许多分部是由农业工人组成的。

衷心问候你的夫人。

你的 弗·恩·

恩格斯致卡尔·考茨基

(1891年2月11日)

斯图加特
1891年2月11日于伦敦

亲爱的考茨基：

你的两封来信已收到，十分感谢。倍倍尔和席佩耳的信现退还。

柏林人还在继续对我进行抵制，我一封信也没有收到，他们显然还没有做出任何决定。然而，《汉堡回声报》发表了一篇社论。如果考虑到这些人还受到拉萨尔主义的强烈影响，甚至还相信既得权利体系，那末，这篇社论写得还是很不错的。[①]

[①] 1891年2月8日《汉堡回声报》第33号发表了一篇题为《关于社会民主党纲领的批判》(Zur Kritik des sozialdemokratischen Programms) 的社论，指出了恩格斯发表的马克思这封关于纲领的信对制定德国社会民主党新纲领的重要意义。恩格斯谈到既得权利体系时，指的是拉萨尔那本以此为题的著作，拉萨尔在这一著作中按照他的唯心主义观点，从哲学和法学的角度阐述了人与人之间的法的关系。对该书的评价，见恩格斯1861年12月2日给马克思的信。

我从这篇文章和《法兰克福报》还得出这样一个结论：敌对报刊的攻击即使还没有精疲力竭，也已经达到了顶点。只要顶住这种冲击，——据我看，直到现在这种冲击是很软弱的——人们就能很快从最初的惊恐中镇静下来。但是，阿德勒的驻柏林记者（阿·布劳恩?）却因为我发表这份手稿竟向我表示感谢。再有两三起这样的反应，反抗就会瓦解。

【论断】《哥达纲领批判》发表后所引发的积极的效应。

这是恩格斯对《哥达纲领批判》发表后各方反应的评估和预判。消极的抵制逐渐退去，积极的反应在不断增强。这是由《哥达纲领批判》本身的科学性和革命性所决定的。

1875 年 5—6 月间，他们对倍倍尔隐瞒，而且是有意地隐瞒了这份手稿，这在倍倍尔告诉我他的出狱日期是 4 月 1 日时，我马上就清楚了。我还写信对他说，他应该看到这篇文章，如果没有发生"什么不好的情况"的话。对这个问题，如有必要，我将在适当时候要求对我做出答复。这个文件长期在李卜克内西手里，白拉克费了好大劲才从他那里要了回来。李卜克内西想把这个文件一直保留在自己手里，以便在最后修改纲领时加以利用。至于如何利用，现在已经很清楚了。

【论断】1875 年，李卜克内西对倍倍尔有意隐瞒了《哥达纲领批判》手稿，并将手稿保留在自己手里以备后来修改纲领时利用。

恩格斯在这里根据他的判断去还原历史真相。

请把拉法格的文章①的手稿按挂号印刷品寄给我，我来处理这个问题。另外，他的关于帕德列夫斯基的文章(保·拉法格《帕德列夫斯基的一枪》。——编者注) 相当好，对于驳斥《前进报》对法国政治的失实报道是很有用的武器。总之，威廉（李卜克内西。——编者注）在这方面很不走运。他到处吹捧法兰西共和国，而他自己的特约记者盖得却到处骂法兰西共和国。②

据席佩耳说，党团准备发表一项声明，对此我根本不予理睬。如果他们愿意，我准备申明：我没有向他们请示的习惯。至于发表这份手稿他们高兴与否，这跟我毫不相干。我乐意为他们保留就这个或那个问题表示异议的权利。如果情况不致发展到我非对声明表态不可，我是不会想去答复的。我们就等着看吧。

---

① 这里提到的保·拉法格为《新时代》写的那篇文章，没有在该刊发表。它发表在1892年《社会主义评论》(*La Revue Socialiste*) 杂志第16卷第93期，标题是《马克思的价值和剩余价值理论同资产阶级经济学家》(La théorie de la Valeur et de la plus-value de Marx et les économistes bourgeois)。
② 茹·盖得在他的通讯《法国来信》(Briefe aus Frankreich)（载于1891年1月28日和30日《前进报》第23和25号）中，揭露了以孔斯旦、鲁维埃等人为首的温和的资产阶级共和派（所谓的"机会主义派"）那种损害共和国声誉的镇压国内工人运动的政策。

关于这个问题,我也不准备给倍倍尔写信,因为,第一,他本人应该先告诉我,他对这个问题的最后意见是怎样的;第二,党团的每一项决议都是全体成员签名的,不管表决时是否每个成员都表示赞成。不过,如果倍倍尔以为我会让自己卷入一场不愉快的论战,那他就错了。要我卷入这场论战,首先他们要说一些我不能置之不理的谎言等等。相反地,我简直是满怀和意,也没有任何理由发火,我渴望架设任何一种桥梁——浮桥,机架桥,铁桥或石桥,甚至是金桥,以便跨越倍倍尔隐约看到在远处可能存在的深渊或鸿沟。

真奇怪!现在席佩耳写道,许多老拉萨尔分子以自己的拉萨尔主义感到自豪,而他们在这里时①,却异口同声地断言:在德国再没有拉萨尔分子了!这种说法正是使我打消某些疑虑的一个主要原因。而现在倍倍尔也认为,许多好同志受到很大挫伤。这样的话,本来就应该把当时的情况如实地告诉我。

其次,如果在十五年后的今天,还不能直截了当地谈

---

① 1890年11月27日至12月初,奥·倍倍尔、威·李卜克内西和保·辛格尔曾到恩格斯家里做客,他们是代表德国社会民主党到伦敦祝贺恩格斯七十寿辰(1890年11月28日)的。根据恩格斯的倡议,德国社会民主党的代表会见了英国工人运动的活动家爱·马克思-艾威林、约·白恩士、威·梭恩和罗·肯宁安-格莱安。在这次会见期间,就国际工人运动中的问题,特别是就加强各社会主义和工人政党和团体之间国际联系的方式问题,交换了意见。

论拉萨尔在理论上的胡诌和妄测，那要等到什么时候呢？

然而，当时由于反社会党人法的存在，党本身及其执行委员会、党团以及其他等等，除了因为通过这样一个纲领而受到谴责（而这是无法逃避的）外，没有受到任何其他谴责。在这项法令实施期间，根本谈不上修改纲领的问题。而法令一废除，修改纲领的问题就提到日程上来了。这样，他们还有什么好说的呢？

另外，还要使人们不要再总是过分客气地对待党内的官吏——自己的仆人，不要再总是把他们当作完美无缺的官僚，百依百顺地服从他们，而不进行批评。

你的　弗·恩·

关于艾威林在北安普顿代替布莱德洛为候选人一事，你也许已经听说了。邀请他的是社会民主联盟地方分部和煤气工人。他到了那里，并发表了演说，颇受欢迎。他获得九百至一千张选票是有把握的。但是，他付不出选举费用保证金。一个托利党的奸细要向他提供这笔钱，他愤怒地拒绝了。结果他没有被提名为候选人，但从此他却是公认的北安普顿工人候选人了。

恩格斯致卡尔·考茨基

(1891年2月23日)

斯图加特

1891年2月23日于伦敦

请勿外传

亲爱的考茨基：

礼尚往来：鉴于你把倍倍尔的信寄给了我，我就把附上的信（见下一封信。——编者注）写成这样，以便你也可以把它寄给倍倍尔，假如你出于和好的考虑同样认为这合适的话。此事完全请你酌定。

你对《前进报》上发表的文章所加的说明非常好。① 你

---

① 《新时代》杂志（1890—1891年第1卷第21期）转载了1891年2月13日《前进报》第37号发表的社论。杂志编辑部除写了引言外，还加了下列说明："我们不认为自己有义务把马克思的这封信提交社会民主党党团讨论。只有我们才负有把它公诸于世的责任。"

想提醒倍倍尔记起人们曾听任施拉姆攻击马克思而不闻不问,这也很好。

【论断】考茨基在《前进报》上所加的说明很好。

恩格斯肯定考茨基明确声明《新时代》编辑部没有义务把马克思的手稿提交社会民主党党团讨论,并且只有《新时代》编辑部负有把它公诸于世的责任。

十分仓促,——还有五分钟,邮班就要截止了。

你的 弗·恩·

恩格斯致弗里德里希·阿道夫·左尔格

(1891年3月4日)

霍布根

1891年3月4日于伦敦

亲爱的左尔格：

你2月19日的来信收到了。在这期间，关于社会民主党国会党团对于在《新时代》上发表马克思关于纲领的信深为不满一事，你大概已经听到很多了。这个文件所引起的波动至今尚未平息。我暂且让这些人出出丑，而在这方面，李卜克内西在《前进报》上也卓有成效。到时候，我当然要答复他们，但避免不必要的谩骂词句，不过没有一点儿讽刺也未必能行。自然，所有在理论方面值得重视的人都站在我这一边——只有倍倍尔除外，他确实不是完全没有根据地感到我挫伤了他，但这是不可避免的。我已经整整一个月因为忙于工作没有看《人民报》① 了，所以不知道这场风暴在美国有否反应。在欧洲，拉萨尔派的残余大发雷霆，这些人在你们那里也够多的了。

【论断】 社会民主党国会党团对《新时代》发表《哥达纲领批判》不满，恩格斯打算先观察一下他们的反应；有理论素养的同志大都站在恩格斯一边。

《哥达纲领批判》发表之后，以李卜克内西为代表的社会民主党国会党团深表不满。这既反映出李卜克内西等哥达纲领制定者的讳疾忌医，也反映出拉萨尔机会主义残余对党的不良影响。

我现在要准备三本小册子，即再版：(1)《法兰西内战》——总委员会关于公社的宣言。为了出新版本，我将重新看一遍，并把总委员会关于普法战争的两个宣言——这两个宣言目前比任何时候都更有现实意义——增补进去，还要写一篇导言。(2) 马克思的《雇佣劳动与资本》，我要把它提高到《资本论》的水平，不然的话，会由于一些术语还不够完善而在工人中间引起混乱（例如，把出卖劳动力说成出卖劳动，等等），因此，也需要写一篇导言。(3) 我的《社会主义的发展》（指《社会主义从空想到科学的发展》

---

① 指《纽约人民报》。

一书德文第四版。——编者注），只需要尽量把它弄得更通俗一些。

这几本小册子将由党出版，每本印行一万册。因此，在这方面，我可以稍微放心一些了。但我还是应当把这件事管起来，因为拉萨尔的那些胡言乱语在不停地翻印，必须用一些东西来加以抵制。幸好，拉萨尔全集的新版本将附有说明等等，这件事将由伯恩施坦去做（请勿外传！）。

【论断】必须抵制拉萨尔著作的翻印，幸好拉萨尔全集的新版本附有对其的说明。

1891年，德国社会民主党执行委员会通过了关于出版拉萨尔全集（三卷集）的决定。第一卷出版于1892年，第二卷和第三卷出版于1893年。伯恩施坦在恩格斯的影响下为这一版撰写的引言《斐迪南·拉萨尔及其在社会民主党历史上的作用》，基本上正确地说明了拉萨尔的活动，并对他的理论观点和政治路线做了批判性的分析。后来，拉萨尔全集再版时，修正主义分子伯恩施坦背弃了自己过去的观点。

为了不使我介绍的人陷入困境，随信给你寄去十英镑的支票一张，你可酌情给他一定数量，或者作为他到美国某个较大的城市去——这样对他的未来或许最为有利——的路费，或者作为他在霍布根的生活费。

海德门又在猖狂地反对我；每隔半年，他总要发作一次，但即使他头朝下脚朝上地闹遍全伦敦，我也绝不会理睬他。他也再次起来攻击艾威林，又搬出了过去在美国的事。① 你是否认为，在罗森堡被抛弃②之后，现在可以从那里的党得到满意的解释呢？我想知道的只是你的看法，我没有受托请你采取任何步骤。

法国人因为德国人和英国人将不在5月1日星期五，而在5月3日星期日庆祝五一节大为恼怒。但是，不这样做是不行的。去年汉堡庆祝五一节给党带来了罢工（或者更确切地说，带来了同盟歇业），汉堡人损失了十万马克。而现在，实业更不景气，资产阶级正极力寻找停工的借口。这里对码头工人步步进逼，他们甚至不敢说个不字，否则，他们的整个工联就要被摧毁——不过，这在某种程度上也是他们自做蠢事的结果。而煤气工人只有高度谨慎，才能

---

① 恩格斯指的是海德门因《哥达纲领批判》的发表而对他掀起的诽谤运动。1891年2月间，海德门在《正义报》上发表了一系列通讯，在通讯中竟把恩格斯叫作策划种种导致分裂的阴谋诡计的"马克思主义集团"的首领。海德门支持社会民主党国会党团和《前进报》编辑部在发表马克思这篇著作问题上的错误立场。海德门力图阻挠在北安普顿选举中提名艾威林为候选人，他开始在《正义报》上散布北美社会主义工人党执行委员会对艾威林的诽谤性责难，这些责难涉及八十年代的事情。该执行委员会曾资助爱·艾威林、爱·马克思-艾威林和威·李卜克内西1886年9—12月间在美国的宣传旅行，它指责艾威林滥用给他的经费并有伪造账目的行为。这些指责受到资产阶级报刊的随声附和并被用来进行反社会主义的宣传。
② 恩格斯指的是北美社会主义工人党的领导人罗森堡及其支持者于1889年9月被党的执行委员会撤销领导职务一事。他们执行了拉萨尔主义的宗派主义政策，这一政策低估党在美国工人群众组织中，首先是在工联中的活动。

避免也会使他们的工会遭到破坏的罢工。煤气工厂成为市营企业，首先使市侩们力图从这些企业榨取尽可能多一些的利润，从而降低市政税。那种认为煤气工人正因为是工人，市政局就应付给他们优厚工资的观点，还没有给自己打开一条道路。但如果煤气工人和码头工人遭到失败，在英国，近两年来成立的所有新工联都将被破坏。那时，战场上将只剩下一些富足的因而也是胆怯的旧的保守的工联。

法国人也还有点道理。在代表大会上，与会者都曾经十分热烈地赞成5月1日。但为什么往往说得多做得少的法国人，现在突然因为别人这次说了一些大话而气愤起来了呢？全部问题在于，法国的形势正是在现在，在可能派瓦解之后，对我们特别有利，再加上庆祝五一节在全世界同时都获得成功的话，那就会使可能派彻底垮台。不过，即使不是这样，他们也要彻底垮台的。

好了，下次再谈吧。衷心问候你的夫人。愿她已完全恢复健康。

你的　弗·恩·

路易莎·考茨基向你们热情问好。

恩格斯致奥古斯特·倍倍尔

(1891年5月1—2日)

柏林

1891年5月1—2日于伦敦

亲爱的倍倍尔：

我今天答复你3月30日和4月25日的两封来信①。欣

---

① 在1891年3月30日的信中，奥·倍倍尔说明了他长期以来保持沉默的原因，他写道：在马克思关于纲领的那封信发表后，他不愿直接答复，因为不同意该信发表的方式；其次，他在议会活动方面又有很多工作。倍倍尔认为，发表马克思1875年5月5日给白拉克的附函是不妥当的，据他看来，附函所涉及的不是党的纲领，而是党的领导。他不同意发表的理由主要是：这样会向敌人提供反对社会党人的武器，而对拉萨尔的尖锐批判又会触动目前在党内的那些过去的拉萨尔分子。在1891年4月25日的信中，倍倍尔向恩格斯介绍了德国工人运动的状况，特别是莱茵-威斯特伐里亚煤矿区矿工的罢工情况。他认为这次罢工是不合时宜的，因为这次罢工对那些已在寻找借口压制工人不满的矿主们是有利的。面对可能发生的警方的挑衅（五一节前夕更是一触即发），党的执行委员会警告矿工们不要过早行动。

悉你们美满地度过了银婚,并产生了对未来欢庆金婚的憧憬。衷心预祝你们俩如愿以偿。在我——用德骚老人(列奥波特,安哈尔特-德骚王。——编者注)的话来讲——被魔鬼抓走之后,我们还长久地需要你。

  我不得不再一次——但愿是最后一次——谈谈马克思的纲领批判(卡·马克思《哥达纲领批判》。——编者注)。"对发表纲领批判这件事本身,谁也不会反对"——我不同意这种说法。李卜克内西永远也不会甘心情愿地同意发表,而且还要千方百计地加以阻挠。1875年以来,这个批判对他一直是如鲠在喉,只要一提到《纲领》,他就想起这个批判。他在哈雷的讲话通篇都是围绕着这个批判的。他在《前进报》上发表的那篇华而不实的文章,只不过表明他对这个批判心怀鬼胎。的确,这个批判首先是针对他的。根据这个合并纲领的腐朽的特点,我们过去认为他是该纲领的炮制者,而且我至今还这样认为。正是这一点使我毅然采取单独行动。如果我能只同你一人讨论这个文件,然后立即把它寄给卡尔·考茨基发表,我们两小时就能谈妥。但我认为,在这种情况下,从个人关系和党的关系来说,你也必须征求李卜克内西的意见。而这会引起什么后果,我也是清楚的。或者是文件不能发表,或者,如果我仍然把它发表的话,那就要发生公开争吵,至少是在一个时期内,而且和你也要争吵。我并没有说错,下述一点可以证明:你是4月1日出狱的,而文件上所注的日期是5月5

日，所以，如果没有其他的解释，那显然是有意向你隐瞒了这个文件，而这只能是李卜克内西干的。但是，你为了和睦相处竟允许他散布谣言，说你因为坐牢而没有看到这个文件。同样，为了避免在执行委员会发生争执，这个文件发表以前，看来你也得考虑李卜克内西的意见。我认为这是完全可以理解的，但是，希望你也注意到，我考虑了事情可能发生的变化。

【论断】恩格斯围绕《哥达纲领批判》对李卜克内西、倍倍尔等人的评析。

这里提到的李卜克内西在哈雷的报告是指他于1890年10月12—18日在哈雷召开的党代表大会上所作的关于德国社会民主党纲领的报告。在分析哥达纲领时，李卜克内西用了他所知道的马克思关于该纲领的手稿中的某些论点，但没有提作者的姓名。根据李卜克内西的建议，代表大会通过了一项决议：为将在爱尔福特举行的下届党代表大会起草一个新的纲领草案，并在代表大会召开前三个月公布，以便地方党组织和报刊进行讨论。这种做法固然在实际上能够使党的纲领得到改进，但也反映出李卜克内西在这个问题上不够诚实，讳疾忌医并怀有私心。他对拉萨尔主义的危害以及自身曾犯的错误认识并不到位。《前进报》上发表的文章指1891年2月13日《前进报》第37号发表的题为《马克思关于纲领的一封信》（Der Marx'sche Programm-Brief）的一篇社论，社会民主党国会党团在社论中表示不同意马克思这篇著作中对哥达纲领和拉萨尔的作用的评价。这里所说的合并是指前文所述的德国工人运动中两派的合并，即以奥·倍倍尔和威·李卜克内西为首的社会民主工党（爱森纳赫派）和以哈赛尔曼、哈森克莱维尔等人为首的拉萨尔派的全德工人联合会的合并。两派的合并是在1875年5月22—27日哥达合并代表大会上实现的。合并后的党命名为德国社会主义工人党。德国工人阶级队伍中的分裂状态从而宣告结束。但是，向哥达代表大会提出的合并后的党的纲领草案（草案的主要起草人是威·李卜克内西，他在这个问题上采取了调和的立场），包含了严重的错误和对拉萨尔派的原则让步。马克思在《哥达纲领批判》和1875年5月5日给威·白拉克的信中，恩格斯在1875年3月18—28日给奥·倍倍尔的信中，表示赞同建立德国统一的社会主义党，同时警告爱森纳赫派的领导人不要急于求成，不要同拉萨尔派在思想上进行妥协。他们也批判了纲领草案的错误论点，可是，该纲领草案只是略加修改，便在代表大会上通过了。

我刚才又把这篇东西读了一遍。也许再删去一些也无碍大体。但可删的肯定不多。当时的情况怎样呢？草案一经你们的全权代表通过，事情就已成定局，对这一点，我们了解得并不比你们差，也不比譬如我查到的1875年3月9日《法兰克福报》所了解的差。因此，马克思写这个批判只是为了拯救良心,丝毫不指望有什么效果,正如结尾的一句话所说的:我已经说了,我已经拯救了自己的灵魂。所以,李卜克内西大肆宣扬的"绝对不行"只不过是夸口而已,这一点他本人也很清楚。既然你们在推选你们的代表时疏忽大意了,继而为了不损害整个合并事业又只得吞下这个纲领,那末你们确实也不能反对在十五年后的今天把你们在最后决定以前得到的警告公诸于众。这样做,既不会使你们成为蠢人,也不会使你们成为骗子,除非你们奢望你们的正式言行绝对不犯错误。

【论断】马克思当时写《哥达纲领批判》是出于责任和良心,党现在应当承认并公布当时做出最后决定前收到的警告。

恩格斯在这里批评李卜克内西等人不能光明正大地面对当年在两党合并问题上曾经犯下的错误,还进行狡辩。无产阶级政党并不是不犯错误,而是能够正确地对待错误。恩格斯提及的李卜克内西大肆宣扬的"绝对不行",是指1891年2月13日《前进报》第37号的社论中一个地方说,收到马克思关于哥达纲领的信的那些人,用"绝对不行"对抗马克思在该信中提出的建议。

诚然,你没有读过这一警告。而且报刊也谈到过这一点,因此,比起读过这个警告而仍然同意接受该草案的那些人,你的处境就非常有利。

我认为附信十分重要，信中阐述了唯一正确的政策。在一定的试行期间采取共同行动，这是唯一能使你们避免拿原则做交易的办法。但是李卜克内西无论如何不想放弃促成合并的荣誉，令人诧异的只是，他那时候没有做出更大的让步。他早就从资产阶级民主派那里接受了地地道道的合并狂，并且一直抱住不放。

拉萨尔分子所以靠拢我们，是因为他们不得不这样做，是因为他们的党已全部瓦解，是因为他们的首领都是些无赖或蠢驴，群众不愿意再跟他们走了，——所有这一切今天都可以用适当的缓和的形式讲出来。他们的"严密组织"已自然而然地彻底崩溃。因此，李卜克内西以拉萨尔分子牺牲了他们的严密组织为理由——事实上他们已没有什么可牺牲的了——来替自己全盘接受拉萨尔信条进行辩解，这是很可笑的！

【论断】马克思在《哥达纲领批判》的附信中向爱森纳赫派领导人建议了能够不放弃原则的最好处理方式，但李卜克内西为了促成合并没有这样做，却接受了拉萨尔主义的信条。

恩格斯在这里进一步批评李卜克内西当时没有接受马克思的正确建议，为了促成合并放弃原则而接受拉萨尔派主张的错误。

纲领中这些含糊和混乱的词句是从哪里来的，你感到奇怪。其实，所有这些词句正是李卜克内西的化身。为此，我们跟他已争论了多年，他对这些词句非常欣赏。他在理论问题上从来是含糊不清的，而我们的尖锐措词直到今天还使他感到恐惧。可是，他作为人民党的前党员，至今仍然喜欢那些包罗万象而又空洞无物的响亮词句。过去，法国人、英国人和美国人，由于不善于更好地表达自己的思想，措词含糊地把工人阶级的解放说成"劳动的解放"，甚至国际的文件有些地方也不得不使用文件对象的语言，这就成了李卜克内西强使德国党沿用陈旧用语的充足根据。绝对不能说他这是"违背自己的见解"，因为他确实也没有更多的见解，而且他现在是否就不处于这种状态，我也没有把握。总之，他至今还常常使用那些陈旧的含糊不清的术语，——自然，这种术语用来夸夸其谈倒是方便得多。由于他确认他自以为十分通晓的基本民主要求至少像他不完全懂得的经济学原理同样重要，所以，他的确真诚地相信：他同意接受拉萨尔信条，以换取基本民主要求，是做了一件大好事。

【论断】 李卜克内西在理论问题上含糊不清。

马克思主义者需要在理论上避免使用抽象的、绝对的、空洞的表达方式，避免理论问题上的含糊不清，要形成科学严密的理论逻辑。

至于谈到对拉萨尔的攻击，我已经说过，对我来说这也是极为重要的。由于接受了拉萨尔经济学的全部基本用语和要求,爱森纳赫派事实上已成了拉萨尔派,至少从他们的纲领来看是如此。拉萨尔派所能够保留的东西一点也没有牺牲,的确一点也没有牺牲。为了使他们获得圆满的胜利,你们采用了奥多尔夫先生用来赞扬拉萨尔的歌功颂德的押韵词句(雅·奥多尔夫《德国工人之歌》。——编者注)做你们的党歌。在反社会党人法实施的十三年内,在党内反对对拉萨尔的迷信当然没有任何可能。但是,这种状况必须结束,而我已经着手进行。我再也不容许靠损害马克思来维持和重新宣扬拉萨尔的虚假声誉。同拉萨尔有过个人交往并崇拜他的人已经寥寥无几,而所有其他的人对拉萨尔的迷信纯系人为的,是由于我们违背自己的信念对它采取沉默和容忍的态度造成的。因此,这种迷信甚至也不能以个人感情来解释。既然手稿是发表在《新时代》上,也就充分照顾了缺乏经验的和新的党员。但是,我决不能同意:在十五年的耐心等待之后,为了照顾情面和避免党内可能出现的不满而把这些问题上的历史真相掩盖起来。这样做,每次总得要触犯一些善良的人,这是不可避免的,正如他们对此要大发怨言一样。在此以后,如果他们说什么马克思妒嫉拉萨尔,而德国报刊甚至(!!)芝加哥《先驱报》(该报是为在芝加哥的地道的拉萨尔派办的,他们的数目比在整个德国还要多)也都随声附和,这对我也没有什么了不起,还抵不上跳蚤咬一口。他们公开指责我们的岂止这些，而我们还是该做什么就做什么。马克思严厉地谴责了神圣的斐迪南·拉萨尔，为我们提供了范例，这在目前已经足够了。

【论断】爱森纳赫派在历史上错误地接受了拉萨尔主义，现在必须清除拉萨尔机会主义在党内的影响。

这里恩格斯表达了在党内清除拉萨尔机会主义影响的坚决态度。启示我们在重大问题上不能为了照顾情面而忽视更重要的原则。

再者，你们曾企图强行阻止这篇文章发表，并向《新时代》提出警告：如再发生类似情况，可能就得把《新时代》移交给党的最高权力机关管理并进行检查，从那时起，由党掌握你们的全部刊物的措施，不由地使我感到离奇。既然你们在自己的队伍中实施反社会党人法，那你们和普特卡默有什么区别呢？其实这对我个人来说，倒是无关紧要的：如果我要讲话，任何国家的任何党都不能迫使我沉默。不过，我还是要你们想一想，不要那么器量狭小，在行动上少来点普鲁士作风，岂不更好？你们——党——需要社会主义科学，而这种科学没有发展的自由是不能存在的。这样，对种种不愉快的事，只好采取容忍态度，而且最好泰然处之，不要急躁。在德国党和德国社会主义科学之间哪怕是有一点不协调，都是莫大的不幸和耻辱，更不用说分离了。

【论断】不要在无产阶级政党内部对机关刊物搞思想专制；无产阶级政党需要社会主义科学，而社会主义科学没有发展的自由就不能存在。

这里恩格斯指出了无产阶级政党建设非常重要的一条原则。他强调无产阶级政党发展党内民主的重要性，科学社会主义理论发展要和党的建设相互协调、不可分离。

执行委员会和你本人对《新时代》以及所有出版物保持着并且应该保持相当大的道义上的影响，这是不言而喻的。但是，你们也应该而且可以以此为满足。《前进报》总是夸耀不可侵犯的辩论自由，但是很少使人感觉到这一点。你们根本想象不到，那种热衷于强制手段的做法，在国外这里给人造成何等奇怪的印象，在这里，毫不客气地向党的最老的领导人追究党内责任（例如伦道夫·邱吉尔勋爵向托利党政府追究责任），已是司空见惯的事。同时，你们不要忘记：一个大党的纪律无论如何不可能像一个小宗派那样严厉，而且使拉萨尔派和爱森纳赫派合在一起（在李卜克内西看来，这却是他那个了不起的纲领促成的！）并使他们如此紧密联合起来的反社会党人法，如今已不复存在了。

【论断】党的执行委员会和领导人对党的机关刊物《新时代》及所有出版物应当保持道义上的影响，但也应该仅限于此。

对恩格斯这段话需要正确把握和理解，不能脱离当时具体的社会历史环境。无产阶级政党需要根据不同时代的主要任务不断探索优化对自己机关刊物的正确领导方式。从后来列宁建立布尔什维克党的理论和实践以及中国共产党的党建经验来看，无产阶级政党应当有严明的纪律，应当消除宗派主义，并且在党的纪律面前所有党员一律平等，任何党员犯了错误都应追究相应的责任。

哎！这些烦人的往事似乎已经说完，现在可以谈谈别的了。在你们那里的上层人物中好像出现了一些趣闻。这倒不坏。国家机器普遍紊乱的形势，对我们是会有利的。但愿由于对战争结局的普遍恐惧而使和平得以维持！而目前，随着毛奇的死去，肆意调换指挥官以致使军队陷于瓦解的道路上的最后一个障碍，也消失了；今后，胜利会一年比一年渺茫，而失败的可能则越来越大。我虽然毫不希望再来一次色当，但也不期望俄国人及其同盟者获胜，即使他们是共和派，而且有理由对法兰克福和约①表示不满。

你们在修改工商业条例方面所付出的力量没有白费。

---

① 1870年9月1—2日，在色当进行了普法战争的一次决定性会战，结果法军被击溃。按照1871年5月10日在美因河畔法兰克福签订的结束战争的和约，法国把亚尔萨斯和洛林东部割让给德国，并赔款五十亿法郎。亚尔萨斯–洛林问题经常是法德两国矛盾的焦点，成为八十至九十年代国际局势尖锐化的根源。

这是再好没有的宣传了。我们曾以极大的兴趣关注事态的发展，并对那些成功的演说①感到高兴。我不禁想起了老弗里茨的一句话："总之，我们士兵的天才就是善于进攻，仅仅这一点就很了不起"。还有哪一个政党在拥有同等数量议员的情况下，能从中推选出这样多坚定的、善于战斗的演说家呢？好啊，年轻人！

　　鲁尔的矿工罢工②，对你们来说，当然是很不合时宜的，但又有什么办法呢？轻率的、自发的罢工，——这在目前，正是新的广大工人群众靠拢我们的通常的途径。我觉得《前进报》对这一情况在论述时没有给以足够的注意。李卜克内西总是走极端，——在他看来，要么全是黑的，要么全是白的；如果他认为自己有责任向全世界证明，我们的党并没有挑起这次罢工，甚至还进行过劝阻，那这些可怜的罢工者就倒霉了，他们就不会得到应有的关心，以便使他们尽快地靠拢我们。不过，他们终究是要到我们这方面来的。顺便问一下，《前进报》出了什么事？我这位李

---

① 指社会民主党议员，首先是奥·倍倍尔、保·辛格尔、威·李卜克内西等人，于1891年2月和4月在帝国国会讨论修订工商业条例的法案时发表的演说。该法案是普鲁士政府已付诸实施的所谓"劳工保护法"的一部分。社会民主党党团在三读时投票反对该法案。后来，奥·倍倍尔在《工商业条例的修订》（Die Gewerbeordnungs-Novelle）一文中抨击了这一法案，并分析了社会民主党人为了对抗该法案而提出的要求。这篇文章载于1890—1891年《新时代》第2卷第37—39期。

② 德国矿工罢工，1891年4月16日在鲁尔自发地爆发，后来几乎波及整个莱茵-威斯特伐里亚煤矿区。罢工者的主要要求是提高工资和规定八小时工作日。5月初，罢工以工人的失败告终。

卜克内西足有两天没有露面了,使人颇感寂寞。想必是他外出了。今天,5月2日,他又精力充沛地出现了。

5月2日

矿工罢工大概很快就会沉寂下来。看来,这不过是一次有限的、局部性的罢工,而绝不像代表会议上所宣称和保证的那样。这倒也好。我毫不怀疑,有人很想动刀枪。

五一节过得很好。维也纳又占了第一位。巴黎的庆祝活动因为纠纷远未平息,有些冷冷清清。在那里,大家都有错误。我们的人受到在利尔和加来通过的一种固定的示威游行方式①的约束:派代表团赴众议院。他们没有征得布朗基派的同意。阿列曼派②后来才加入示威游行筹备委员会。布朗基派和阿列曼派双方都对这种方式有意见;议院

---

① 这里所指的五一节示威游行的方式,是1890年10月11—12日在利尔举行的法国工人党代表大会的决议确定的,这一决议后来得到1890年10月13—18日在加来举行的法国工会(工团)代表大会的支持。
② 恩格斯把阿列曼派——法国小资产阶级社会主义者让·阿列曼的追随者——称为反布鲁斯派。由于可能派发生分裂,阿列曼派在1890年10月9—15日夏特罗代表大会上成立了自己的组织,并命名为"工人社会革命党"。阿列曼派仍然坚持可能派那一整套思想的和策略的立场,不同的是阿列曼派重视在工会(工团)中的宣传活动,认为工会(工团)是组织工人的主要形式。阿列曼派宣布经济总罢工是斗争的主要手段。阿列曼派同可能派一样,也反对统一的集中的党,他们极力坚持自治原则,对夺取市镇参议会的席位极为重视。

里有从布朗基派分裂出来的分子,他们是在布朗热的庇护下当选的,又有阿列曼派的一个对手——布鲁斯分子①,所以不论是布朗基派或是阿列曼派,都不愿在这些人面前以请愿者身份出现。我们的人建议向巴黎市二十个区政府派代表团,并召集各有关区的市参议员去听取"人民的意愿",也得到同样的结果。最后,事情闹到了分裂和我们的人退出的地步,示威游行也随之分为三四起单独举行。我

---

① 恩格斯指的是法国社会主义运动中的各种派别。茹·盖得(因此又有盖得派之称)和保·拉法格领导的马克思派,以1879年成立的工人党为代表。一开始,这一派的队伍中就进行着尖锐的思想斗争,因而使党于1882年在圣亚田代表大会上分裂为盖得派和可能派(即布鲁斯派)。盖得派仍保留工人党的名称。党以在马克思参与制定并于1880年在哈佛尔代表大会通过的纲领为依据来进行活动。盖得派依靠的是法国大工业中心的无产阶级、巴黎的一部分无产阶级,主要是大工厂的无产阶级。党的基本任务之一是为争取广大工人群众而斗争。八十至九十年代,工人党在向法国无产阶级宣传马克思主义思想方面取得了一定的成就。党的机关报《社会主义者报》在这方面发挥了巨大的作用。马克思派积极参加了工会运动并领导了无产阶级的罢工斗争。由于保·拉法格参加竞选,党进行了大量宣传活动,拉法格在1891年被选入众议院,这是法国社会主义者的重大成就。法国工人党为了加强社会主义者的国际联系,为了揭露法国资产阶级共和国对外政策的侵略本质,特别是1891—1893年的法俄联盟,做了很多工作。但是,党的领导人并不总是执行彻底的马克思主义政策,他们有时也犯了机会主义性质的错误,例如,九十年代在农民问题上。马克思和恩格斯不止一次地批评他们,帮助他们制定工人运动的正确路线。布鲁斯派,即可能派——法国社会主义运动中的机会主义派别,以布鲁斯、马隆等人为首。他们在1882年造成法国工人党的分裂,并成立新党"法国社会主义革命工人党"。这个派别的领袖们反对革命的策略,他们宣布改良主义的原则,即只争取"可能"争得的东西,因此有"可能派"之称。在九十年代,可能派不再是一个统一的整体,他们在相当程度上已丧失影响。1902年,可能派的多数参加了饶勒斯创建的改良主义的法国社会党。

接到拉法格昨天下午的报道,他对在当地条件下能举行那样的示威游行尚感满意,但又说,巴黎将不如外省。选择5月3日的国家——德国和英国,天气如果不太坏的话,将能动员数量可观的群众。目前看来,这是没有问题的。今天,这里的天气很糟,风雨交加,只是偶尔露出一线阳光。

费舍大概已收到《雇佣劳动与资本》所必需的一切(弗·恩格斯《卡·马克思〈雇佣劳动与资本〉1891年单行本导言》。——编者注)。《发展》(弗·恩格斯《社会主义从空想到科学的发展》。——编者注)数日后随即送去。但是今后,一切要求都不要再提了。我答应准备《起源》(弗·恩格斯《家庭、私有制和国家的起源》。——编者注)新版已有一年了,这是应当完成的,在此以后,整理完《资本论》第三卷手稿之前,我绝不着手任何新的工作。这是必须完成的。因此,如果有谁再想占用我的时间,就请代为解释。我还要把自己的各种通信减少到最低限度,只有一个例外,就是和你的通信。通过你,最便于和德国党保持联系,而且坦率地说,和你通信是我最愉快的事。一俟第三卷付印,便可做别的事情了,首先是修订《农民战争》。如果我能摆脱其他事务,大概年内即可完成第三卷。

衷心问候你的夫人(尤莉娅·倍倍尔。——编者注)、保尔(辛格尔。——编者注)、费舍、李卜克内西及其他人。

你的 弗·恩·

附录

德国社会民主工党纲领

(1869年在爱森纳赫通过)

I. 社会民主工党争取建立自由的人民国家。

II. 社会民主工党的每一成员必须竭力实现如下各项原则：

1. 现今的政治制度和社会制度是极不合理的，因而必须最坚决地反对。

2. 为劳动阶级的解放而斗争不是为阶级特权和优先权而斗争，而是为平等权利和平等义务，为消灭一切阶级统治而斗争。

3. 工人对资本家的经济依附性构成一切形式的奴役的基础，因此，社会民主工党在通过合作劳动消灭现今的生产方式（工资制度）的条件下，争取使每个工人获得充分的劳动收入。

4. 政治自由是劳动阶级经济解放的必不可少的前提。因此，社会问题同政治问题是不可分割的，前者的解决取决于后者，而且只有在民主国家中才有可能。

5. 鉴于工人阶级的政治解放和经济解放只有当工人阶级共同地和统一地进行斗争的时候才是可能的，社会民主工党承认自己是统一的组织，但是它也使每一单个的成员能够利用自己的影响来为整体的利益服务。

6. 鉴于工人的解放既不是一个地方的任务，也不是一个国家的任务，而是涉及一切具有现代社会的国家的社会任务，社会民主工党认为自己是——在结社法允许的限度内——国际工人协会的一个分支，并拥护它的一切努力。

Ⅲ. 社会民主工党主张把下列各点作为鼓动工作中的最近要求：

1. 凡年满二十岁的男子在国会、各该邦的议会、省和区的代表机构以及其它一切代表机关的选举中，都享有普遍的、平等的、直接的和秘密的选举权。当选的代表应给以足够维持生活的薪俸。

2. 实行人民的直接立法制度（即提出和否决议案的权利）。

3. 废除等级、财产、出身和信仰的一切特权。

4. 以人民军队代替常备军。

5. 教会同国家分离，学校同教会分离。

6. 实行国民小学的义务教育，以及一切公立教育机构的免费教育。

7. 保证法庭的独立性，建立陪审法庭和专业法庭，实行正式的和口头的诉讼手续，实行免费诉讼。

8. 废除一切出版、集会和结社的法律；实行正常劳动日制度；限制妇女劳动，禁止儿童劳动。

9. 取消一切间接税，实行单一的直接累进所得税和遗产税。

10. 要求对合作社事业提供国家支持，对在民主保障下的自由的生产合作社给以国家信贷。

德国社会主义工人党纲领

(1875 年在哥达通过)

一、劳动是一切财富和一切文化的源泉,而因为普遍有益的劳动只有通过社会才是可能的,所以,全部劳动产品属于社会,即在普遍履行劳动义务的条件下,按照平等的权力属于社会的一切成员,按照每个人的合理需要属于每个人。

在现在社会中,劳动资料为资本家阶级所垄断;由此造成的工人阶级的依附性是一切形式的贫困和奴役的原因。

劳动的解放要求把劳动资料变为社会的公共财产,在用于公益目的的条件下对总劳动实行集体调节,公平分配劳动所得。

劳动的解放应当是工人阶级的事情,对它来说,其它一切阶级只是反动的一帮。

二、德国社会主义工人党从这些原则出发,力求用一切合法手段来争取自由国家和社会主义社会，通过消灭雇佣劳动制度来粉碎铁的工资规律，废除任何形式的剥削，消除一切社会的和政治的不平等。

德国社会主义工人党虽然首先是在民族范围内进行活动的，但是它意识到工人运动的国际性质并决心履行工人所承担的一切义务，以便使一切人的兄弟联合成为现实。

为了替社会问题的解决开辟道路，德国社会主义工人党要求在劳动人民的民主监督下，依靠国家帮助建立社会主义的生产合作社。无论在工业中，或是在农业中，生产合作社都必须普遍建立起来，以便从它们里面产生出调节总劳动的社会主义组织。

德国社会主义工人党要求把下列各项作为国家的基础：

1. 凡年满二十岁的国民在国家的和地方的一切选举和投票中都享有秘密投票和义务投票的普遍、平等、直接的选举权和投票权。选举日或投票日必须定在星期日或节日。

2. 实行人民的直接立法制度。由人民决定宣战与媾和的问题。

3. 实行普遍军事训练。以人民军队代替常备军。

4. 废除一切特别法律，尤其是关于出版、结社和集会的法律；废除限制自由发表意见、自由探讨和自由思想的一切法律。

5. 实行人民裁判。实行免费诉讼。

6. 通过国家实行普遍的和平等的国民教育。实施普遍的义务教育。在一切学校实施免费教育。宣布宗教为私人的事。

德国社会主义工人党在现代社会内部提出下列要求：

1. 本着上述要求的精神尽可能扩大政治上的权利和自由。

2. 向国家和地方缴纳单一的累进所得税，取消一切现行的，特别是加重人民负担的间接税。

3. 保证无限的集会结社的权利。

4. 实行同社会需要相适合的正常劳动日。禁止星期日劳动。

5. 禁止童工和一切有害于健康和道德的妇女劳动。

6. 实行保护工人生命和健康的法律。监督工人住宅的卫生状况。通过工人选出的人员对矿山、工厂工业、作坊工业和家庭工业实行监督。实施有效的雇主责任法。

7. 调整监狱劳动。

8. 工人的互助基金和救济基金完全由工人自己管理。

社会民主党一八九一年纲领

(爱尔福特纲领)

资产阶级社会的经济发展自然必定导致小企业的灭亡，而劳动者对于生产资料的私有制是这类小企业的基础。资产阶级社会使劳动者与他的生产资料相分离，并把他变成一无所有的无产者，而生产资料则为相对来说人数很少的资本家与大土地所有者垄断。

与这种生产资料的垄断同时进行的是分散的小企业被庞大的大企业排挤，手工工具发展成为机器，人的劳动生产率巨大增长。但这些变革的所有好处都被资本家和大土地所有者垄断了，对于无产阶级与日益衰落的中间阶层——小资产者、农民——来说，这意味着他们所经受的生存风险、贫困、压迫、奴役、侮辱、剥削的日益增加。

无产者的人数越来越多，过剩工人的大军越来越庞大，剥削者与被剥削者之间的矛盾越来越明显，资产者与无产者之间的阶级斗争越来越激烈。这一阶级斗争使现代社会分裂为两个敌对阵营，它是所有工业国家的共同标志。

有产者与无产者之间的鸿沟还在扩大。这是因为资本主义生产方式本质所造成的危机越来越广泛，越来越可怕，普遍风险已经变成社会常态，并且证明，今天社会的生产力已经无法控制，生产资料私有制与有目的地运用和充分发展生产资料已经互不兼容。

生产资料私有制，过去曾经是确保生产者占有自己产品的手段，今天成为剥夺农民、手工业者、小商人，帮助不劳而获的人——资本家、大土地所有者——占有劳动者产品的手段。只有把对于生产资料——土地和耕地、矿井和矿山、原料、工具、机器、交通工具——的资本主义私有制变为社会所有制，把商品生产变为社会主义的、为了社会，而且通过社会而经营的生产，才能够使大企业以及不断增长的社会劳动收益能力从迄今为止的被剥削阶级经受苦难、压迫的根源成为获得高度的富裕和实现全面的、和谐的完美的泉源。

这种社会变革不仅仅意味着无产者的解放，而且意味着经受现存状况折磨的整个人类的解放。但是这只能是工人阶级的事业，因为所有其它阶级尽管彼此之间存在利益争执，但都是以生产资料私有制为基础的，维护今天社会的基础是他们的共同目标。

工人阶级反对资本主义剥削的斗争必然是一场政治斗

争。工人阶级没有政治权利就不能进行他们的经济斗争，不能发展他们的经济组织，他们不掌握政治权力就不能实现生产资料向全体居民所有的过渡。

把工人阶级的这一斗争塑造成为一种有觉悟的和统一的斗争，向他们指明他们天然必须实现的目标——这就是社会民主党的任务。

在所有拥有资本主义生产方式的国家，工人阶级的利益是相同的。随着世界交通和为世界市场的生产的扩大，任何一个国家工人的状况都越来越依赖于其它国家工人的状况，工人阶级的解放因此是所有文明国家工人平等参与的事业。基于这种认识，德国社会民主党感到并且宣布，自己与所有其余国家具有阶级觉悟的工人保持一致。

由此可见，德国社会民主党进行斗争并不是为了争夺新的阶级特权和优先权，而是为了废除阶级统治和阶级本身，为了使所有的人不分性别和出身都具有同样的权利和同样的义务。从这种观点出发，他们在今天的社会里不仅反对对于雇佣工人的剥削和压迫，而且反对任何种类的剥削和压迫。不管这是针对一个阶级、一个政党、一种性别，还是一个种族的。

从这些基本原则出发，德国社会民主党首先提出以下要求：

1. 所有年满20岁的国家成员，不分性别，在所有选举和投票中都拥有普遍、平等、直接的选举权和投票权，并进行秘密投票。实行比例选举制度，而在这以前，在每次人口统计之后，都要依据法律重新划分选区，规定两年的立法机构任期，在法定假日进行选举和投票。对于被选出的代表要提供津贴，除了被宣布丧失行为能力的人以外，要废除对于政治权利的任何限制。

2. 人民依靠提案权和否决权实行直接立法。帝国、各邦、省、市镇实行人民自决和自治。行政机关由人民选举，它们要履行职责和承担责任。每年都要审批税收。

3. 普及国防教育，以人民军队取代常备军，通过人民代表机构决定战争与和平，所有国际争端应通过仲裁法庭的途径进行调解。

4. 废除所有限制或者压迫自由发表意见以及结社和集会权利的法律。

5. 废除所有在公法关系和私法关系中偏袒男子、歧视妇女的法律。

6. 宣布宗教是私人的事情，撤销所有用于教会与宗教目标的国家经费。应把教会和宗教团体看作私人协会，它们应完全独立地处理自己的事务。

7. 学校世俗化，规定进入公立小学读书的义务，在公立小学以及为被认为具有适合进一步培养的能力的男女学生开办的高级教育机构中实行免费教学，免费提供学习资料和膳食。

8. 免费的司法和法律援助，由人民选举的法官进行审判。刑事案件允许上诉,对于无罪的被告人,被错误监禁和错判的人要进行赔偿,废除死刑。

9. 免费的医疗救助服务。包括助产和药品。免费的安葬。

10. 实行累进的所得税和财产税,用以支付全部可以用税收承担的国家开支。实行财产自我申报制度,根据遗产多少和亲疏程度征收累进遗产税,取消一切间接税、关税以及其它为了优先照顾少数人而牺牲公众利益的经济政策措施。

为了保护工人阶级,德国社会民主党提出如下要求:

1. 根据以下基础制定一种真正有效的、国内与国际的工人保护立法:

（1）规定最多8小时的标准工作日。

（2）禁止14岁以下的儿童从事职业劳动。

（3）禁止夜间工作。根据自身特性、出于技术原因或者公共福利的原因必须进行夜间工作的工业部门除外。

（4）每名工人每周必须至少有36小时无间断的休息时间。

（5）禁止实物工资制。

2. 由国家劳动局、各地区劳动局和劳动协会负责对一切工商企业进行监督,调查和调整城市和农村的劳动关系。采取有力的工商企业卫生措施。

3. 农业工人、服务人员在法律上享有与工商企业工人平等的地位，废除仆役制度。

4. 确保结社权利。

5. 在工人决定性地参与管理的条件下，由国家承担全部工人保险。

参考文献

《马克思恩格斯选集》第1—4卷，北京：人民出版社1995年版。

《马克思恩格斯选集》第1—4卷，北京：人民出版社2012年版。

《马克思恩格斯文集》第1卷，北京：人民出版社2009年版。

《马克思恩格斯文集》第2卷，北京：人民出版社2009年版。

《马克思恩格斯文集》第3卷，北京：人民出版社2009年版。

《马克思恩格斯文集》第5卷，北京：人民出版社2009年版。

《马克思恩格斯文集》第7卷，北京：人民出版社2009年版。

《马克思恩格斯文集》第8卷,北京:人民出版社2009年版。

《马克思恩格斯文集》第10卷,北京:人民出版社2009年版。

《马克思恩格斯全集》第18卷,北京:人民出版社1964年版。

《马克思恩格斯全集》第19卷,北京:人民出版社1963年版。

《马克思恩格斯全集》第21卷,北京:人民出版社1995年版。

《马克思恩格斯全集》第23卷,北京:人民出版社1972年版。

《马克思恩格斯全集》第30卷,北京:人民出版社1995年版。

《马克思恩格斯全集》第37卷,北京:人民出版社1971年版。

《马克思恩格斯全集》第38卷,北京:人民出版社1972年版。

《马克思恩格斯全集》第45卷,北京:人民出版社2003年版。

马克思:《资本论》第3卷,北京:人民出版社1995年版。

《列宁选集》第3卷,北京:人民出版社1995年版。

《列宁选集》第 1 卷，北京：人民出版社 2012 年版。
《列宁选集》第 3 卷，北京：人民出版社 2012 年版。
《列宁全集》第 31 卷，北京：人民出版社 1985 年版。
《列宁全集》第 33 卷，北京：人民出版社 1957 年版。
《列宁全集》第 36 卷，北京：人民出版社 1985 年版。
列宁：《国家与革命》，北京：人民出版社 2015 年版。
《毛泽东选集》第 4 卷，北京：人民出版社 1991 年版。
《邓小平文选》第 2 卷，北京：人民出版社 1994 年版。
《邓小平文选》第 3 卷，北京：人民出版社 1993 年版。
习近平：《习近平谈治国理政》第一卷，北京：外文出版社 2014 年版。
［法］傅立叶：《傅立叶选集》第 2 卷，北京：商务印书馆 1981 年版。
［法］列斐伏尔：《论国家》，重庆：重庆出版社 1988 年版。
［法］皮埃尔·勒鲁：《论平等》，王允道译，北京：商务印书馆 1991 年版。
［法］托克维尔：《论美国的民主》下卷，董果良译，北京：商务印书馆 1988 年版。
［美］亚历克斯·卡利尼克斯：《平等》，徐朝友译，南京：江苏人民出版社 2003 年版。
中央编译局资料室编：《研究〈哥达纲领批判〉参考史料》，北京：三联书店 1978 年版。

白雪秋:《〈哥达纲领批判〉精学导读》,北京:科学出版社 2019 年版。

袁久红:《正义与历史实践》,南京:东南大学出版社 2002 年版。

梅荣政,王冲:《指导国际共产主义运动健康发展的纲领性文献——读马克思的〈哥达纲领批判〉》,载《高校理论战线》,2007 年第 10 期。

裴晓军:《〈哥达纲领批判〉的传播与研究现状探析》,载《晋阳学刊》,2013 年第 4 期。

Kai, Nielsen. *Marxism and the Moral Point of View: Morality, Ideology, and Historical Materialism.* Colorado: Westview Press, 1989.

后　记

　　经典著作的魅力和特质在于常读常新，虽然经典著作的文本一旦形成后其文字内容不变，但不同时代的人能从其中获得新的启示。原因何在？因为实践是不断向前发展的，实践又是具体的历史的。同样的经典文本在不同的实践结构中会被赋予不同意义，因为处于实践结构中不同地位和立场的人会从不同角度以不同范式去解读文本，并得出不同结论。所以文本的意义是由作者和读者共同建构的。那么文本的意义是任意建构的么？并非如此。因为文本尤其经典文本是对社会深层规律特征的反映。当社会历史深层条件没有发生根本变化时，规律和特征也具有相对稳定性，此时经典文本就会持续散发其影响力。不同主体或许认同它，或许反对甚至仇视它，但却绕不开它，并被其影响。马克思主义经典文本就具有这个特点，由于其内容的丰富深刻性，使得其在不同时代不同国家和地区，被"激活"不同的部分。当今时代，资本主义生产方式的基本矛盾发展到了新阶段，社会主义生产方式也因为中国特色社会主义道路的开辟迎来了柳暗花明的局面。未来人类社会将走向何方？我们需要对资本主义和社会主义这两种社会制度的关系和发展趋势有更加清醒和深刻的认识，并采取正确果敢的行动。对《哥达纲领批判》这一经典文本的解读，可以帮助我们以正确的态度和先进方法论把握当今资本主义的新特点，开拓社会主义发展的新境界，抓住关键问题，引领人类社会向新的文明形态迈进。

向当代奋勇前行的真正的马克思主义者致敬！

是以为记。

陈　鹏

2023 年 6 月于青海湖畔